普通高等教育"十三五"汽车类规划教材

汽车配件与营销

第 2 版

主　编　孙凤英
副主编　宋　彦
参　编　王宪彬　杜丹丰　都雪静
主　审　崔淑华

机械工业出版社

本书是普通高等教育"十三五"汽车类规划教材。本书共分两篇，第一篇主要阐述汽车配件基础知识，如汽车配件用途、结构、常用材料、汽车配件管理安全知识、汽车配件编号规则和检索。第二篇是从汽车配件经营与销售角度，主要阐述汽车配件采购，采购计划与采购合同，进货渠道与货源鉴别、订购、验收，仓储管理，汽车配件市场调查与预测，汽车配件产品策略、定价策略、销售渠道和促销策略，汽车配件销售技能，汽车配件的商务策划，汽车配件计算机管理与电子商务等内容。本书的编写力求简明扼要，深入浅出，并配以图文，便于理解和掌握。

本书可作为车辆工程、汽车服务工程、交通运输专业教材，也可作为从事该专业的工程技术人员的专业参考书。

本书配有电子课件PPT、习题答案及模拟试卷，免费提供给采用本书作为教材的授课教师，可登录 www.cmpedu.com 下载，或联系编辑索取（tian.lee9913@163.com）。一般读者可扫二维码查看有关习题参考答案。

图书在版编目(CIP)数据

汽车配件与营销/孙凤英主编. —2 版. —北京：机械工业出版社，2016.7（2024.1 重印）

普通高等教育"十三五"汽车类规划教材

ISBN 978-7-111-54249-0

Ⅰ.①汽… Ⅱ.①孙… Ⅲ.①汽车—配件—市场营销学—高等学校—教材 Ⅳ.①F766

中国版本图书馆 CIP 数据核字（2016）第 158130 号

机械工业出版社（北京市百万庄大街 22 号　邮政编码 100037）
策划编辑：宋学敏　责任编辑：宋学敏　李　然　商红云
责任校对：聂美琴　肖　琳　封面设计：张　静
责任印制：张　博
北京中科印刷有限公司印刷
2024 年 1 月第 2 版第 7 次印刷
184mm×260mm・15.75 印张・371 千字
标准书号：ISBN 978-7-111-54249-0
定价：45.00 元

电话服务　　　　　　　　网络服务
客服电话：010-88361066　机 工 官 网：www.cmpbook.com
　　　　　010-88379833　机 工 官 博：weibo.com/cmp1952
　　　　　010-68326294　金 书 网：www.golden-book.com
封底无防伪标均为盗版　　机工教育服务网：www.cmpedu.com

第2版前言

本书为2011年出版的《汽车配件与营销》的第2版，是普通高等教育"十三五"汽车类规划教材。

汽车配件工业是汽车工业发展的基础，是汽车工业的重要组成部分。随着世界经济全球化、市场一体化的发展，汽车零部件在汽车产业中的地位越来越重要。近年来，我国的汽车零部件行业发展迅速，发展趋势良好，不断转型升级，向专业化方向转变。本书修订紧跟汽车工业技术进步和工程教育的发展，在教材结构方面，参考CDIO（即构思、设计、实现、运作）大工程理念来完善教材体系。教材内容力求科学性、先进性和完整性相结合，理论与实际相结合，把编者多年的科研、教学经验和体会融入其中，文字简明扼要，深入浅出；重点、难点突出，便于教学和理解。

为适应汽车配件工业的进步和教材立体化与精品化的要求，本次修订主要体现在以下方面：

1）为增强学生学习的目的性和趣味性，在每章前增加了引导性内容，每章结尾增加了"本章小结"。

2）为突出重点，对书中的重点内容和需要强调之处采用变色处理，即双色印刷，使之一目了然，使读者更容易学习和掌握。

3）为适应多元化的人才培养和学生的个性发展，增加了知识拓展方面的内容。

4）为便于学生自主学习和训练，在复习题的基础上增加了思考题。（本书附有复习题和思考题的参考答案网络版，可扫二维码进行观看。）

5）增加了"大众"汽车配件编码和检索内容及实例。

6）修改了《汽车配件与营销》第1版中遗留的文字错误，替换了部分图片。

本书由东北林业大学孙凤英主编，黑龙江旅游职业技术学院宋彦任副主编，东北林业大学崔淑华教授主审。参加编写的有：宋彦（第一章和第八章）、杜丹丰（第二章）、王宪彬（第三章和第七章）、孙凤英（第四章至第六章）、都雪静（第九章）。教材在编写过程中，参考了国家、行业相关标准以及有关技术文献资料，在此，对文献资料的作者以及提供文献资料的同仁和朋友表示真挚的感谢！

本书作为普通高等教育"十三五"汽车类规划教材，不但适用于汽车类专业的本科教学，也可作为企业相关专业从业人员提高素质和职工培训的教材或参考读物。

恳切希望使用本书的高校师生与广大读者批评指正，以便教材再版时进一步完善。

编　者

第1版前言

  汽车产业是现代加工制造业的第一支柱产业，在国民经济中具有重要作用，而汽车配件是整个汽车产业的基础。近年来，我国汽车产量年年攀升，也带动了汽车配件行业的蓬勃发展。随着汽车销售竞争的加剧，汽车企业已充分认识到汽车服务与汽车的重要关系，企业服务队伍建设和人员素质的提高成为提升竞争力的关键。为适应汽车相关企业对汽车配件管理、经营与销售的人才需求，编写了本书。

  本书由东北林业大学孙凤英主编，东北林业大学崔淑华教授主审。参加编写工作的人员有：东北林业大学杜丹丰（第一章和第二章）、王宪彬（第三章和第七章）、孙凤英（第四章至第六章）、都雪静（第八章和第九章）。本书在编写过程中，参考了国家、行业相关标准以及有关技术文献资料，在此，对文献资料的作者以及提供文献资料的同仁和朋友表示真挚的感谢！崔淑华教授在审阅过程中，对本书的结构提出了建设性意见，并对书稿中的不足之处提出了宝贵意见，在此表示诚挚的谢意！

  本书作为普通高等学校车辆工程专业和汽车服务工程专业的规划教材，将对该专业和相关专业（方向）的教学起到促进作用。此外，本书也可以作为相关专业从业人员提高素质和职工培训的教材或参考读物使用。

  由于水平和条件所限，本书难免有不足之处，敬请广大读者和同仁批评指正，以便及时修正。

编　者

目 录

第2版前言
第1版前言

第一篇 汽车配件

第一章 绪论 ………………………………… 2
第一节 汽车配件及其作用 ……………… 2
一、汽车配件的作用 ……………………… 2
二、汽车零部件使用寿命及其消耗规律 … 2
三、汽车配件销售的特点 ………………… 3
第二节 汽车配件行业术语 ……………… 4
一、汽车配件基本术语 …………………… 4
二、汽车配件专业英语 …………………… 6
第三节 常用汽车维修工具和设备 ……… 7
一、一般工具 ……………………………… 7
二、测量器具 ……………………………… 8
三、检测及维修设备 ……………………… 11
本章小结 ……………………………………… 13
复习题 ………………………………………… 13

第二章 汽车配件基础知识 ………………… 14
第一节 汽车配件类型 …………………… 14
一、按最终用途分类 ……………………… 14
二、按市场结构分类 ……………………… 15
三、按附加值分类 ………………………… 15
四、汽车维修配件按品种分类 …………… 16
第二节 汽车配件结构 …………………… 16
一、发动机主要配件 ……………………… 16
二、汽车底盘主要配件 …………………… 19
三、电气设备和仪表配件 ………………… 25
四、横向产品配件 ………………………… 26
五、汽车车身配件 ………………………… 28
第三节 汽车配件常用材料 ……………… 30

一、金属材料 ……………………………… 30
二、高分子材料 …………………………… 32
三、陶瓷材料 ……………………………… 34
四、复合材料 ……………………………… 34
五、半导体材料 …………………………… 34
第四节 汽车配件安全知识 ……………… 34
一、消防常识 ……………………………… 35
二、危险商品安全经营常识 ……………… 37
三、汽车配件的防盗 ……………………… 38
本章小结 ……………………………………… 39
复习题 ………………………………………… 39
思考题 ………………………………………… 39

第三章 汽车配件编号规则与检索 ………… 40
第一节 车辆识别知识 …………………… 40
一、车辆识别代号概述 …………………… 40
二、车辆识别代号的基本要求 …………… 41
三、车辆识别代号的基本内容 …………… 42
四、车辆识别代号实例 …………………… 47
第二节 汽车配件编号与配件检索 ……… 48
一、国产汽车配件的编号 ………………… 48
二、进口汽车配件的编号规则 …………… 58
第三节 汽车配件检索 …………………… 69
本章小结 ……………………………………… 72
复习题 ………………………………………… 72
思考题 ………………………………………… 73

第二篇　汽车配件营销

第四章　汽车配件采购 …………… 75
第一节　汽车配件采购的意义与原则 …………………… 75
　一、汽车配件采购的意义 …………… 75
　二、汽车配件采购原则 ……………… 75
　三、对采购人员的基本要求 ………… 77
第二节　采购计划与采购合同 ……… 79
　一、拟订采购计划 …………………… 79
　二、订立采购合同 …………………… 80
第三节　汽车配件购货渠道与货源鉴别 ………………………… 83
　一、汽车配件的购货渠道 …………… 83
　二、汽车配件的货源鉴别 …………… 83
第四节　汽车配件订购 ……………… 89
　一、购货方式的确定 ………………… 89
　二、购货量的确定及管理 …………… 90
　三、订购进口汽车配件 ……………… 96
第五节　汽车配件的验收 …………… 97
　一、汽车配件的检验 ………………… 97
　二、汽车配件的接收 ………………… 99
本章小结 ………………………………… 100
复习题 …………………………………… 100
思考题 …………………………………… 101

第五章　汽车配件仓储管理 ……… 102
第一节　汽车配件仓储的作用和任务 ……………………………… 102
　一、仓储的作用 ……………………… 102
　二、仓储的任务 ……………………… 102
第二节　汽车配件仓储作业管理 …… 103
　一、配件入库作业 …………………… 104
　二、配件出库作业 …………………… 107
　三、仓库单据的管理 ………………… 109
　四、配件的存放和管理 ……………… 112
　五、典型的配件管理方法 …………… 118
第三节　汽车配件储备量的确定 …… 125
　一、保本期管理法在仓库管理中的应用 ………………………………… 125
　二、汽车配件合理储备量的确定 …… 126
第四节　汽车配件的盘存 …………… 128
　一、盘存内容 ………………………… 128
　二、盘存方法 ………………………… 128
　三、盘存结果及处理 ………………… 129
本章小结 ………………………………… 129
复习题 …………………………………… 129
思考题 …………………………………… 130

第六章　汽车配件营销组合 ……… 131
第一节　市场调查与预测 …………… 131
　一、市场调查及作用 ………………… 131
　二、汽车配件市场调查的主要内容 … 131
　三、调查方法 ………………………… 134
　四、市场需求预测 …………………… 136
第二节　汽车配件产品策略 ………… 138
　一、汽车配件产品 …………………… 138
　二、汽车配件产品的保证与售后服务 … 138
第三节　汽车配件定价策略 ………… 145
　一、定价策略 ………………………… 145
　二、定价方法 ………………………… 150
　三、汽车配件定价程序 ……………… 153
第四节　汽车配件销售渠道 ………… 154
　一、汽车配件销售的特征 …………… 154
　二、分销渠道的类型 ………………… 155
　三、汽车配件的销售方式 …………… 155
第五节　汽车配件促销策略 ………… 158
　一、促销与促销组合的概念及作用 … 158
　二、促销组合策略 …………………… 159
本章小结 ………………………………… 159
复习题 …………………………………… 160
思考题 …………………………………… 160

第七章　汽车配件销售技能 ……… 161
第一节　客户关系与沟通 …………… 161
　一、接待 ……………………………… 161
　二、会面与拜访 ……………………… 164
第二节　销售技巧 …………………… 166
　一、汽车配件的推销模式 …………… 166
　二、汽车配件销售的谈判 …………… 170
第三节　配件交付 …………………… 183
　一、汽车配件的提货与交货 ………… 183
　二、汽车配件货款结算 ……………… 183

三、介绍汽车配件使用注意事项 ……… 184
四、介绍汽车配件的质量保修规定 …… 184
第四节　售后服务 ……………………… 186
一、售后服务的作用 ………………… 186
二、售后服务的内容 ………………… 186
本章小结 ………………………………… 189
复习题 …………………………………… 189
思考题 …………………………………… 189

第八章　汽车配件商务策划 …………… 190
第一节　营业场地布置 ………………… 191
第二节　汽车配件陈列 ………………… 192
一、商品陈列的原则 ………………… 192
二、陈列的种类 ……………………… 193
三、汽车配件陈列基本要求 ………… 194
第三节　广告与展示活动 ……………… 196
一、汽车配件广告宣传 ……………… 196
二、汽车配件展示活动 ……………… 197
本章小结 ………………………………… 198
复习题 …………………………………… 199
思考题 …………………………………… 199

第九章　汽车配件管理与电子商务 …… 200
第一节　汽车配件的计算机管理 ……… 200

一、计算机数据库应用系统 ………… 200
二、计算机管理系统 ………………… 202
三、计算机技术在汽车配件管理中的
　　应用 ……………………………… 202
四、汽车配件管理软件的种类 ……… 203
第二节　汽车配件计算机管理系统
　　　　的应用 …………………… 204
一、汽车配件计算机管理系统典型
　　案例 ……………………………… 204
二、汽车配件管理系统应用注意
　　事项 ……………………………… 228
第三节　汽车配件电子商务 …………… 229
一、电子商务 ………………………… 229
二、电子商务的组成 ………………… 229
三、电子商务应用的类型 …………… 230
四、电子商务的发展 ………………… 230
五、汽车配件电子商务及其系统功能 … 231
六、汽车配件电子商务管理系统 …… 233
本章小结 ………………………………… 241
复习题 …………………………………… 241
思考题 …………………………………… 241

参考文献 ……………………………… 242

第一篇
汽车配件

  汽车的名字是如何得来的？明明是烧油的，为何不叫"油车"？原来，世界上第一辆动力车还真不是烧油的，而是通过烧水产生蒸汽做功使轮子转动的。随着工业革命的兴起，1765年英国人瓦特将人类带入"蒸汽机时代"。但是，由于蒸汽机存在体积庞大、热效率不高的缺陷，所以蒸汽机汽车没有应用至今。直到1885年9月5日，德国人卡尔·本茨（Karl Benz）成功制造出世界第一辆内燃机汽车，此时，人们已经习惯了汽车的称呼。那么汽车配件有哪些？这些配件在汽车中起着什么作用？通过本篇的学习，我们将会得到答案。

第一章

绪　论

 第一节　汽车配件及其作用

汽车配件是汽车产业链中的重要组成部分，随着汽车市场的逐渐成熟，汽车售后市场发展日益迅速和壮大，促进了汽车配件产业的发展。伴随着汽车服务性行业的进一步完善，汽车配件产业将进入良性发展轨道，对汽车配件的需求量将进一步增多，汽车配件销售所创造的利润与整车相比也会越来越高。

一、汽车配件的作用

汽车工业作为国家的支柱产业，在国家经济发展和社会进步中起着重要作用，汽车配件作为汽车工业发展的基础和技术保障，推动了汽车工业的发展和进步。

汽车在长期使用中难免会发生故障，通过更换相应汽车配件能恢复其使用性能，维持部件的工作能力，并延长汽车的使用寿命，给汽车的安全行驶提供保障。

汽车配件质量的好坏对汽车制造厂来说，直接关系到工厂的声誉、信用和前途，同时也是汽车制造厂提高服务质量、扩大汽车销售，壮大产品竞争力和社会影响力的重要途径和手段。

在就业方面，与汽车相关的产业和服务业都拥有较大的就业人数，汽车配件产业不仅可以带动大量的直接就业，也可以带动高比例的间接就业。

汽车配件对服务业也有重要的带动作用。汽车配件产业的一定投入，可以带动主要相关服务业（包括批发和零售贸易、储运、实业和商业服务、社会和个人服务等）的发展。根据相关的投入产出分析，汽车工业对其上、下游产业具有较强的带动作用。汽车配件产业所带动的上游产业主要是林业、黑色金属和有色金属采选业、纺织业、皮革毛皮及其制品业、石油加工及炼焦业、化学原料及产品制造业、橡胶和塑料制品业、冶金加工业、机械制造业、电气机械和器材制造业、电子及通信设备制造业、仪器仪表业等。

二、汽车零部件使用寿命及其消耗规律

(1) 汽车的使用寿命周期　**汽车的使用寿命周期由初期—正常使用期—大、中修理期—后使用期—报废期这样一个全过程组成。**对于专业运输企业和工矿企业所使用的专业运输车辆，其零部件使用寿命周期有以下规律性：

1) **初期**——以养护用零部件消耗为主。

2) **正常使用期**——以事故件和养护用零部件消耗为主。

3) **大、中修理期**——中修期，以磨损消耗的零部件为主，如发动机高速运动总成的

零部件；大修期，以磨损消耗的零部件为主。但是，涉及的总成和零部件会更普遍，如发动机、离合器、变速器等总成的零部件。

4）**后使用期**——主要是定期养护用零部件和磨损消耗的零部件，以及由于大、中修质量影响造成返修所消耗的零部件。二次大修期，除消耗第一次大修用零部件外，底盘要全部检修并更换部分零部件。这部分零部件一般不属于正常磨损，而是由于检查、调整不及时造成的，主要是滚动轴承损坏及齿轮损坏等。因此，必须在第一次大修时对底盘各部分总成进行全面检查和调整。

5）**报废期**——在此期间零部件消耗下降，配件储备处于紧缩阶段。

根据以上分析，可以看出汽车零部件消耗存在以不同使用时期的不同消耗为重点的动态规律，它反映了零部件消耗规律的普遍性，与车辆使用寿命周期相关。因此，汽车配件储备也应该是动态的，以满足车辆在不同使用时期零部件消耗的需要。这样既可以保证维修车辆所需要的配件，又可以相对节约储备资金，同时还可以避免配件积压和报废损失。

（2）**汽车配件消耗的规律性** 汽车按照行驶里程的不同，有各级维护作业的规定，各种类型的维修需要调换若干种配件。汽车在正常使用寿命期内，其零部件的损坏是有规律的、渐发性的。如果其设计和制造质量较好，损坏率一般很低，对汽车配件的需求量较少，比如活塞一般是在发动机大修时才需要更换。例如：某车型的新发动机平均大修里程是 24 万 km，那么有一半左右的发动机在这个里程之前需要更换活塞。再如矿山、油田、专业运输公司、机关事业单位及建筑施工单位的在用车辆都有一定的零部件消耗定额以及按照这个定额编制的各车型的配件更换计划。因此，掌握汽车配件消耗的规律性，就可以根据市场和用户需求，采取积极的经销措施。

近年来，汽车配件消耗的规律发生了一些变化。例如，辅助总成更换量增加。维修中经常更换的辅助总成有分电器、空气压缩机、发电机、起动机、水泵、汽油泵、制动蹄片和离合器摩擦片等，遇到辅助总成故障时，用户大多要求更换新的总成，旧总成换下维修后作为备件使用。因此，与辅助总成相关的单个配件的消耗量就会减少。

组合件、成套件的大量使用，如活塞带环带销、曲轴及轴瓦等，精加工成各级修理尺寸，装上就能用，越来越受到用户和修理工的青睐。相应地，这类配件的单件销售就遭到冷遇。

车辆维护中必须更换的密封件，如离合器、制动总泵和制动分泵的皮碗、密封圈、油封，以及气缸垫、油底壳垫等密封垫片，一般都集中包装制成各种修理包，应用广泛，深受用户和修理工的欢迎。

小规格容器包装的润滑油（脂）、特种液，因其携带加注方便、剩余废弃量较少，尤其适合单台车辆使用。随着家庭用车的增加，其销量逐渐增加。

三、汽车配件销售的特点

（1）**专业技术性强** 现代汽车由上万个零部件组成，是机、电等多种高新技术的集合体，其每一个零部件都具有型号、规格、结构等严格的标准。要在不同型号汽车的成千上万个零部件中，为顾客精确、快速地查找出所需要的零部件，就必须有高度专业化的人员和计算机管理系统作为技术保障。从业人员既要掌握商品营销知识，又要掌握汽车配件专业知识、汽车材料及机械制图知识，学会识别各种汽车配件的型号、规格、性能、用途以及零部件的商品检验内容。

（2）**品种多、质量差别大**　一辆汽车在整个运行周期中，存在损坏或更换可能的零部件约有3千种。所以经营某一个车型的配件就要涉及许多品种和规格，即使同一品种、规格的配件，由于有多家生产厂，其质量、价格差别也很大。

（3）**库存占用资金较大**　由于汽车配件经营品种多样化以及汽车故障发生的随机性，经营者要将大量资金用于库存储备和商品在途资金储备。

（4）**需要技术服务相配套**　汽车是许多高新技术和常规技术的载体，对其配件的经营必须有相关的技术服务相配套。相对于一般生活用品而言，经营汽车配件更强调售后的技术服务。

（5）**需求存在季节性和地域性**　一年四季的变化给汽车配件销售市场带来不同季节的需求。在炎热多雨的夏季，车窗升降器、电气刮水器、刮水臂及刮片、挡泥板等部件的销售量较多。由于夏季气温高，长时间行驶易爆胎发动机机件磨损加剧，轮胎、火花塞、风扇传动带及冷却系统部件等的需求量增大。在寒冷的冬季，由于气温低，发动机起动困难，蓄电池、预热塞、起动机齿轮、防冻液、各种密封件等零部件的需要量会增多。由此可见，自然规律会给汽车配件市场带来非常明显的季节性需求变化。据调查资料显示，这种趋势所带来的销售额的变化，占总销售额的30%~40%。

不同的地理环境也给汽车配件销售市场带来地域性的不同需求。在城镇，特别是大、中城市，由于人口稠密、物资流动性强、运输繁忙，交通状况复杂，汽车起动和停车次数频繁，其机件磨损较大，如起动机、离合器、制动系统、电气设备等零部件更换较频繁，其销售量也较大。在山区、高原地区，因山路多、弯道急、坡度大、颠簸频繁，汽车钢板弹簧工作负荷重，易失去弹性或折断，减振器等部件也容易损坏；传动部件、变速器等损耗严重，需要更换的总成也较多。由此可见，地理环境也会给汽车配件销售市场带来较大影响。

第二节　汽车配件行业术语

汽车配件销售人员，应具备较强的专业素质，并较熟练地掌握汽车配件专业术语，才能够赢得客户的信任。**常用的专业术语**包括：汽车品牌、制造厂家、年款、车型、车身型式、车辆配置、驱动形式、生产方式（进口、散件组装等）、车型参数等专业信息，还包括零部件分类、材料、形式、各项技术参数、零部件来源、生产厂家及品牌、相关产品等方面的知识。

一、汽车配件基本术语

根据配件来源渠道的不同，一般可以将汽车配件分为原厂件、纯正件、副厂件、拆车件和翻新件等。

（1）**原厂件**　原厂件（OEM parts）是指为汽车制造厂配套装车的零部件或总成，按汽车厂提供的生产图样生产，由各专业厂按时提供给汽车厂组装以及汽车用的配套件。有的国家原厂件一般占专业厂总产量的60%左右。

第一章 绪 论

（2）**纯正件** 纯正件（Genuine parts）是由汽车厂提供给用户维修车辆用的配件，但不一定是汽车厂自行生产的。纯正件质量可靠，价格较高。在日本，用于日本汽车维修的配件数量占专业厂产量的25%左右，而供国外汽车维修用的配件数量则占产量的15%左右。纯正件的销售途径主要是由汽车厂通过经营纯正件的商社来销售。

（3）**副厂件** 副厂件（Replacement）也称为转厂件或专厂件，是由各专业零部件生产厂所生产的备件（替换零件），用各专业厂自己的包装箱包装，不经过汽车厂的渠道，而是由其特定的贸易商进行销售。

（4）**拆车件** 拆车件是指从报废车辆上拆下的零件，常见于使用时间长的进口车辆的修理中。

（5）**翻新件** 一些旧件经过专业厂家的重新修复或加工后，能够满足使用性能并有质量保障的零部件称为翻新件。

（6）**零件** 以最小单位供应的单个零件，是汽车配件中最小的单元，如轮胎、轮毂、弹簧、密封件和垫片等。

（7）**组件** 组件是指为便于修理，将一个主要功能件与几个零件组合成一组在市场上供货，但它不能单独起到某一机构的作用。例如：发动机气缸中节（不包括气缸盖和油底壳，由曲轴组件、活塞连杆组件和缸体按工艺要求装配起来的组件）、刮水器组件、制动器组件及车门组合件等。

（8）**套件** 在修理过程中，某些系统零件要求同时全部更换，在市场上一般采用套件的形式供货。如四配套、发动机大修包、半轴修理包等。

四配套一般是由活塞、活塞环、活塞销、气缸套一组零件组成，称为四配套套件。

六配套一般是由活塞、活塞环、活塞销、气缸套及连杆轴套、卡簧一组零件组成，称为六配套套件。

七配套一般是指由活塞、活塞环、活塞销、缸套及连杆轴套、卡簧、气缸套密封圈一组零件组成，称为七配套套件。

修理包一般是指以总成或分总成为主，附带在修理时所需的一系列密封件等封装在一起而构成的修理包，如发动机大修包、变速器大修包、离合器总泵修理包、制动总泵修理包等。

（9）**分总成** 分总成由两个或两个以上的零件按装配工序组合到一起，对总成有隶属装配级别关系。如离合器片、减振器、玻璃升降器等。

（10）**总成** 总成是由两个或两个以上的单个零件或分总成装配成的具有一定装配级别或某一功能形式的组合体。如前照灯总成、发动机总成、变速器总成、发电机总成等。

（11）**配件号** 配件号是指汽车配件实物的编号，也包括为了技术、制造、管理需要而虚拟的产品号和管理号。

（12）**CKD 汽车** CKD 是英文 Completely Knocked Down 的缩写，意思是"完全拆散"。换句话说，CKD 汽车就是进口或引进汽车时，汽车以完全拆散的状态进入国内，之后再由国内汽车厂将汽车的全部零部件组装而成的整车。

（13）**SKD 汽车** SKD 是英文 Semi-Knocked Down 的缩写，意思是"半散装"。它是指从国外进口汽车总成（如发动机、驾驶室、底盘等），然后由国内汽车厂装配而成的汽车。

二、汽车配件专业英语

随着国内进口汽车保有量的增加，进口汽车配件的经营在汽车配件经销中已占有一席之地。要经营进口汽车配件就必须掌握相关的汽车配件专业英语。

1. 车身型式

Sedan，四门轿车；
Coupe，两门轿车；
Convertible，敞篷轿车；
Pickup，皮卡；
Van，厢式车；
Wagon，旅行车；
MPV（Multiple Purpose Vehicle），多功能车；
SUV（Sport Utility Vehicle），运动型车，越野车；
CRV（Creational Vehicle），休闲车。

2. 汽车部分配件英汉对照

汽车部分配件英汉对照见表1-1。

表1-1 汽车部分配件英汉对照表

英文名称	中文名称	英文名称	中文名称
Alternator	交流发电机	Rear bumper	后保险杠
Starter	起动机	Front bumper	前保险杠
Electrical equipment	电器	Head lamp	前照灯
Cooling system	冷却系统	Front wing	前翼子板
Engine	发动机	Expansion tank	膨胀箱
Engine cover	发动机护罩	Windshield	风窗玻璃
Engine mounts	发动机支架	Front door	前门
Air filter	空气滤清器	Roof	顶盖
Instrument panel assembly	仪表板	Convertible top	摺合式敞篷车顶
Center console	操纵台	Side door	侧门
Steering wheel/column	转向盘/转向柱	Van side panel	厢式车侧围
Front suspension assembly	前悬架总成	Rocker panel	门槛
Body floor	车身地板	Back window	后风窗
Seat	座椅	Quarter panel	后侧板
Seat belt	座椅安全带	Luggage box cover	行李箱盖
Transaxle	变速驱动桥	Cab assembly	驾驶室总成
Transmission	变速器	Pickup bed	货箱
Rear drive axle	后驱动桥	Marker lamp	示廓灯
Rear suspension	后悬架	Tail lamp	尾灯

3. 汽车配件中常见英文称谓主词英汉对照

在汽车配件中常见英文称谓经常会出现同一词汇，称为配件英文称谓主词，如"正时齿轮""半轴齿轮""一档齿轮"等，都包含"齿轮"这一主词汇。汽车配件中常见英文称谓主词英汉对照见表1-2。

表1-2 汽车配件中常见英文称谓主词英汉对照表

中文名称	常用英文表述	中文名称	常用英文表述
轴	Shaft、Axle	销	Pin
轴承	Bearing	键	Key
齿轮	Gear	花键	Spline
弹簧	Spring	卡子	Clip
传动带	Belt	灯	Lamp
螺栓	Bolt	线圈	Coil
螺母	Nut	传感器	Sensor
螺钉	Screw	开关	Switch
垫片	Shim、Spacer	阀	Valve
衬套	Bushing	管	Pipe
密封	Seal	壳体	Housing、Body、Shell、Case
衬垫	Gasket	支架	Bracket、Support

第三节　常用汽车维修工具和设备

一、一般工具

1. 扳手

在一辆汽车上，各种各样的螺栓、螺母、套管等紧固件数以千计，要想修理汽车，自然少不了扳手这一维修工具。根据适用的紧固件尺寸标准不同，扳手可以分为公制和英制两种。在汽车上，除管螺纹联接外，常见的紧固件一般采用公制。常用扳手如图1-1所示。

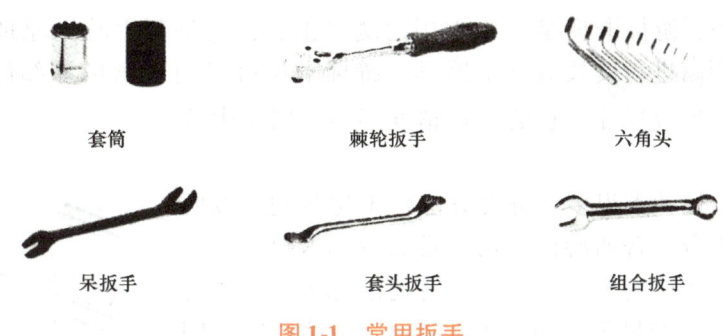

图1-1 常用扳手

2. 螺钉旋具

螺钉旋具俗称改锥或螺丝刀，根据用途的不同，螺钉旋具分为一字、十字、专用三种类型，如图1-2所示。

3. 钳子

常用钳子如图1-3所示。

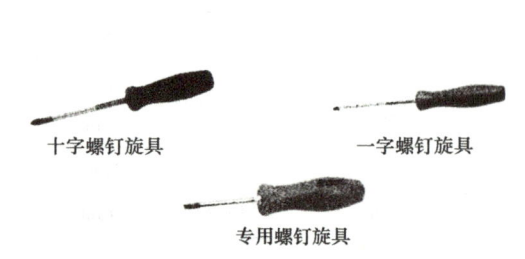

图1-2　常用螺钉旋具

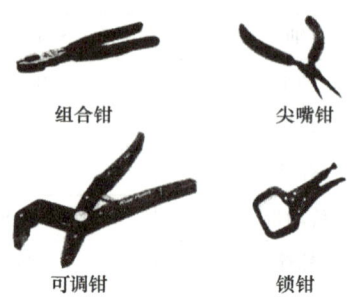

图1-3　常用钳子

4. 动力工具

动力工具可以为维修人员节省时间和体力，动力工具有气动型和电动型两种。气动工具是最常用的，因为它们提供的力矩大，质量小，更易维护，价格便宜。电动工具价格虽贵，但是灵活性好，它可使用绝大多数的墙上电源或自带充电电池。而使用气动工具，必须配备压缩空气源。常用的动力工具有冲击扳手（图1-4）和气动棘轮等。

另外要注意的是动力工具使用不当可能会导致严重伤害。在使用之前，一定要熟知操作注意事项。

图1-4　气动冲击扳手

二、测量器具

汽车配件在销售使用过程中，经常需要测量零部件的长度、外径、内径等尺寸参数，以帮助配件采购人员准确地掌握所购配件的尺寸是否与原车匹配。在实际工作中经常使用的测量器具有游标卡尺、千分尺、塞尺等。下面对这三种最常用的测量器具的使用做一个简单的介绍。

1. 游标卡尺

在实际使用中，游标卡尺是较为常用的测量工具，它是利用游标原理对两个测量面相对移动分隔的距离进行读数的测量器具。游标卡尺可以用来测量零部件的内径、外径和长度、宽度、深度等尺寸。它的测量精度不高，属于中等精度的测量器具。

常见的游标卡尺种类很多，分类方法也不尽相同。按照读数方式不同可以分为普通游标卡尺，带表游标卡尺，数显游标卡尺等；按照用途的不同可以分为普通游标卡尺，高度游标卡尺，深度游标卡尺等，如图1-5所示。按照精度不同又可以分为10等分、20等分和50等分游标卡尺等。

现以20等分的普通游标卡尺为例，介绍游标卡尺的构造、原理和读数方法。

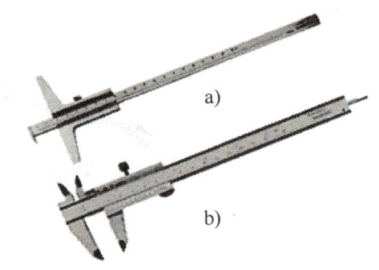

图1-5　游标卡尺

a）深度游标卡尺　b）普通游标卡尺

（1）构造　普通游标卡尺的构造如图 1-6 所示。

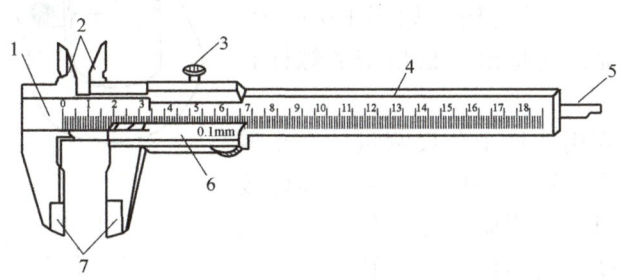

图 1-6　游标卡尺的构造

1、4—尺身　2—内测量爪　3—紧固螺栓　5—深度尺　6—游标尺　7—外测量爪

（2）原理　20 等分游标卡尺，是指采用 20 分度游标的游标卡尺，当尺身的最小分度值为 1mm 时，游标可读出的最小读数为 1/20 = 0.05mm。

（3）读数方法　使用游标卡尺读取测量数据的步骤如下：

1）先读整数。看游标上的零刻度标线位于尺身的位置，如图 1-7 所示，游标零刻度线位于尺身的 8 和 9 之间，因此整数部分读数为 8mm。

2）再读小数。看游标上的刻线，数出游标第几条刻线与尺身的刻线相对齐，如图 1-7 所示，游标上第 7 条刻线与尺身的刻线相对齐，因此小数部分为 0.05mm × 7 = 0.35mm。

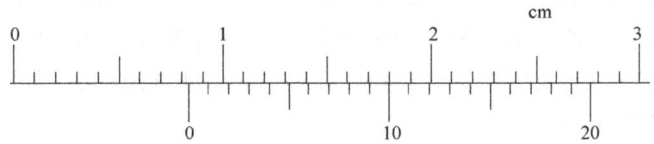

图 1-7　游标卡尺读数方法

3）得出测量尺寸。将整数部分和小数部分相加，就是游标卡尺测出的被测物体的所测尺寸：8mm + 0.35mm = 8.35mm。

（4）注意事项　在读数时，使视线尽可能地与卡尺刻线面垂直，要看准游标上的哪条刻线与尺身上的刻线正好对齐，如果游标上没有一条刻线和尺身的刻线完全对齐，就找游标上对得比较齐的那条刻线。

在使用游标卡尺时，要特别注意保护量爪。测量时，只要把物体轻轻卡住即可，使用完毕后用油揩净，将两尺零刻线对齐，检查零点误差有否变化，检查完毕后再放入盒子里盖好，保存在干燥的地方。

2. 千分尺

千分尺，俗称螺旋测微器。它是一种比游标卡尺更精密的量具，用于精密测量零部件的外尺寸、内尺寸以及螺纹中径、齿轮公法线长度、深度、台阶、球面尺寸，还用于测量管壁厚度、线材的直径。常见的千分尺包括外径千分尺（图 1-8）、内径千分尺、螺纹千分尺、公法线千分尺等。而在实际工作中应用最普通的是外径千分尺，这里就

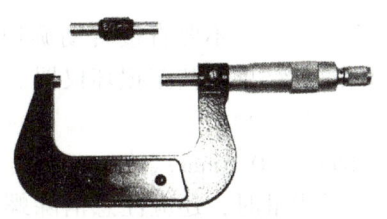

图 1-8　外径千分尺

以外径千分尺为例进行介绍。

(1) 构造 外径千分尺的构造如图1-9所示，其主要部分是测微螺旋，它是由一根精密的螺杆和螺母套管组成的。

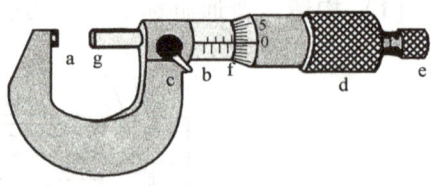

图1-9 外径千分尺的构造

a—测砧 b—固定刻度 c—尺架 d—旋钮
e—微调旋钮 f—可动刻度 g—测微螺杆

(2) 使用方法 在用外径千分尺测量一个小零件的外径时，先打开千分尺的测口，然后把零件放在测砧和测微螺杆之间，当测砧抵住零件后，转动旋钮，直到测微螺杆接触到零件。轻微转动微调旋钮，在听到"嗒嗒"声后，停止转动。

(3) 读数方法 使用千分尺读取测量数据的步骤如下：

1）先读整数。看固定套管上露出的刻线数值就是被测尺寸的整数部分。在读数时，要特别注意固定套管的半毫米数是否露出。如图1-10所示，固定刻度指示在1和1.5之间，读数为1mm；如图1-11所示，固定刻度指示在0.5和1之间，读数为0.5mm。

2）再读小数。固定套管上的纵刻线作为不足半毫米的小数部分的读数指示线，从可动刻线上读取小数。读小数时，看固定套管的纵刻线与可动刻线上的哪一条刻线对齐，就能读出被测尺寸的小数部分。如果固定套管的纵刻线与可动刻线的刻线都不对齐，需要估读下一位数值。如图1-10所示，1.5mm刻线没有露出来，可动刻线指示读数为0.17mm，估读尾数为0.002mm，两者相加为0.172mm；如图1-11所示，0.5mm刻线已经露出来，可动刻线指示读数为0.17mm，估读尾数为0.002mm，两者相加为0.172mm。

3）得出测量尺寸。把上面两次读数的整数部分和小数部分相加，就是零部件的被测尺寸。如图1-10所示，最终读数为（1+0.172）mm=1.172mm；如图1-11所示，最终读数为（0.5+0.172）mm=0.672mm。

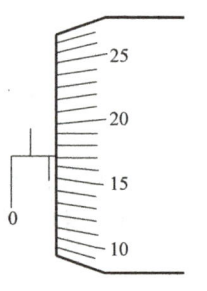

图1-10 千分尺读数示例（一）

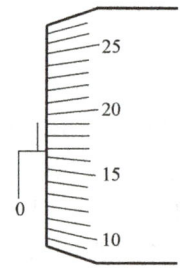

图1-11 千分尺读数示例（二）

(4) 注意事项 在测量之前要记录零点的读数，以备对测量数据做零点修正。

测量时，应缓慢转动棘轮旋柄——微调旋钮，使螺杆前进，只要听到"嗒嗒"声，即可读数。不要直接转动旋钮d使螺杆前进到夹住物体，以免用力过大，夹得太紧，影响测量结果，甚至损坏仪器。

读数时，先从固定套管的刻度上读出整格的数（若分度值为0.5mm），不足整格的数（即不足0.5mm），则由微动套筒周边上的刻度读出，估读到0.001mm。

测量时，还应注意消除螺距误差。由于螺杆和螺母之间有空隙，因此，使用此类仪器时，必须单方向前进。

3. 塞尺

塞尺又称为厚薄规，由一组已知其精确厚度尺寸的金属片构成，如图 1-12 所示。它是用来测量零部件配合体间隙大小及其他近似尺寸的工具。

测量时可以根据需要将一片或几片组合在一起使用，测量精度为 0.01mm。使用时要把塞尺片和被测件都擦拭干净，塞紧力要大小适宜，根据塞入的塞尺片读数求得配合件之间的间隙大小。

（1）**使用方法** 使用前应先清除塞尺和被测零部件测量表面的灰尘和污垢，检查塞尺片是否有锈迹、划痕和折痕等外部缺陷。使用时应先选用较薄的塞尺片插入被测间隙进行试塞，如仍有空隙，取出来再挑选较厚的塞尺依次试塞，直到塞进去不松不紧为止，这时，这个塞尺片的厚度就是被测的间隙值。若找不到合适厚度的塞尺片，则应把几片塞尺进行组合以测量，被测的间隙值就是各片塞尺厚度之和。

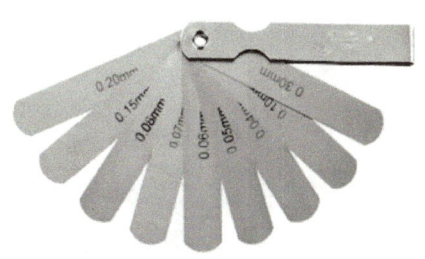

图 1-12 塞尺

（2）**注意事项** 使用时应主要注意以下几方面：

1）使用塞尺时应特别小心，不能强力硬塞，以免塞尺片弯曲或折断。

2）尽量使用一片塞尺片进行测量，以减少测量的误差。

3）使用结束后，应在塞尺片上涂上防锈油，并折合在保护板内，以防其生锈或损坏。

4）不能用塞尺检验温度较高的零部件。

三、检测及维修设备

在检测和维修过程中，经常会用到一些举升工具和设备，如卧式液压千斤顶、变速器举升机、自动举升机、小型移动式液压起重机、安全支架等，如图 1-13 所示。在使用这些工具和设备时一定要注意人员和车辆的安全，注意固定胶块位置及支撑点位置的选取，在确保举升设备平稳安全后，才能进行检测和维修作业。

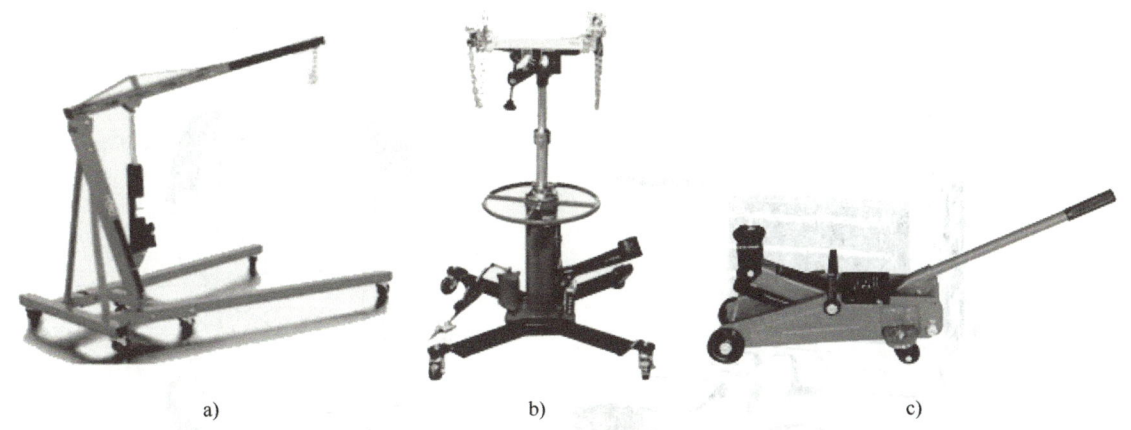

图 1-13 常见举升工具和设备

a）小型移动式液压起重机　b）变速器举升机　c）卧式液压千斤顶

d)   e)   f)

图 1-13 常见举升工具和设备（续）

d）四柱液力举升机   e）两柱液力举升机   f）安全支架

随着汽车工业与电子工业的不断发展，汽车上电子技术的应用越来越广泛。如今的汽车已经进入了微型计算机控制时代，它已经从单纯的机械产品发展成为机、电、液高度集成的技术产品。因此，维修现代汽车必须装备先进的电子测量工具和检测设备，如数字万用表、示波器、解码器、故障诊断仪等，如图1-14、图1-15和图1-16所示。

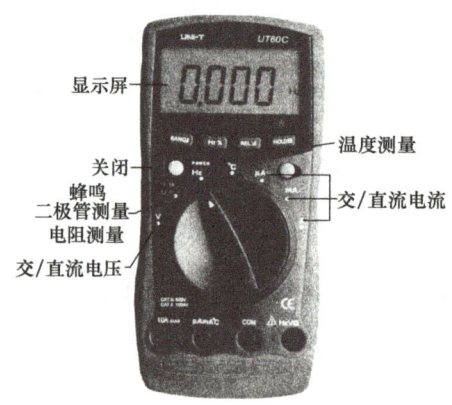

图 1-14 数字万用表

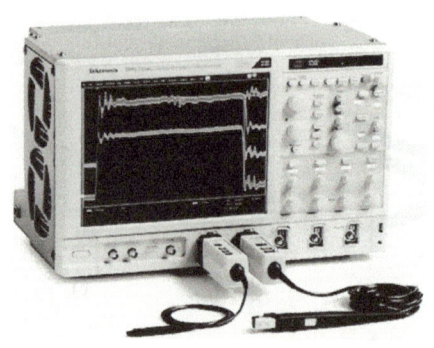   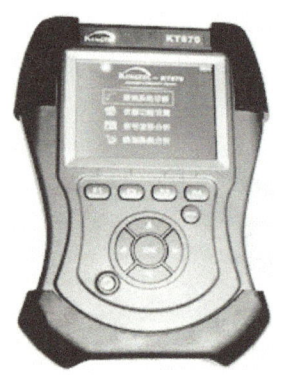

图 1-15 Snapon 示波器   图 1-16 Snapon 红盒子

第一章 绪 论

 本章小结

  本章首先阐述了汽车配件及其作用，分别从汽车零部件使用寿命及消耗规律和汽车配件销售特点角度进行了叙述；其次对汽车配件行业术语和汽车配件专业英语进行了简单介绍；最后介绍了常用汽车维修工具和设备，为后续的教学做了基础性铺垫。

 复习题

  1. 汽车配件的作用是什么？
  2. 汽车配件的基本术语有哪些？
  3. 汽车配件的销售有何特点？
  4. 汽车配件消耗有哪些规律性？
  5. 常用的汽车维修工具和设备有哪些？
  6. 汽车的使用寿命周期如何划分？
  7. 请在常用的汽车维修工具——游标卡尺、千分尺、塞尺中任选一种进行简述，说明其使用方法和注意事项。
  8. 动力工具有何特点？使用它时有什么注意事项？
  9. 常见的扳手有哪几类？
  10. 车身型式用汽车配件专业英语如何表达？

（扫一扫，查看参考答案）

第二章

汽车配件基础知识

1816 年英国物理学家罗伯特·斯特林（Robert Stirling）发明了斯特林发动机。斯特林发动机是独特的热机，因为其实际效率几乎等于理论最大效率，称为卡诺循环效率。斯特林发动机是通过气体受热膨胀、遇冷压缩而产生动力的，如图 2-1 所示。

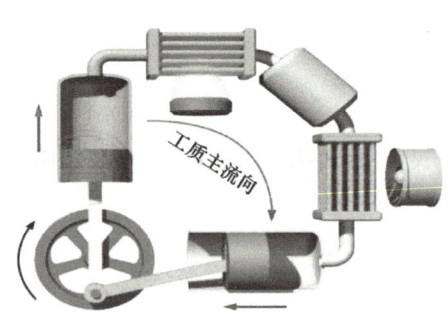

图 2-1 斯特林发动机

那么驱使发动机工作的配件有哪些？发动机的主要配件有哪些？通过本章的学习，我们将会得到答案。

第一节 汽车配件类型

汽车配件有狭义和广义之分。就广义汽车配件而言，除现在生产中习惯列为配件的品种外，还把发动机总成、变速器总成等关键总成和某些相关件都列为汽车配件。另外，底盘和车身虽然在统计时往往单列，但它们也被认为是广义的汽车配件。西欧一些国家还把汽车薄板、油漆等直接影响汽车发展的原材料也列入汽车配件，应予以特别注意。

各国对汽车配件没有一个统一的分类方法，一般都是根据自己确定的目的进行单一原则的分类。

一、按最终用途分类

按最终用途分类即按配件安装在汽车不同部位来分类，如发动机配件、底盘配件、电气设备和仪表配件、车身配件、横向配件等，主要用于商业或统计上。列入日本汽车零配件工业会统计的有 7 类，共 130 个零配件，见表 2-1。

表 2-1　日本汽车零配件工业会《产品出厂动向调查》列入的主要汽车零配件

零配件分类	主要零配件	零配件数量
1. 发动机	活塞、活塞环、气缸垫、垫圈、气门、起动机、交流发电机、火花塞、发动机控制装置、制动系统控制装置等	29
2. 电气装置及电子装置	燃料泵、电子控制式燃料喷射泵等	12
3. 照明、仪表等电气电子装置	前照灯、车速表、刮水器电动机及其他电动机、各种开关、转向锁、线束等	15
4. 动力传动装置及操纵装置	离合器从动盘、手控变速器、自动变速器、转向助力装置、等速万向节、传动轴、车轮（钢质、轻合金质）、变速杆等	26
5. 悬架及制动装置	钢板弹簧、减振器、制动装置（制动鼓、制动盘）、制动阻力装置、制动软管等	20
6. 车身	车架、燃料箱、窗框、车门手柄及锁、座椅及座椅弹簧、座椅安全带等	19
7. 附件	时钟、收录机、冷气装置、暖气装置、车轮罩、修理用涂料、汽车立体声音响装置等	9

二、按市场结构分类

若按维修市场、配套市场和出口国际市场划分，可将汽车零配件分为以下四大类。

A 类：维修市场件，即为汽车维修服务的配件。维修零件，是指保证汽车正常运行所必需的零配件，这些零配件对保持车辆的行驶性、安全性和舒适性等性能是必不可少的。

A 类维修市场配件按照其组成还可进一步分为：零件、分总成、总成、组件、套件、附件、工具及设备、油液等。

B 类：通用配套件，即为两种或两种以上基本车型系列服务的零配件，面向全国市场。

C 类：专用配套件，即为单一基本车型系列服务的零配件，面向局部市场。

D 类：外向性配件，其主要产量是用于出口，面向国际市场。

三、按附加值分类

通常在经济分析中，将汽车配件分为低附加值和高附加值两类。

低附加值类，即所谓能源型零部件，是指产品成本中所含原材料、能源和劳动力费用较高的零部件，如起动机、散热器等。其原材料、燃料、劳动力等费用占总成本 50% 以上。

高附加值类汽车配件主要指科技含量高的产品，另一种意义是指投资要求大的汽车配件。这类汽车配件靠增加劳动力是解决不了产量和质量问题的，所以高附加值类汽车配件又称为高资金型汽车配件，而低附加值类汽车配件称为劳动密集型汽车配件。

关于零部件的科技含量，中国汽车技术研究中心曾建立了一套评价体系，并请专家按不同的指标对零部件进行评分，评分结果见表 2-2。

表 2-2　各种零部件按科技含量分类状况

科技含量	零件名称
高科技类 （35～50 分）	发动机总成、同步带、消声器、风扇离合器、空调设备、后视镜、座椅、油封、中央接线盒、汽车仪表、汽车铸件、模具、软内饰、特种油品、安全玻璃科技类
科技类 （25～35 分）	变速器总成、保险杠（大型塑料）、活塞、活塞环、气门、连杆、轴瓦、油箱、空滤器、机油滤清器、燃油滤清器、离合器、盘式制动器、转向盘、刮水器、门锁、安全带、发电机与起动机、组合开关、分电器、等速万向节、紧固件、灯具、汽车锻件、轴承、音响设备与车载电视、特种带材（轴瓦、散热器用）
一般类 （≤25 分）	轿车总成、高压油管、散热器、制动软管、转向器、传动轴、后桥齿轮、减振器、钢板弹簧、钢圈、玻璃升降器、风窗洗涤器、暖风机、点火线圈、火花塞、喇叭、电线束、灯泡、随车工具、蓄电池

在这套评价体系中，将 35～50 分的零部件称为高科技或高附加值类产品。而科技类产品是指既有一定的科技含量，又使用比高科技类产品更多劳动力的汽车配件，如变速器总成。

四、汽车维修配件按品种分类

汽车维修配件按品种可分为 A、B 和 C 三大类。A 类为易耗件，占汽车配件品种的 80%～90%，其中快速流转的品种有 500～800 种，经营部门应最低保持备有 500 种以上才能维持 90% 的供应率。B 类为非易耗件，占汽车配件品种的 7%～15%，大部分可以列为商品经营，诸如各种齿轮、壳体、传动轴之类，有 60～100 种。C 类为基础总成件，约占汽车配件品种的 1%，如气缸体、桥壳等，现在经营部门多将其列为重点库存，随着维修制度和供应体制的改革，这类配件将逐渐失去常备商品的地位，而变为紧急订货的商品。

此外，按配件的材质可分为金属件和非金属件，按配件的新旧可分为新件和二手件（如拆车件、翻新件）等。

第二节　汽车配件结构

一、发动机主要配件

发动机由许多机构和装置组成，这些具有特定工作性能的机构和装置，被称为分总成或组合件，如活塞连杆组、机油泵、汽油泵等。

发动机中一些摩擦副的工作环境比较苛刻，经常在高温、高速、高负荷工况下运动，使用过程中由于几何尺寸、配合间隙、表面粗糙度和材料的化学腐蚀与疲劳等造成的磨损和破坏，导致发动机技术状况变坏，动力降低甚至产生故障。这些易磨损零件修换频率较高，故将其统称为易损件。

1. 气缸体、气缸盖

气缸体是发动机的基础件，是用铸铁制成的箱形机体，其上有气缸孔、曲轴箱、曲轴轴承座孔等。在气缸孔的周围，铸有冷却液循环的水套，缸体前端平面装备正时链轮传动机构和水泵，后端平面装备离合器壳，上平面与气缸盖接合，下端面安装机油盘，缸体两侧面则备有安装进排气歧管及其他附件的孔座或凸缘。气缸体的结构形式多数为龙门式，曲轴采用全支撑，刚性好，运转平稳。

气缸体虽是基础性零件，但也属于易损件，因为当出现缸孔磨损至极限，缸体在寒冬季节被冻裂、排气管口热疲劳裂纹、活塞咬缸或连杆螺栓折断发生缸体被击破等自然或突发事故损伤时，就必须更换新品，故有一定需求量。

气缸盖由铸铁或铝合金铸制，是气门机构的安装基体，也是气缸的密封盖，和气缸及活塞顶部组成燃烧室。目前采用顶置气门式发动机的缸盖，许多已采用把凸轮轴支撑座及挺杆导向孔座与气缸盖铸成一体的结构。

气缸盖损坏现象多为缸盖与缸孔密封平面的翘曲变形（使密封遭到破坏）、进、排气门座孔裂纹、火花塞安装螺纹损缺等。**特别是用铝合金浇注的缸盖，因其材料硬度较低，刚度、强度相对较差，比较容易变形和损伤，故消耗量较铸铁制的要多。**

2. 曲柄连杆机构

曲柄连杆机构由活塞、活塞环、活塞销、连杆、曲轴及飞轮、曲轴轴承等组成。其作用是把活塞顶部所承受的可燃混合气燃烧的膨胀压力，通过活塞销和连杆的传递使曲轴旋转输出动力。

活塞由亚共晶体或共晶体铝合金铸造，分为顶面、头部和裙部三个部分。顶面有平顶、凹顶和凸顶等几何形状，与气缸盖构成燃烧室，以便形成挤气涡流或湍流，从而有利于可燃混合气的雾化和燃烧。活塞头部一般安装两道气环和一道油环，活塞裙部多制成椭圆锥体或椭圆腰鼓形，以改善活塞在缸孔运动中产生的敲缸、擦伤、拉缸等不良现象。有的活塞则在活塞销座处和裙部镶有防胀钢片，减少活塞由于燃气作用的膨胀量。活塞除用亚共晶铝或共晶铝合金铸造外，也有用铝合金模锻工艺制成，模锻铝合金活塞可以得到致密的金相组织、较高的强度和更好的导热性。

活塞环安装在活塞头部的环槽内，起密封、刮油与传导燃烧高热的作用。气环用合金铸铁制造，多为扭曲环，油环为薄钢片制的组合环，由上、下刮片，径向衬片和轴向环形衬簧组成。有的机型也用铸铁制油环，在环的内圆面，切有半圆形弹簧环槽，以装入用弹簧钢丝冷卷制作的螺旋环形衬簧。为提高气环和油环的走合和耐磨性能，环的表面要进行喷钼或镀铬。

连杆用锻钢或珠光体可锻铸铁制成，杆身具有工字形断面，一端为安装活塞销（与活塞销孔连接）的小头，另一端为安装连杆轴颈的大头；大头轴承孔座为分开式组合，一半与杆身制成一体，另一个半称为连杆轴承盖，与杆身用螺栓连接，以便与曲轴连杆轴颈相配合。

活塞销是连接活塞和连杆小头的短轴，呈圆筒形，其空心截面有等截面和变截面两种，由低碳合金钢冷挤压成形，经机械加工后，表面渗碳淬火并抛光。它与活塞的连接方式分为全浮式和半浮式两种。

连杆螺栓和螺母一般用中碳合金钢制造并经调质处理。因其工作条件苛刻，要求其耐冲击载荷和疲劳，故要有较高的机械强度、疲劳强度和韧性。

曲轴是一个具有曲拐形的长轴，被安装在气缸体的曲轴轴承座孔之中，座与主轴颈之间有曲轴轴承。其连杆轴颈与连杆大头连接，中间装有连杆轴承。曲轴采用高强度球墨铸铁或中碳钢锻制，并经热处理和动平衡校准，连杆轴颈和主轴颈与曲拐接合处用滚

压强化工艺制成圆角过渡，以增强其抗磨强度。它与缸体的安装方式较多地采用全支撑，以增强其刚性和运行的平顺性。曲轴轴承座及盖用中碳钢锻制并用高强度螺栓紧固。

连杆轴承和曲轴支撑轴承是由两个半圆形钢背和内圆面为减摩合金层组成的，通常称为轴瓦。具有薄壁复合金属的圆筒形轴瓦，作为连杆轴承座与连杆轴颈和曲轴轴承座与曲轴主轴颈之间的滑动轴承，形成减摩零件。其制作方法通常由薄钢板与减摩合金（如高锡铝合金）碾压成复合板条，制成半圆形，并按规定厚度将合金层刮削成光亮表面，浇注上减摩合金。为防止曲轴的轴向窜动，曲轴轴承中的中间轴承为止推轴瓦或装用止推片。

曲轴飞轮为钢制的直径较大的圆盘，其边缘热压装配由中碳钢制成的圆圈状飞轮齿环，飞轮安装在曲轴后端的凸缘上。在起动时，飞轮齿环与起动机驱动齿轮啮合，飞轮后端平面安装离合器总成，由离合器从动盘通过变速器主动齿轮的传递而输出动力。

曲柄连杆机构是发动机产生和输出动力的主要机构，零件在高温、高压和冲击性载荷条件下运动。工作中易造成摩擦磨损，故称为易损件。但社会维修消耗情况和需求量则不尽相同，例如：在发动机大修理时，因气缸需镗磨成加大尺寸和曲轴轴颈需磨成缩小尺寸，所以，活塞、活塞环、活塞销、连杆和曲轴轴承等均需要更换，其消耗量较大，应有较多数量的备品。其中又因活塞环及连杆轴承在发动机中修或计划维护中，当检查发现活塞环磨损较多，影响气缸密封或润滑油消耗过多时，活塞环则需更换加大尺寸的新环；当发现连杆与曲轴连杆轴颈配合间隙过大或减摩合金层损坏时也必须更换，因此消耗量较其他配件多，故应有足量的配件。活塞、活塞环的维修加大尺寸级别（0.00 为标准尺寸）一般分为 +0.25、+0.50、+0.75、+1.00、+1.25、+1.50 共六级。根据维修经验，又以其中的加大 +0.50、+0.75、+1.00 三档尺寸的消耗量为多。连杆轴承的维修缩小尺寸一般分为 -0.25、-0.50、-0.75、-1.00 共四级，最后一档的 -1.00 需用较少，而 -0.25 和 -0.50 两档的消耗量多。曲轴轴承的维修缩小尺寸级与连杆相同，通常在发动机大修中更换，但在特殊情况下，如发现发动机运转晃动，曲轴轴承配合间隙磨损扩大超过规定值或发生异响时，则需及时修理更换，但消耗量较连杆轴承少，故备量可少些。

连杆和曲轴的消耗量相对较少，使用寿命较长。连杆在特殊情况下，如受冲击载荷发生扭曲变形量超过标准，轴承座磨损扩大时，即应更换。曲轴的轴颈磨损可以磨小一级或二级缩小尺寸重复使用，但在曲轴的同轴度变形量超过极限规定以及轴颈缩小至极限尺寸时，便需更换，故有一定的消耗量，应予少量备件。

飞轮也属易损件，但消耗量较少。飞轮与离合器压盘贴合的平面磨损后可以磨平修正使用，但磨损沟槽太深，修磨减薄量过大时则需要更换。飞轮上的起动齿圈因使用频繁，与起动机驱动齿轮啮合瞬时的冲击力较大，经常磨损或损坏，因此其需要量较大。

3. 配气机构

现代发动机的配气机构多采用顶置气门式。其结构布置又分为两类：一类是凸轮轴安装在气缸体中，由气门挺杆、气门推杆、气门摇臂轴、气门摇臂等传动控制气门启闭；另一类是将凸轮轴安装在气缸盖顶面上，由气门挺杆直接驱动气门启闭，这种结构省略了气门推杆和摇臂轴及摇臂等零件，使传动机构的刚性增强并提高了工作的平顺性；更由于采用液压挺杆，可自动补偿气门杆部与挺杆之间的运动间隙，消除了工作响声。凸轮轴的前端，安装有正时齿轮或链轮，由曲轴前端的正时齿轮通过链条或齿形胶带驱动。

凸轮轴一般用中碳钢锻制或用合金铸铁浇制，轴体上有与进排气门同数的凸轮，用以驱动气门开启，同时制有支撑轴颈用以安装凸轮轴。

进、排气门直接接触高温燃烧气体并在高速和冲击载荷下工作，气门及其导管、气门油封等配件工作温度高，润滑效果差，经常承受交变载荷作用，极易造成零件的变形和磨损，因此，进、排气门和气门导管及气门油封等均属于易损配件。

4. 发动机冷却系统

发动机冷却系统由水泵、散热器、风扇、节温器及连接用橡胶水管等组成。上述发动机冷却系统的组成配件都是易损件，如散热器因碰撞、颠振和机械损伤而漏水，水泵因密封垫磨损而漏水，节温器因热疲劳性能变坏或失效，风扇离合器因机械损伤或电路故障而失效，感温开关失效等，均须及时维修更换，故消耗量较多，应有较多备量。

5. 供油系统

供油系统由燃油箱，燃油泵，喷油器，燃油滤清器，进、排气歧管，空气滤清器和排气管及消声器等组成。机油滤清器和燃油滤清器属于消耗品，燃油泵和喷油器属于易损配件。

6. 润滑系统

润滑系统由机油盘、机油泵、机油滤清器及连接管等组成。机油滤清器、燃油滤清器及空气滤清器合称为三滤，属于消耗品，车辆行驶一定里程后需要更换。

7. 胶带

汽车发动机气门机构及其他辅助设备传动用胶带，按照用途可分为正时齿轮胶带、水泵风扇胶带、发电机胶带、转向动力泵胶带、冷气压缩机胶带等。

胶带为多耗易损件，常见故障有：外包布脱层，工作面胶磨损，骨架线绳伸长，齿形磨损等使传动效率降低甚至失效。其消耗量较大，应为多置备品。

二、汽车底盘主要配件

1. 传动系统

（1）**离合器总成** 离合器总成由离合器盖、分离杠杆、压盘及压缩弹簧、从动盘（离合器钢片总成）等组成。它被固装在曲轴飞轮外侧的平面上，位于发动机和变速器之间的飞轮壳内。轿车发动机多采用单片和膜片弹簧式离合器总成。

单片离合器总成的主动部分为飞轮、离合器盖、压盘和压紧弹簧；从动部分为从动盘和从动轴（变速器主动齿轮轴）。

离合器是接合与分离的传动机构，一种由离合器踏板及轴、分离叉、分离杠杆或拉索、分离轴承及座、分离轴承扭簧或拉簧等组成；另一种为液压式传动机构，其由离合器液压总泵、分泵及连接油管等组成。

离合器总泵是以制动液为介质的压力泵，由壳体及主缸、主缸活塞和皮碗、皮圈、活塞推杆等组成。

从动盘、压盘及盖、离合器总泵和分泵是离合器组成零件中的主要易损件，故这些零部件均须有一定的备量，以适应维修需要。分离轴承为推力滚子轴承，属于多耗易损件。

（2）**变速器** 变速器分为机械变速器和自动变速器。

知识拓展

最初的变速器是谁发明的？

世界上最早生产的汽车上没有安装变速器，所以不能改变速度，只能前进、不能后退，不便于汽车驾驶，因为变速器具有变速、倒车、空档、动力输出等主要功能。

1889年，德国工程师戈特利布·戴姆勒和法国工程师阿曼德·标致先后研制成功齿轮变速器，这是世界上最早发明的变速器，从而奠定了汽车传动系统的基本结构。

1894年，法国工程师路易斯·潘哈德和埃米尔·勒瓦索发明了手动滑动齿轮变速器，即用手操纵换档的有级齿轮变速器，这是汽车上最常用的变速器。之后，他们将手动滑动齿轮变速器安装在潘哈德·勒瓦索牌汽车上，并邀请了不少新闻记者前来观看汽车变速行驶表演，然而不巧的是偏偏在这时发动机发生了故障，无法起动。尽管他们在嘲笑中讲完了变速器的原理和作用，但仍被新闻界讥讽为"利用假把戏骗取钱财"。两位工程师毫不气馁，并在1895年再次邀请新闻记者观看他们的变速汽车表演。在喜欢挑剔的新闻记者面前，他们驾驶自己的汽车时快时慢，时进时退，完成了变速、倒车等系列动作，用事实征服了记者和汽车界。同年，瑞士工程师埃格也研制出手柄操纵的齿轮变速器。1902年，美国人詹姆斯·帕克德和威廉·海彻发明了H形变速器。1904年，潘哈德·勒瓦索手动滑动齿轮变速器被普遍应用到各种牌号的汽车上，使汽车变速性能进一步完善，从而奠定了现代汽车传动系统的基础。

由于手动变速器不能实现无级变速，促使各国工程师抓紧进行自动变速器的研制工作。为此，美国人汤姆森兄弟在1901年1月17日率先研制出一辆装有离心式离合器的三档自动变速器汽车，并向美国专利商标局提出了专利发明申请，但由于技术性问题太多，无法普及实用。1904年，美国工程师斯图凡德兄弟研制出世界上第一个能够使用的自动变速器，它有两个前进档，通过离心力的作用使齿轮啮合或脱开，当发动机转速增高时，离心力首先使变速器在低速档啮合，然后是高速档。1907年，斯特尔森利用行星齿轮传动制造出一个液压自动变速器。1908年10月，福特汽车采用了行星齿轮变速器，使驾车者换档变得方便。随后，行星齿轮变速器被广泛地应用在自动变速器中。

1928年，美国凯迪拉克汽车公司推广应用了第一个带同步器的齿轮变速器，使驾车者换档变得轻松自如，还减少了齿轮的撞击。1930年，美国工程师沃尔特·威尔逊研制成功手动行星预选变速器。1934年，美国别克、奥兹莫比尔汽车公司首创了世界上现代的自动变速器，逐渐地提高了汽车动力性能与驾驶的舒适性。

1956年，美国通用汽车公司工程师艾里逊推出了第一台全自动、动力换档变速器用于商用货车。美国工程师辛普森在1957年获得了齿轮自动变速器的发明专利，后来被美国通用、福特和克莱斯勒三大汽车公司广泛地应用在旗下所有的汽车上。

1958年，荷兰人范·多尼斯发明了无级变速器，由此进入变速器技术快速发展阶段。1983年，德国保时捷汽车公司研发出专用于赛车的双离合变速器（PDK），但基于制造成本过高和容易损坏的原因，这项技术专利逐渐被保时捷汽车公司研发的手自一体变速器所取代。手自一体变速器可以使驾车者在自动与手动变速之间任意选择，开创

第二章 汽车配件基础知识

了手控/自动变速器技术新时代。1985年,奥迪汽车公司也将双离合器技术应用于赛车场上,使奥迪赛车驰骋于当时的各大越野赛场,获得许多国际汽车赛事的胜利。1986年,日本富士重工公司抢先推出了装有第二代机械式无级变速装置的轿车。1997年,法国标致206与雷诺Clio率先采用最先进的智能化自动变速器,并普及到大众化的汽车上。20世纪90年代末期,德国大众汽车公司和美国博格华纳(Borg Warner)集团开发出用于量产的双离合变速器,即DSG直接换档变速器。随着DSG产品系列进入批量化生产,德国大众公司又将双离合自动变速器(DCT)技术应用于高尔夫、宝来、捷达、途安、帕萨特、奥迪A3、西雅特和斯柯达的欧雅等汽油或柴油车型配置上,为更多的汽车消费者提供了驾驶更灵敏、更节能、更高效的驾驶体验。德国宝马汽车公司、瑞典沃尔沃汽车公司和意大利菲亚特汽车公司也相继推出各自的双离合变速器系统,并搭载在各自品牌的豪华轿车上投放市场。

总之,这些变速器的发明标志着汽车传动系统更加完善,使发动机更好地发挥其优良的动力性能,实现汽车驾驶的舒适性和降低油耗的完美结合。

机械变速器主要由铸铁或铝合金制壳体,低碳合金钢制并经淬硬热处理的一轴、二轴(主轴)、中间轴(副轴)、倒档轴、常啮齿轮及各档位主、从动变速齿轮,倒档齿轮及支承用滚动轴承,调整间隙垫片及油封等组成。在变速器壳盖上,有变速叉轴、变速叉等变速换档传动机构等装置。

机械变速器的一轴、二轴和中间轴常用18CrMnTi、20CrMo或40Cr合金钢制造,经机械加工后,进行渗碳和表面淬硬热处理,轴颈及齿部表面硬度为58~64HRC,心部硬度为32~45HRC,花键齿侧表面粗糙度不低于$Ra1.6$。倒车轴用中碳钢或中碳合金钢棒料车制而成,经调质或表面淬硬热处理后将表面磨光。一轴、二轴、中间轴、倒档轴均为易损件,其工作寿命虽较长,但仍有一定的消耗量,应有适量备品。

常啮齿轮,各档位主、从动齿轮及倒档齿轮由18CrMnTi等高级合金钢锻制成齿坯,经正火后进行机械加工,并经渗碳、淬硬热处理,齿形为渐开线矮齿,齿面硬度为58~64HRC,齿心部硬度为32~45HRC,渗碳层深0.9~1.3mm,故具有较高的运动精度和耐磨、耐冲击负荷的机械性能以及较长的工作寿命。在长期使用中,也会因齿面磨损,配合间隙增大而发生脱档等故障,故变速齿轮为易损件,应有少量的备品。

变速器发现故障后,通常可更换损坏的相关零件而加以修复,但在特殊情况下,也有更换变速器总成的需求,应视维修需求予以适当配置存量。变速器同步器及其组成零件与其他变速齿轮相比,其需求量较多,故应有稍多的备量。

拨叉轴和拨叉。拨叉轴为圆形短轴,由中碳钢车制并经调质热处理而成,其常见故障为拨叉轴颈磨损及拨叉在材料疲劳或换档用力过猛时发生断裂等。这时,将会使齿轮啮合自动脱出或使变速换档失效,造成停车故障。虽然需求量较小,为满足供应,也应有少量备品。

其他易损零件。**变速器其他易损零件有:各轴上的滚动轴承、油封、轴套、调整垫片、密封衬垫、总成支撑橡胶垫等,需求量较大,应多置备品。**

变速器手动操纵换档传动机构中的手柄压缩弹簧、塑料缓冲块、变速杆、拉杆等,均属于易耗件，都应根据需要而酌置备品。变速器变速杆橡胶防尘罩、内护罩、软管等的消耗量也较多，应有一定备量。又如倒车灯开关、最高档位灯开关等易产生电路故障及机械损伤的部件，也是相对消耗量较多的易损件，均应有一定备品。

自动变速器主要由液力变矩器、行星齿轮机构、液压操纵系统、电子控制系统等部分组成，其中液压操纵系统中的湿式离合器片、湿式制动摩擦片属于易损件。

（3）**分动器** 分动器安装于变速器的后端，变速器输出轴与分动器输入轴套接输入动力。**分动器由输入主动齿轮轴、行星齿轮装载架总成、行星齿轮架环形内齿轮、后输出轴换档同步器总成、主动链轮（前轴驱动）、传动链、前输出轴、前输出轴凸缘，以及分动器油泵（齿轮式油泵）、前后输出轴轴承、油封、垫圈等组成。**

分动器的操纵机构，由操纵手柄、换档拨叉轴、换档拨叉及选档拨叉、换档扇板总成、换档支架、拨叉缓冲垫组件、换档杆臂及弹簧、止动螺钉等组成。

分动器的易损零件与变速器相同，但以常速两轮驱动为多，换档频率低，零件使用寿命相对较长，故可根据营销需要决定少量的备品。

（4）**传动轴** 传动轴分前桥和后桥传动轴，前桥传动轴及万向节将分动器前输出轴和前桥减速器输入轴连接；后桥传动轴及万向节传递变速器至后桥减速器的动力。轿车因使用变速与减速器组合成一体的前桥驱动，故不用传动轴。

前传动轴总成由前滑动叉、传动轴花键轴、双十字轴万向节轴头、万向节总成、传动轴凸缘叉（传动轴法兰）和油封等组成。 传动轴滑动叉、花键轴头、凸缘叉等均用中碳钢锻制经机械加工后进行调质热处理。传动轴管用中碳薄钢板卷制。**传动轴在出厂前须经动平衡校验并加焊校验用动平衡片。**

传动轴总成及其组成零件滑动叉、凸缘叉、万向节叉等均为易损件，其常见故障为轴管弯曲变形、花键磨损配合松旷导致车辆发生颤振和噪声。其中尤以万向节总成的需求量较多，故应有较多备量。传动轴总成及滑动叉等零件，可适量予以配置备品。

2. 行驶系统

（1）**前桥总成** 前桥一般为转向桥，它是由锻钢或钢板冲制焊接成的梁状轴架。但转向驱动前桥，则是铸铁或铝合金铸成的由减速器、差速器壳体及钢管半轴壳组装的梁状桥。前桥总成由梁状桥壳（两端为万向节，中间为减速器、差速器）、前桥半轴和万向节等组成。

前桥驱动的车辆转向桥中的主减速器和差速器的结构与后驱动桥相同。前桥梁架组成中的主横梁、举升横梁、副车架、前轮摆臂、摇臂、控制臂、稳定杆、万向节等零件的使用寿命均较长，更换率较小，只有在行车中碰撞发生损伤变形影响行车安全及转向性能时，才需修复或更换。其中筒式减振器为易损件，应有较多备品。其他用于缓冲或支承的橡胶衬套、轴套、盖罩等零件，由于橡胶容易老化、损伤等原因，属于多耗易损件，应有较多数量的备品。

（2）**后桥总成** 主减速器由主减速器壳、主动和从动锥齿轮副、支撑用滚动轴承、啮合间隙调整垫片、油封等组成。

主减速器的主、从动锥齿轮为易损件。必须注意的是，主、从动锥齿轮在出厂前，都经过配对校验和研合，以保证主、从动锥齿轮的运动精度，降低噪声，切不可轻易散乱混配。

差速器的结构为行星齿轮式。它由**差速器壳**、**行星齿轮**、**行星齿轮轴**、**半轴齿轮**（又称为**侧齿轮**）、**止推垫片和调整垫片**、**滚动轴承**等零件组成。

行星齿轮、半轴齿轮和十字轴的制造材料与主减速器锥齿轮基本相同。差速器总成的使用寿命相对较长，但差速器壳、十字轴和齿轮组也是常见的易损件，故可酌量备品，其中的多耗件为滚动轴承、油封及垫片等，应有较多备量。

半轴内端花键轴插入半轴齿轮的内花键孔内，外侧以凸缘盘用螺栓与轮毂紧固，或以花键与轮毂轴头内花键套接并紧固。前驱动转向桥半轴的两端，均装有等速万向节（易损件）。万向节的结构分为球笼式、球叉式和三销式等形式，以便在车轮跳动或转向行驶情况下传递动力。半轴的使用寿命较长，故应有少量备品。

车轮轮毂为易损件，其损坏现象多为轴承座孔因轴承壳外圆被磨损而配合松动、轴承损坏、油封磨损漏油、车轮螺栓及螺母螺纹乱扣缺损等，故轮毂的消耗量相对较多。另外，上述组成配件中如轴承、油封、车轮螺栓及螺母等，在维修中均为常换配件，应有较多备量。

目前，轿车车轮轮辋多用铝镁合金制成，轮辋用车轮螺栓及螺母紧固于轮毂凸缘上。

车轮为易损件，其常见故障为在行驶不平路面上因冲击变形、硬石碰伤、车轮螺栓松动产生螺栓孔损伤等，这些损伤会使动平衡性能被破坏，产生轮胎滚动噪声和摆振，影响行车安全及美观，故是多耗配件，应有较多备量。

3. 悬架（旧称悬挂）

汽车悬架的基本结构类型，分为非独立悬架和独立悬架两种。独立悬架在轿车上应用广泛，其特点是车桥为断开式，每侧车轮单独通过螺旋弹簧与减振器和车身（车架）相连，一侧车轮变位，对另一侧车轮不会产生影响。

目前轿车前悬架多采用滑柱式（麦弗逊式）独立悬架，由筒式减振器、螺旋减振弹簧、聚氨酯缓冲垫、弹簧护圈、金属橡胶推力轴承组合件及万向节（减振器壳底座）和车轮等组成。

轿车后悬架多采用滑柱式（麦弗逊式）独立悬架。其结构与组成基本相似，仅承载与连接构件各有差异。

前、后悬架组成中的螺旋弹簧、钢板弹簧（非独立悬架）、减振器、弹簧座、防尘罩、支撑座橡胶推力轴承组合件、缓冲垫以及连接支撑用橡胶衬套等，都是易损件。非独立悬架中的钢板弹簧、钢板销、吊耳、吊耳销、U形螺栓等也是易损件。其中，多片钢板弹簧总成中的第一、二、三片和钢板销、吊耳销及衬套等的需求量较多。

4. 制动系统

制动系统由制动控制装置、车轮制动器和液压传动机构三部分组成。驻车制动器的传动机构为机械式。有的车型如桑塔纳轿车的后车轮制动器中的制动蹄片兼作驻车制动。当拉起驻车制动器操纵杆时，通过拉索和制动蹄推杆将蹄片压向制动鼓而驻车。

目前轿车车轮制动器前轮制动采用盘式结构，旋转部分为制动盘，后轮为盘式或鼓式（制动鼓）。前者以制动钳（轮缸及制动衬块）夹紧制动盘而制动，后者（鼓式）以张开机构使制动蹄片压紧制动鼓而制动。

前轮盘式制动器的旋转部分是与车轮固定并一起旋转的制动盘，其固定部分是跨装于制动盘两侧的制动钳，制动钳由支架及轮缸和摩擦衬块（两个或四个）组成。衬块和

轮缸压紧装置组装在一起，并可浮动地安装在制动钳支架之中。

盘式制动器由制动钳（钳体上的缸体、活塞和皮碗）、制动盘组成；鼓式制动器由制动底板、制动轮缸（固装于制动底板上的缸体与活塞、活塞皮碗、皮圈和活塞回位弹簧等）、制动蹄、制动摩擦衬片、制动蹄回位弹簧、制动蹄定位销、制动蹄调整件等组成。

在车轮制动器中，盘式的制动钳总成中的轮缸活塞及皮圈，摩擦衬块，鼓式的制动蹄及摩擦片，轮缸总成或活塞和皮碗、回位弹簧等均属于易损件。其常见故障为轮缸孔和活塞磨损，工作间隙增大，油液泄漏以及摩擦衬块或摩擦片损坏等，这些故障都会造成制动性能变坏，甚至失效，影响行车安全，故上述这些都是多耗零件，应有较多备量。

制动总泵是由铸铁制成的筒形壳体，其缸孔中安装有主缸活塞、皮碗、皮圈、回位弹簧、输液阀、弹簧座和活塞推杆等。

真空助力器安装在制动总泵主缸缸筒后端的安装凸缘上，用螺栓紧固。

制动总泵和真空助力器都是易损件。制动总泵和真空助力器可分开供应，也可以制动总泵和真空助力器组合总成供应。制动总泵和真空助力器中的活塞、皮碗、皮圈及输液阀、控制阀活塞、双用控制阀总成及储液罐等都是易损多耗零件，应予多置备品。

制动软管是由耐油橡胶加尼龙或棉纱编织帘布层制成的橡胶管，是耗量较多的易损件。

制动系统除上述主要易损件外的其他常用易损件有：用于车轮制动信号灯的制动灯开关、驻车制动指示信号灯的指示灯开关、制动传动机构中的制动踏板回位弹簧、踏板轴衬套、踏板橡胶面罩、驻车制动棘爪拉杆弹簧、拉索总成、拉索平衡架、橡胶缓冲块、防尘橡胶罩等。

5．转向系统

汽车转向系统由转向器和传向传动机构两部分组成。

转向器及其操纵机构的结构形式有多种，如球面蜗杆滚轮式、蜗杆蜗轮式、循环球式、齿轮齿条式等，现代轿车多采用齿轮齿条式。

齿轮齿条式转向器由转向器壳体、主动齿轮和齿条总成、啮合间隙补偿装置、密封圈、齿轮、齿条防尘套等组成。

转向器的操纵机构由转向盘，转向柱管，上、下转向柱和万向节等组成。

液压式转向助力器由液压泵（用发动机传动带传动）、液压泵储油罐（箱）、油液操纵阀（动力分配阀）、动力油缸和连接油管等组成。

转向系统主要组成中的易损件如下：转向器总成因齿轮齿条磨损、齿条在受冲击载荷影响弯曲变形或在碰撞事故中损坏，必须更换，故应有少量备品。其中，维修常换零件如齿条防尘套、齿隙调整活塞（导向块）及其调整弹簧、垫圈、密封圈、油封、轴承等；转向助力器液压泵总成也会因泵内叶片（或转子、齿轮）磨损、工作间隙增大、油压降低或其他机械故障影响其工作性能，因此也常须予以更换，故液压泵总成也应有少量备品。另外，系统中的其他维修常换配件，如储油罐、输油管等，也应有一定备量。转向盘在包覆的工程塑料老化裂纹、变色、饰盖等损坏时，也应更换。转向柱管中的转向轴万向节总成，导向轴套或支承用轴承、挠性万向节、防尘罩、油封等均为维修常用件，应有一定备品。转向横拉杆接头为多耗易损件，应有较多备量。转向减振器的需求量则相对较多，应有较多备量。

三、电气设备和仪表配件

1. 汽车电气设备和仪表的组成

汽车电气设备和仪表是汽车电器中电源、起动、点火、照明、音响、警报指示、灯光信号、仪表、空调设备和其他辅助电器、开关等零部件组成的统称，在汽车构成中占有十分重要的地位。从汽配供应企业营销状况来说，无论供应数量与金额都占有较大的比重。汽车电气设备是在汽车行驶中不断地颠簸、振动以及直接受到气温、湿度、灰尘等影响的情况下工作的，这些条件会加速设备的损坏。

2. 汽车电气设备和仪表的主要易损零件

（1）电源系统 蓄电池作为汽车的电源，其额定电压为12V，由6个单电池串联而成。主要用于车辆起动时给汽车起动机以及各个用电设备供电，所以汽车用蓄电池又称为起动型蓄电池。目前，汽车上采用的基本都是铅酸蓄电池，一般寿命在一年到二年之间，质量好的蓄电池，其寿命在两年到三年半之间，更换时应更换蓄电池总成。

现代汽车发电机已广泛采用硅整流交流发电机（简称硅整流发电机），它是汽车电源主要装备之一。硅整流发电机由带轮、风扇、前端盖、转子、定子、后端盖、碳刷架、整流元件板、硅二极管等组成。

电刷、调节器、整流元件板和硅二极管等为易损件，有时也要更换发电机总成。

（2）起动机 现代汽车都采用电力起动机，因用直流电驱动，故称为直流起动机。直流起动机由直流电动机、传动机构和控制机构三部分组成。其结构为：直流电动机用来产生驱动曲轴旋转的电磁力矩，它由电枢（包括换向器）、磁极、励磁线圈、机壳和前后端盖、电刷架及电刷等组成。传动机构由驱动齿轮、单向离合器、拨叉、啮合弹簧等组成。

（3）点火系统 传统点火系统由电源设备（蓄电池和发电机）、点火线圈、分电器、火花塞及高压线等组成，电子点火系统还包括传感器、点火控制器等。火花塞及高压线属于易损配件。

（4）空调设备 现代轿车都装有由空调器组成的冷气系统，使车厢内的气温、湿度、空气的流速达到乘员所需的舒适程度。汽车空调系统由压缩机、冷凝器、储液干燥过滤器、膨胀阀、蒸发器、制冷剂和连接管等组成。

（5）取暖设备 取暖设备是在寒冷天气供给车厢暖空气使驾驶人和乘员抵御寒冷并感到舒适的装置。取暖系统由热交换器（或暖气水箱）、散热器及橡胶水管、暖气调节开关、鼓风机等组成。其热源取自发动机高温水流，由鼓风机或电动风扇将散热器周围散发的暖空气经通风管道吹送到车厢中而取暖。

（6）汽车灯具及灯泡 汽车灯具种类较多，是用于汽车行驶照明、示宽，发出转弯、制动、倒车灯光信号，雾天照明，车厢内部照明，牌照照明，仪表照明等的灯具统称。

（7）辅助电器 电喇叭由外壳、励磁线圈、上、下铁心、衔铁、振动高碳薄钢板膜片、共鸣板和触点副、接线柱等组成。

为避免开关触点被电弧火花烧蚀，可采用继电器作为中间过渡。

熔丝插片的作用是防止用电设备超载，电流超过熔丝额定值时，熔丝即被熔断，电路被切断，从而避免电器过载损坏。熔丝插片的额定工作电流分为：2A、5A、7.5A、

10A、15A、25A、25A、30A 等。

现代轿车上安装有许多用电设备，如点火、照明、灯光信号与警报、刮水器、电动门窗玻璃升降机、后窗加热、空调温度调节等，都由电器开关来实现控制。

现代轿车因用电设备众多，都需要用低压电线予以连接电源。汽车低压电线包括电动机线（起动机线）由多股铜芯线及聚氯乙烯或聚氯乙烯-丁腈复合塑料为绝缘护套组成，具有良好的耐寒性、柔软性、耐油性和不延燃性。轿车常用的低压电线的规格，按铜芯截面积（mm^2）及允许电流量（A）分为：0.5、0.8、1（11A）、1.5（14A）、2.5（20A）、3（22A）、4（25A）、6（35A）等。电动机线铜芯截面积通常为 $25mm^2$、$35mm^2$、$50mm^2$ 三种。

（8）汽车仪表 冷却液温度表用以指示发动机水套中冷却液的温度；燃油表与存油量警告灯用以指示油箱中燃油存量的多少；机油压力表用以指示发动机润滑系统缸体主油道中润滑油的工作压力数值（kPa）；车速里程表由速度指示表和机械传动的里程指示字轮组两部分组成，用以显示行驶里程。

四、横向产品配件

汽车在整个运行过程中所需消耗的轮胎、润滑油类、维修用油漆、修理机具、工具等均被汽配行业称为横向产品，其消耗量和营业额占汽车运行和维修费用的很大份额，故汽配供应企业为扩大社会服务范围及经营业务，通常视企业资金及营销需求，对上述横向产品进行专营和兼营，是一个不容忽视的营销服务领域。下面只简单介绍轮胎和润滑油及齿轮油。

1. 汽车轮胎的结构与规格

汽车在运行中对轮胎的消耗费用在维修费用中占有很大的比重，故汽配供应企业普遍地对轮胎予以专营或兼营。汽车轮胎总成由外胎、内胎及衬带组成。其供应单位为套，也可分别以外胎、内胎和衬带作为单件供应，以方便客户，供应单位为只或条。但大宗耗量，仍以外胎和总成为多。

汽车外胎的结构，由橡胶热压成型的胎冠、胎面、胎侧、胎肩等组成。胎体中间有加强承载重量的帘布层，帘布层由尼龙或钢丝编织线浸渍橡胶浆料制成。帘布层层数的多少，决定轮胎负荷量的大小。

按多层帘布的排列方式：一种是帘布分层粘叠并呈50°交角排列的称为斜交胎；一种是帘布分层排列为90°，呈子午向排列的，称为子午线轮胎，这是近年来广泛应用的新型结构轮胎。

子午线轮胎较普通斜交轮胎有很多优点，如滚动阻力小，油耗低；胎面耐磨性好，行驶里程高；带束层刚度大，轴向变形小；接触地面面积大，单位压力小，从而减少了胎面的滑移和摩擦；附着力强，通过性和牵引性能好；减振缓冲性能好，提高了行驶平稳性；高速行驶性能好，安全可靠等，故受到用户欢迎。

轮胎是汽车运行中多耗的易损件，其常见故障为胎面磨损、帘布外露、胎面或胎侧橡胶被硬物刺破或刮伤、轮胎在夏天气压过高时爆破、因气压不足或泄漏后勉强继续行车致帘布层挤压损伤等，都会影响汽车行驶的安全性，故轮胎受损后须立即更换。汽配供应企业对轮胎的备量及品种规格范围，视经营规模、资金能力与地区供需情况而定。

2. 发动机润滑油的分类与特性

发动机润滑油是润滑系统的工作液，它的主要作用是对发动机各部件进行润滑、冷却、清洁、密封和防蚀。由于发动机润滑油在发动机工作过程中温度变化大、压力高、机件的相对运动速度快等原因，导致发动机润滑油的工作条件非常苛刻，容易使其老化变质。如果发动机零件摩擦表面得不到良好的润滑，就会产生异常磨损或擦伤。为保证发动机润滑油的作用，应对发动机润滑油的使用性能提出严格的要求。

发动机润滑油的使用性能对于发动机润滑系统的工作状况影响很大。在发动机上，强制润滑的零部件其工作条件比较苛刻，具有速度高，承受力（或力矩）大，时刻处于高温、高压的环境下等特点，并且有些零件远离油底壳、泵送距离远、阻力大，**特别是发动机净化装置的采用，使发动机润滑油的工作条件进一步恶化。因此，发动机润滑油应具有良好的润滑性、低温操作性、黏温性、清洁分散性、抗氧性、抗腐性和抗泡性。**

发动机润滑油按使用性能分类，可以分为汽油机润滑油和柴油机润滑油两大类，汽油机润滑油标号用"S"开头，柴油机润滑油标号用"C"开头。其中，汽油机润滑油分为 SE、SF、SG、SH、GF—1、SJ、GF—2、SL 和 GF—3 共 9 个品种；每个品种中又按黏度级别分为 0W、5W、10W、15W、20W 和 30、40、50 等若干级别。柴油机润滑油分为 CC、CD、CF、CF—4、CH—4 和 CI—4 共 6 个品种；每个品种中又按黏度级别分为 0W、5W、10W、15W、20W 和 30、40、50、60 等若干级别。

发动机润滑油的选择，直接影响发动机的使用性能和发动机的工作状态、主要零部件的磨损及其使用寿命。在**选择发动机润滑油**时，应**兼顾使用性能级别与黏度级别**两个方面。**使用性能级别**，主要根据发动机性能、结构、工作条件和燃料品质的不同而进行不同的选择；**黏度级别**，主要是根据气温、工况和发动机的技术状况的不同而进行不同的选择，以保证发动机在低温条件下容易起动，而在热状态下又能维持足够的黏度以保证正常润滑。一般地，新发动机应选择黏度较小的发动机润滑油；磨损严重的发动机应选择黏度较大的发动机润滑油。

目前，由国外和我国中外合资企业生产的各种品牌的汽、柴油机润滑油已大量进入我国汽配市场，牌号规格十分复杂，更由于发动机对油品质量的要求很高，应了解、熟悉和掌握汽、柴油机润滑油牌号规格品质要求的相关知识。

3. 齿轮润滑油的分类与特性

齿轮润滑油（齿轮油）在齿轮传动中起着重要作用，其品质要求与发动机润滑油类似，但齿轮油对润滑油性及极压性则另有要求，有添加降低摩擦作用的油性剂，它对边界润滑状态十分重要，能被吸附（化学或物理吸附）于运动零件金属表面，防止金属直接接触以降低摩擦。用于低齿面压力，低滑动速度下运行的汽车后桥锥齿轮及各种手动变速器，不加极压添加剂。

普通车辆齿轮油，用于速度和负荷比较苛刻的手动变速器和后桥锥齿轮，含少量极压添加剂。

中负荷车辆齿轮油，用于低速高转矩、高速低转矩下的各种齿轮，特别是货车或客车用准双曲面齿轮，含较多极压添加剂。

重负荷车辆齿轮油，用于高速冲击负荷、高速低转矩、低速高转矩条件下传动的各种齿轮，特别是后桥准双曲面齿轮，含较多极压添加剂，用于极高冲击负荷下运转的高偏置齿轮。

五、汽车车身配件

1. 汽车车身概述

汽车车身用来装载货物或容纳乘客，并保护乘客和货物免受风、沙、雨、雪、尘土等恶劣气候的影响，保证行驶时的安全、舒适。同时，也使驾驶人有一个良好、舒适的工作场所和环境。

（1）汽车车身的分类 汽车车身根据用途分为客车车身和货车车身两大类。按车身的受力情况不同，可分为非承载式、半承载式和承载式车身三类。

（2）汽车车身的基本结构 虽然汽车的用途、型式是多种多样的，但现代汽车的车身，通常都包括以下一些基本结构。

1）车身壳体。车身壳体的结构通常有两大类：

① 轿车、客车一般均为整体式车身壳体。

② 货车、专用车一般由驾驶室（又有长头平头之分）和货箱（有常规货箱、封闭货箱、罐式货箱等多种）两部分组成。

2）车身钣金件。车身钣金件有散热器罩、发动机罩、翼子板、挡泥板、驾驶室的踏板、承载式轿车的保险杠等。

3）车门、车窗。车门、车窗还包括有门泵、摇窗机构、车锁等总成。

4）车身内外装饰件。车身内装饰件主要有仪表板、顶篷、侧壁、座位的表面覆饰等；车身外装饰件则有装饰条、车轮罩、车辆标志（标识）等。

5）车身附件。现代汽车的车身附件一般包括风窗刮水器、遮阳板、后视镜、收音机、杆式天线、车门扶手、点烟器、烟灰盒等。

6）座位。汽车上的座位是由支架、靠背和坐垫所组成。

7）其他装置。汽车车身上除了上述的结构外，还有安放行李的内、外行李架，有的还装有取暖、通风装置，有保护驾驶人的被动安全技术——气囊装置等多种装置。

2. 轿车车身

常见轿车的车身由三个主要的功能构件组成，即用于安置发动机的发动机舱（前舱），用来乘载驾驶人和乘客的中舱，用于安置行李（或发动机）的行李箱（后舱）。

轿车通常可分为开式、闭式和可拆式三种车身。而其车身壳体的结构，则有三种基本类型。

（1）平面式壳体（即承载平板式） 车身壳体的基本结构板面数量少，而且弯曲和扭转是由地板所承受的。因此，平面式壳体，由用来固定发动机和底盘各部件的底座、框梁和梁等所组成。而车身其他部件承受载荷，则是用框梁同侧壁、前隔板和后隔板等部分的连接来保证的。

（2）开式车身壳体 开式车身壳体应用在敞篷式、双门敞篷式等类型的车身中。轿车的开式车身壳体，一般有两种结构。一种是由地板、侧壁、前壁和后壁四大部件构成的；另一种不带顶盖的轿车开式壳体，则由地板、前壁和后壁三大部件构成。

（3）闭式车身壳体 闭式车身壳体应用在四门式、双门式轿车的车身中，通常采用承载式车身壳体。一般常见轿车的车身壳体上部主要结构包括前壁、承载轮罩、带有前窗内框的前隔板总成、带有后窗框的顶盖、内部的上纵梁、后隔板、门框下梁、带有后轮罩的侧壁和后壁等。车身壳体下部主要结构包括地板、前悬架支架、带有发动机框架和用来固定壳体上部悬臂杆的后悬架横梁。

壳体的下部还包括可拆卸（用螺栓来联接的）构件，如前、后保险杠，保险杠的弹性支架，前、后翼子板，制动踏板，行李箱盖以及发动机罩等。

3. 大客车车身

大客车都采用闭式的箱式车身，以提高载客面积；箱式车身尺寸较大，形状较规则，易于构成完整的空间受力系统。因此，大客车的车身结构主要有全金属骨架非承载式车身结构、半承载式或组合式车身结构、承载式车身结构三种基本形式。

4. 载货汽车车身

载货汽车的车身，通常分为驾驶室和货箱两大部分。

（1）驾驶室 绝大多数载货汽车的驾驶室采用非承载式无骨架的全金属结构，且常以三点支承在车架上。驾驶室按外形，通常可分为长头驾驶室、平头驾驶室和介于这两者之间的驾驶室。

平头驾驶室的结构主要由前壁、侧框架、轮罩、顶盖、后壁等部分组成。

（2）货箱 载货汽车的货箱，可以是开式或栏板式的货台，或者是封闭式的货箱（即厢式货箱），也可能是特种形状的专用货箱（如罐式货箱等）。

5. 门、窗及其附件

（1）车身玻璃及镶装 车身上用的玻璃有平面玻璃和曲面玻璃两种。曲面玻璃不但具有很高的强度和空气动力性能上的优点，而且可以改善视野、窗框边缘的加工工艺性和增加内部空间。因此，在轿车的前、后窗镶装中得到了广泛的应用，并逐步在侧窗上得到了越来越多的应用；平面玻璃虽然不具备曲面玻璃的优点，但对于载货汽车驾驶室车门、大型客车侧窗等来说，仍因其结构简单、制造方便、成本较低，而继续大量地应用。

门窗玻璃、风窗玻璃的镶装主要有以下两种结构：

1）固定玻璃窗采用相应形状的密封条镶装。窗的密封性，由橡胶密封条紧贴在玻璃上来保证。玻璃镶装以后，当采用其他用来固定密封条的装饰条时，易于使橡胶密封条贴紧在玻璃上。为了保证贴合面的完全密封，可将密封条涂以黏结剂。

2）活动玻璃窗常用作轿车、客车的侧窗和载货汽车的车门窗。通常有滑移式（或称为移窗）、斜撑式或升降式三种。

（2）车门 轿车和载货汽车驾驶室的车门由外板、内板、加强板和附件等组成。有的车门上还装有三角窗。车门附件一般包括：门铰链、带内外手柄的门锁、橡胶缓冲块、开度限位器、摇窗机构等。

车门壳体本身的主要零件是车门外板和车门内板。外板的外形必须与整个车身相协调。内板上安装有车门的各种附件，要求其具有较大的刚度。

6. 车身的通风、取暖和空调装置

为了提高汽车的舒适性，保证车身内的空气流通、温度适当和调节车内空气的湿度，在现代汽车上普遍采用通风、取暖装置，许多轿车、长途公共汽车和某些特种车辆上还采用了空气调节装置。

7. 车身设备

（1）仪表板 仪表板通常有两种布置方式：装在仪表嵌板上或者作为附加件装在转向管柱上。

1）装在仪表嵌板上的仪表板。仪表板安装位置除必须满足能透过转向盘清楚地观察仪表的使用要求外，还应使仪表板不致在前窗玻璃下反光。仪表的反光可用遮阳檐来防止，遮阳檐可以是仪表嵌板的一部分，也可以是仪表壳体板的一部分。

2）装在转向管柱上的仪表板。在仪表嵌板不易接近，或是要保证仪表嵌板不受操纵机构布置的影响时，常采用将仪表板作为转向管柱附加件的办法。

（2）座椅及安全带 座椅是汽车车身装备中一个最重要的基本构件。座椅的结构主要由椅架、坐垫、靠背、扶手及调节装置等部分组成。根据人体适应工程学的原则，座椅分为工作座椅（或称为驾驶人座椅）和乘客座椅。汽车座椅安全带由织带和起调节、固定、锁紧等作用的金属或塑料部件构成。安全带根据固定点的状况，可以分为两点式、A 型三点式和 B 型三点式等。

（3）后视镜 后视镜由镜片、保持部分、支持安装部分（包括缓冲机构）等组成。后视镜根据安装和观察部位可以分为内后视镜、外后视镜和下视镜。

（4）乘员安全保护装置 乘员安全保护装置又称为气囊缓冲装置。安全保护装置有驾驶人安全气囊、副驾驶人安全气囊、防侧向冲撞的气囊及后排座椅安全气囊等几种。而驾驶人安全气囊是最先采用和采用率最高的一种。

第三节　汽车配件常用材料

汽车是民用工业之集大成的产品，其采用了包括金属、高分子材料、陶瓷材料、复合材料和半导体材料等在内的大部分工程材料。

一、金属材料

金属材料具有坚固耐用和工艺性好的特点，而且来源丰富，因此成为汽车制造工业中应用最广的材料。在我国，汽车工业每年所用的钢铁材料占钢铁年产量的 10% 左右。

金属材料分为两类：黑色金属和有色金属。黑色金属包括钢、铸铁；有色金属主要是指铝、铜、铅、锡、钛等及其合金。

1. 钢

钢分为两类：碳素钢和合金钢。

（1）碳素钢 碳的质量分数小于 2.11% 并含有少量杂质的铁碳合金统称为碳素钢。碳素钢由于价格低廉、工艺性良好，因此在汽车制造工业中获得了广泛应用。

在汽车制造工业中常用的碳素钢主要有碳素结构钢、优质碳素结构钢和铸钢。

1）碳素结构钢。此类碳钢含碳量在 0.06%～0.38%（质量分数）范围内，硫、磷含量较高，主要用于性能要求不高的机械零件和结构件上，如螺栓、螺母、拉杆、链轮、齿轮等。其牌号标识一般由表示屈服极限的字母 Q 和最小屈服强度数值组成，如最常用的碳素结构钢 Q235。

2）优质碳素结构钢。优质碳素结构钢中的有害杂质比碳素结构钢少，力学性能优于碳素结构钢，一般用来制造较重要的零件。优质碳素结构钢的牌号用两位数字表示，其含义为钢中平均含碳量的百分数。例如 45 钢就表示含碳量 0.45%（质量分数）的优质碳素结构钢。如果含锰量较高，在其牌号后加注"Mn"。若为沸腾钢，则在牌号后加注"F"。

3）铸钢。铸钢中的含碳量在 0.15%~0.6%（质量分数）之间，常用来制造一些形状复杂，难以锻造且强度和塑性要求较高的零件。但其铸造工艺性差，近几年已基本被淘汰。

（2）合金钢 为了改善钢的性能，在炼钢时有目的地加入一些合金元素所形成的钢称为合金钢。常添加的合金元素有：钛、铌、钨、钼、铬、锰、铝、钴、硅、硼、氮及稀土元素等。

合金钢种类很多，在汽车工业中常用的是合金结构钢和滚动轴承钢。

滚动轴承钢是用来制造滚动轴承滚动体和内外套圈的专用钢。

合金结构钢根据成分和用途不同可分为低合金高强度结构钢、合金渗碳钢、合金调质钢和合金弹簧钢。

1）低合金高强度结构钢。低合金高强度结构钢是在碳素结构钢的基础上加入少量合金元素，使其屈服极限明显提高，韧性高于碳素结构钢。在汽车工业中常用的是 Q390，用来制造高负荷的焊接部件。

2）合金渗碳钢。合金渗碳钢具有外硬而内韧的优异特性，在汽车工业中应用十分广泛。合金渗碳钢（如 20Cr，20CrMnTi）用来制造承受冲击载荷，并要求表面耐磨的零件，如传动齿轮、齿轮轴等。

3）合金调质钢。合金调质钢是将优质中碳结构钢与中碳合金结构钢经调质后使用，主要用来制造承受多种复杂载荷的零件的钢，如汽车半轴、连杆、曲轴等。汽车工业中常用的合金调质钢为 40Cr。

4）合金弹簧钢。弹簧钢是指用来制造各种弹性元件的钢。

2. 铸铁

含碳量大于 2.11%（质量分数）的铁碳合金称为铸铁，其强度、塑性和韧性都较差，但具有良好的铸造性、切削加工性和减磨性等，而且生产设备和工艺简单，价格便宜，因此在汽车工业中得到了广泛的应用。

<u>根据铸铁中石墨结晶形态的不同</u>，可以将铸铁分为三类：灰铸铁、可锻铸铁、球墨铸铁。

灰铸铁：铸铁组织中石墨呈片状结晶，力学性能不高，但生产工艺简单，切削加工性能好，价格低廉，具有良好的减磨性，因此使用较为广泛。

可锻铸铁：铸铁组织中石墨形态呈团絮状，其力学性能高于普通灰铸铁，但生产工艺较为复杂，成本较高，一般用来制造重要的小型铸件。

球墨铸铁：铸铁组织中石墨形态呈团球状，它不仅力学性能较高，生产工艺也相对简单，并且可以通过热处理进一步显著提高强度，近年来的应用日益广泛，常用来制造高负荷的重要铸件，如曲轴、齿轮等。

3. 有色金属

<u>有色金属是指除铁碳合金外的其他金属，如镁、铝、铜、镍、铅、锡等及其合金。</u>它们种类繁多，具有独特的性能和优点，是现代汽车工业中不可缺少的材料。其中又以

铝、铜及其合金应用最为广泛。

（1）铝及铝合金　纯铝强度很低，但铝合金力学性能十分优异，而且具有密度小、耐腐蚀的优点，因此铝合金在汽车工业中获得了广泛的应用。铝合金可以分为铸造铝合金和形变铝合金两种。

铸造铝合金：力学性能较差，但铸造性好，可以铸造各种形状复杂的零件。按照主要合金元素的不同可以分为铝-硅系、铝-铜系、铝-镁系、铝-锌系四类。其中铝-硅系、铝-铜系在汽车工业中应用较多，常用来制造发动机零部件，如气缸体、气缸盖、活塞等。

形变铝合金：按主要性能特点可以分为防锈铝合金、硬铝合金、超硬铝合金和锻造铝合金。

1）防锈铝合金。其强度适中，塑性和焊接性较好，常用拉延法制造耐腐蚀的零件，如车身蒙皮、油箱等。

2）硬铝合金。其强度较高，但防腐蚀性能较差，一般用来制造高负荷下的铆接件和焊接件。

3）超硬铝合金。其强度最高，在强度上相当于超高强度钢，但耐腐蚀性和耐热性较差。主要用于制造重量轻、受力大、工作温度低的结构件。

4）锻造铝合金。力学性能与硬铝合金接近，但热塑性和耐腐蚀性较好，适用于锻造加工。主要用于制造各种形状复杂，并且可在高温下工作的锻件，如气缸盖、活塞等。

（2）铜及其合金　纯铜具有良好的塑性、导电导热性、耐腐蚀性，而且是一种逆磁性物质，因此广泛用于制造电线、电缆、磁学仪器和防磁器材。

由于纯铜强度和硬度较低，难以作为结构件材料，因此常用合金化的方法来获得强度较高的铜合金。铜合金按化学成分可分为黄铜、白铜、青铜三种。

以锌为主要合金元素的铜合金称为黄铜，可以分为普通黄铜和特殊黄铜两种，在汽车工业中，普通黄铜应用较广，常用来制造结构复杂、耐热、耐腐蚀的零件，如散热器、油管等。

白铜是以镍为主要添加元素的铜合金，是制造变阻器、热电耦合器的材料。

青铜是指除了黄铜和白铜外的其他铜合金。汽车上常见的青铜零件有轴承和轴套衬垫、轴瓦、蜗轮等。

另外还有一种特殊类型的合金——轴承合金，主要用来制造滑动轴承的轴瓦及其内衬。汽车上凡是使用滑动轴承的地方就有轴承合金的身影。它具有以下特点：

1）在工作温度下具有足够的强度和硬度。

2）良好的耐磨性。

3）足够的塑性和韧性，保证与轴配合良好并能抗冲击和振动。

4）与轴摩擦系数小，润滑良好。

5）磨合良好，负荷分布均匀。

6）良好的抗腐蚀性和导热性，较小的膨胀系数。

7）制造简单，价格低廉。

二、高分子材料

高分子材料是由大分子量的有机化合物组成的材料。它一般由一种或几种简单的低分子重复而成。按照高分子材料的性能和用途可以将其分为塑料、橡胶、黏结剂等类型。

1. 塑料

塑料是以合成树脂为主要成分，加入适量的添加剂制成的高分子材料。塑料品种很多，发展很快，在汽车制造工业中的应用十分广泛。

(1) 按合成树脂的性能分类 塑料可分为热塑性塑料和热固性塑料。

1）热塑性塑料受热后软化，可塑造成型，冷却后变硬；当再次受热时又可软化，冷却时可变硬，且可多次重复。它具有加工容易，生产成本低，可回收利用的特点，但耐热性和刚度较差。常见的热塑性塑料有聚乙烯、聚氯乙烯、尼龙、ABS、聚苯乙烯等。

2）热固性塑料在一定条件下会发生化学反应，经过一段时间固化成为坚硬制品，固化后不能再通过加热使其软化、溶解。它具有刚度好，耐热性高的特点，但力学性能较差，生产成本较高，不能回收利用，难以达到日益发展的环保要求。常见的热固性塑料有酚醛塑料、氨基塑料、环氧树脂等。

(2) 按使用范围分类 塑料可分为通用塑料和工程塑料两大类。

1）通用塑料又称为常用塑料，主要包括聚乙烯、聚苯乙烯、聚丙烯等。

2）工程塑料是指在工程结构或设备中使用的塑料。工程塑料一般都具有较好的力学性能，如耐热性、抗腐蚀性以及良好的绝缘性，常用来代替金属制作某些结构件。常见的工程塑料有尼龙、聚碳酸酯、ABS、聚甲醇等。

(3) 塑料的特点

1）质量小，强度高。

2）抗腐蚀性好。

3）对热、电绝缘性好。

4）部分塑料减摩性能和耐磨性较好。

5）容易加工成型。

但塑料还是有一个难以克服的缺点：耐热性能差，容易老化。在汽车维修过程中，一旦发现老化的塑料零件，应立即更换，避免造成不必要的损失。

2. 橡胶

橡胶是一种高弹性的高分子材料，它具有良好的伸缩性、吸振性、绝缘性、耐磨性和隔热性。因此在汽车上得到了极其广泛的应用。它常用来制造密封件、减振件、绝缘件，当然还有最为熟悉的轮胎。橡胶也有它自身的缺点，如易老化、耐油能力差等。

橡胶按其生胶来源可分为天然橡胶和合成橡胶。橡胶的性能主要取决于生胶的性质。为了改善橡胶的性能，在生产中常加入一些配合剂，如硫化剂、防老化剂、填充剂等。

3. 黏结剂

黏接是工程上常用的一种材料连接方式，它使用的介质就是黏结剂。黏接具有接头处应力分布均匀，密封性、绝缘性及耐腐蚀性好，而且工艺简单，成本低廉等特点。因此，黏结剂在汽车上得到了广泛应用。

黏结剂是一种高分子材料，分为天然和合成两类，在汽车工业中常用的是合成黏结剂。合成黏结剂由基料、固化剂、增塑剂、增韧剂、填料、稀释剂、稳定剂等组成。

黏结剂种类繁多，性能各异，在销售中应根据黏接材料、受力状况和工作环境向客户推荐合适的产品。

三、陶瓷材料

各种无机非金属统称为陶瓷材料，工程上一般将其分为陶瓷和玻璃两大类。

1. 陶瓷

陶瓷根据用途不同可以分为普通陶瓷和工程陶瓷两类，在现代汽车工业中，工程陶瓷正大显身手。

工程陶瓷主要用在发动机上。它具有良好的综合性能，高温下强度高，耐磨性强，隔热性好，密度比低，弹性模量高。因此用它代替金属材料能大幅度提高热机效率，降低能源消耗。在发动机上的应用主要有陶瓷活塞、陶瓷气缸套、陶瓷配气机构零件、陶瓷燃烧室、增压器陶瓷叶轮等。由于工艺复杂，成本较高，目前陶瓷的应用还不是十分广泛。

2. 玻璃

玻璃是大家非常熟悉的一种材料，它是由石英砂、纯碱、长石、石灰石在1550～1600℃高温下熔融后经拉制或压制而成的。常见的玻璃有平板玻璃、钢化玻璃和夹胶玻璃等，在汽车上常用的是钢化玻璃和夹胶玻璃。

钢化玻璃是利用加热到一定温度后迅速冷却，以及化学的方法进行特殊强化处理的玻璃。它具有较高的温度急变抵抗性、耐冲击性和强度，而且破碎后碎片较小且无锐角，在使用中有较高的安全性。常用作汽车门、窗玻璃以及风窗玻璃。

夹胶玻璃是将两片或两片以上的平板玻璃或钢化玻璃用聚乙烯醇缩丁醛塑料衬片黏合在一起而成。这种玻璃破碎后，由于有塑料衬片的黏合作用，仅产生辐射状的裂纹而玻璃不会脱落伤人，因此在汽车上被广泛用作风窗玻璃。

四、复合材料

复合材料是指由两种或两种以上物理和化学性质不同的材料经人工组合的多相固体材料。它综合了各组成材料的优点，可获得单一材料无法达到的优良综合机械性能。复合材料一般都具有强度高，抗疲劳性、耐热性和减振性好，安全性能高的特点，而且有些复合材料还具有耐磨、耐腐蚀、导电、隔音、高硬度等优点。随着工艺的成熟和成本的降低，复合材料将在现代汽车工业中获得越来越广泛的应用。

五、半导体材料

现代汽车离不开电子技术，作为电子元器件核心材料的半导体材料更是不可或缺。现代汽车的电子控制元件、传感器、信号发生器等均采用了半导体材料。其中以元素半导体（硅、锗、硼、砷等）应用最广，是制造二极管、晶体管、整流管、晶闸管集成电路的主要材料。

第四节　汽车配件安全知识

汽车配件中存在大量易燃、易爆等危险物品，如发动机润滑油等油料，在经营过程中稍有不慎就极易引起燃烧、爆炸等火灾事故的发生；而且在搬运大型汽车配件（如发

第二章　汽车配件基础知识

动机总成）时还需动用各种搬运机械，如果操作稍有不慎就很有可能造成工伤事故。因此，汽车配件经营企业必须牢牢树立"安全经营、预防为主"的经营方针，安全是企业必须高度重视的课题。下面简单介绍汽车配件经营过程中涉及的安全知识。

一、消防常识

1. 燃烧应具备的条件

燃烧必须同时具备三个条件，即可燃物、助燃物和着火源。缺少上述三个条件中的任何一个，都不会发生燃烧。

（1）**可燃物**　可燃物是指能够与空气中的氧或其他氧化剂起剧烈化学反应的物质。它有三种存在形式：气体，如氢气、煤气、液化天然气和乙炔等；液体，如汽油、柴油和酒精等；固体，如汽车内饰件、塑料件、木材、纸张和沥青等。

（2）**助燃物**　能帮助和支持燃烧的物质称为助燃物，如空气、氧或氧化剂等。

（3）**着火源**　能引起可燃物燃烧的热能源称为着火源，如明火、照明灯、电火花、取暖设备、烘烤设备等。

2. 引起火灾的火源

火源是具有一定温度的热源，在一定的温度条件下可以引起可燃物质的燃烧，是火灾的发源地，也是引起燃烧和爆炸的直接原因。严格控制好火源就可以有效防止火灾。常见的火源有以下几类。

（1）**直接火源**　它是直接引起可燃物燃烧的热源，主要有以下三种：

1）明火。日常生活、生产使用的各种明火，如炉火、灯火、焊接火等。

2）电火花。电气设备、电路由于超负荷运行、短路、接触不良、电线老化，以及静电火花等原因，均可引起可燃物质起火。

3）雷电，自然界的高压放电，可引起可燃物质燃烧。

（2）**间接火源**　由于间接原因而导致可燃物质被加热至燃点引起燃烧的火源称为间接火源。

1）加热引燃起火。靠近火炉或烟道的干柴、木材、木器，紧聚在高温蒸气管道上的可燃粉尘、纤维；灯泡旁的纸张、衣物等烘烤时间过长；热处理工件堆放在可燃物附近等，都会引起燃烧。

2）压缩或化学作用起火。绝缘压缩、化学热反应可引起升温，使可燃物质被加热至燃点而引起燃烧。

3）本身自燃起火。在既无明火又无热源的条件下，如褐煤、湿稻草、麦草、棉花、油菜籽、豆饼和沾有动植物油的棉纱、手套、衣服、木屑、金属屑以及擦拭过设备的油布等，堆积在一起时间过长，本身也会发热，在条件具备时，可能引起自燃；不同性质的物质相遇，有时也会引起自燃，如有的油类物与氧气接触就会发生强烈的氧化作用，引起燃烧。

4）摩擦与撞击。例如铁器与水泥地撞击会引起火花，遇易燃物即可引起火灾。

3. 防火的基本措施与灭火的基本方法

（1）**防火的基本措施**　防火的基本措施在企业设计、生产过程、装置检修等各个环节中都应充分考虑，严格执行消防法规。其基本措施有以下四点：

1）控制可燃物。采取非燃或不燃的材料代替易燃或可燃材料；采取局部通风或全部通风的方法，降低可燃气体、蒸气和粉尘的浓度；对能相互作用发生化学反应的物品分开存放。

2）隔绝助燃物。使可燃性气体、液体、固体不与空气、氧气或其他氧化剂等助燃物接触，这样即使有着火源作用，也会因没有助燃物参与而不致发生燃烧。

3）消除着火源。严格控制明火、电火花，防止静电、雷击引起火灾。

4）阻止火势蔓延。防止火焰或火星等火源窜入有燃烧、爆炸危险的设备、管道及空间，或阻止火焰在设备和管道中扩展，又或是将燃烧限制在一定范围而不致向外蔓延。

(2) 基本的灭火方法　根据物质燃烧原理和人们长期同火灾做斗争的实践经验，灭火的基本方法有以下几种：

1）冷却灭火法。根据可燃物质发生燃烧时必须达到一定温度的原理，使燃烧物的温度低于这个温度，使其不能燃烧。用水进行冷却灭火，是扑救火灾最常用的方法之一。使用酸碱灭火器、二氧化碳灭火器等也能起到冷却作用。

2）隔离灭火法。根据发生燃烧必须具备可燃物这个条件，采取适当措施立即减少燃烧物周围氧气含量，防止空气流入燃烧区，使燃烧物质因缺乏或断绝氧气而熄灭，这种方法主要适用于扑救封闭的房间、地下室、船舱内的火灾。在实际灭火过程中，可以使用水、黄沙、湿棉被以及四氯化碳灭火器、泡沫灭火器等进行隔离灭火。

3）抑制灭火法。灭火剂参与燃烧的连锁反应，使燃烧过程中产生的游离基消失，形成稳定分子，从而使燃烧反应停止。目前被认为效果较好、使用较广的抑制灭火剂是卤代烷灭火剂（如1211、1301）。但卤代烷灭火剂对环境有一定污染，国际环境卫生组织已限制其使用。此外，近年发展起来的干粉灭火剂，也被认为是抑制灭火剂之一。

4）遮断灭火法。将浸湿的麻袋、旧棉被等物遮盖在火场附近的其他易燃物和未燃物上，防止火势蔓延。

5）分散灭火法。将集中的货物迅速分散，孤立火源。

在火场上，往往同时采用几种灭火法，充分发挥各种灭火方法的效能，以便迅速有效地扑灭火灾。

4. 常见消防器材及使用

掌握一定的消防常识，懂得常见的灭火器材的使用方法，掌握扑灭初期火灾的措施，是完全有可能将火灾扑灭在萌芽状态的。常见的消防器材主要有灭火器、消防水泵、消防栓、水带和水枪等。

(1) 水　水是消防的主要灭火剂，这是由于水灭火时有显著的冷却和窒息作用。但是水具有导电性，因此对由电气装备引发的火灾不能使用；水能和一些化学危险品产生剧烈的化学反应，对于这类物品的灭火也不能使用；水也不能用于比水轻、不溶于水的易燃液体（如汽油、苯类物品）的灭火。

(2) 沙土　沙土是一种廉价的灭火物质，它能起到窒息作用，可以隔绝空气，从而使火熄灭。但要注意的是，爆炸性物品（如硝酸铵等）不可用沙土扑救。

(3) 消防水泵和消防供水设备　水泵在灭火作战中用来吸取并输送消防用水。消防供水设备是消防水泵的配套设备，包括水枪、水带和室内消火栓。比较常见的是室内消火栓系统。

（4）灭火器 灭火器是一种可由人力移动的轻便灭火器具，它能在其内部压力的作用下，将所充装的灭火药剂喷出，用来扑灭火灾。

1）灭火器的类型。

① 清水灭火器。充入的灭火剂主要是清水。

② 酸碱灭火器。充入的灭火剂是工业硫酸和碳酸氢钠水溶液。

③ 化学泡沫灭火器。充装有酸性（硫酸铝）和碱性（碳酸氢钠）两种的水溶液，再加入一定量的蛋白泡沫液。

④ 空气泡沫灭火器。充装的灭火剂是空气泡沫液与水的混合物。

⑤ 二氧化碳灭火器。充入的灭火剂是液化的二氧化碳气体。

⑥ 干粉灭火器。充入的灭火剂是干粉。

⑦ 卤代烷灭火器。充装的灭火剂是卤代烷。

目前我国生产和使用最广泛的是1211灭火器。1211灭火器利用装在筒内的氮气压力将1211灭火剂喷出灭火，1211是二氟一氯一溴甲烷的代号。

2）常用灭火器的使用范围。由于各种灭火器工作过程不同，其使用范围也有很大差别。

① 化学泡沫灭火器适用于扑救液体、可熔融固体燃烧引起的火灾，如石油制品、油脂等火灾，也适用于固体有机物质燃烧引起的火灾，如木材、棉织品等物质的火灾；但不能扑救带电设备、可燃气体、轻金属、水溶性可燃易燃液体引起的火灾。

② 干粉灭火器适用于易燃、可燃液体和气体以及带电设备引起的初起火灾；磷酸铵盐干粉灭火器除可用于上述几类火灾外，还可用于扑救固体物质火灾。但这两种灭火器都不适宜扑救轻金属燃烧引起的火灾。

③ 1211灭火器适用于扑灭油类、有机溶剂、精密仪器等的火灾。

④ 二氧化碳灭火器适用于扑救电气、精密仪器、电子设备、珍贵文件、小范围的油类等的火灾，但不宜用于金属钾、钠、镁等的火灾。

（5）自动消防设备 目前常见的自动消防设备有离子烟感火灾探测报警器、光电烟感报警器、温度报警器、紫外火焰光感报警器和自动喷洒灭火装置等。

二、危险商品安全经营常识

1. 危险商品的种类

根据我国国家标准 GB 6944—2012《危险货物分类和品名编号》，化学危险物品分为压缩气体和液化气体、易燃液体、易燃固体、自燃物品和遇湿易燃物品、氧化剂和有机过氧化物、毒害品和腐蚀品七大类。

在生产、储存、经营、运输和使用化学危险物品时，必须按照化学危险物品安全管理制度执行。作为一名汽车配件销售员，必须掌握化学危险品的存放、运输、使用等方面的知识。

2. 危险商品的储存

化学危险物品必须储存在专用仓库，并设专人管理。化学危险物品专用仓库应当符合有关安全、防火规定，并根据物品的种类、性质，设置相应的通风、防爆、泄压、防火、防雷、报警、灭火、防晒、调温、消除静电、防护围堤等安全设施。储存化学危险物品，应当符合下列要求：

1）化学危险物品应当分类分项存放，堆垛之间的主要通道应当保持安全距离，不得超量储存。

2）遇火、遇潮容易燃烧、爆炸或产生有毒气体的化学危险物品，不得在露天、潮湿、漏雨和低洼容易积水的地点存放。

3）受阳光照射容易燃烧、爆炸或产生有毒气体的化学危险物品和桶装、罐装等易燃液体、气体应当在阴凉通风地点存放。

4）化学性质或防护、灭火方法相互抵触的化学危险物品，不得在同一仓库或同一储存室内存放。

化学危险物品入库前，必须进行检查登记，入库后应当定期检查。储存化学危险物品的仓库内严禁吸烟和使用明火，对进入仓库区内的机动车辆必须采取防火措施。储存化学危险物品的仓库，应当根据消防条例，配备消防力量和灭火设施以及通信、报警装置。

3. 危险商品的运输

运输装卸化学危险物品，应当遵守下列规定：

1）轻拿轻放，防止撞击、拖拉和倾倒。

2）碰撞、互相接触容易引起燃烧、爆炸或造成其他危险的化学危险物品，以及化学性质或防护、灭火方法互相抵触的化学危险物品，不得违反配装限制和混合装运。

3）遇热、遇潮容易引起燃烧、爆炸或产生有毒气体的化学危险物品，在装运时应当采取隔热、防潮措施。

货运工具装运化学危险物品时不得客货混装。载客的火车、船舶、飞机机舱内不得装运化学危险物品。

4. 危险商品的经营

经营化学危险商品，必须遵循化学危险物品经营的许可制度。禁止无证经营化学危险物品。经营化学危险物品的企业必须具备下列条件：

1）有符合安全要求的经营设施。

2）有熟悉专业的技术人员。

3）有相应的安全管理制度。

汽车配件销售员必须加强对化学危险物品的防范意识，在售出这类商品时，要特别提醒客户该商品的使用注意事项。

三、汽车配件的防盗

保卫工作是仓库安全管理的重要组成部分，要建立健全保卫机构，成立群众性的治安保卫委员会。还要与周围有关单位共同组建治安联防组织，并加强与当地公安机关的联系，这样上下一起抓，里外协调配合，人人关心安全，创造一个良好的治安环境，以保证汽车配件仓库的安全。

第二章 汽车配件基础知识

本章小结

本章主要介绍了汽车配件的基础知识，包括汽车配件类型、汽车配件结构、汽车配件常用材料、汽车配件安全知识。汽车配件类型分别按最终用途、市场结构、附加值分类，汽车维修配件按品种分类；汽车配件结构分别从发动机配件、汽车底盘配件、电气设备和仪表配件、横向产品配件、汽车车身配件方面进行了比较详细的介绍；汽车配件常用材料包括金属、高分子材料、陶瓷材料、复合材料和半导体材料等在内的大部分工程材料；最后，介绍了汽车配件安全知识，包括消防常识、危险商品安全经营常识和汽车配件的防盗知识。

复习题

1. 汽车配件如何分类？
2. 汽车发动机、底盘、电气设备和仪表、车身的常用配件有哪些？
3. 汽车配件的常用材料有哪些？
4. 燃烧应具备的条件是什么？引起火灾的火源有哪些？
5. 防火的基本措施与灭火的基本方法有哪些？
6. 灭火器有哪些类型？请举出其中任意两种的适用范围。
7. 汽车配件经营应注意哪些安全？
8. 汽车配件常用的复合材料有哪些优点？
9. 汽车配件常用的合金钢包括哪几类？说明其特点并举例其主要用于制造哪些零件。
10. 曲柄连杆机构由哪些部分组成？说明其作用。

（扫一扫，查看参考答案）

思考题

1. 曲柄连杆机构中哪些是常见易损件？为什么？
2. 一辆汽车整车上至少有 20000 多个配件，哪些才是维修使用常用的配件？应如何保养好自己的汽车配件？
3. 根据温度环境如何选择发动机润滑油？为什么？

（扫一扫，查看参考答案）

第三章

汽车配件编号规则与检索

汽车在长期使用中，随着行驶里程的增加，汽车零部件的磨损量不断增大，使用性能逐渐变坏，这就需要及时维护和修理。同时，由于汽车在道路上行驶的环境随着汽车使用量的增加而变得越发复杂，交通事故难免发生。这就需要有一定的备用零部件来更换磨损消耗件或损坏的零部件。现代汽车品种和型号繁多，每一辆汽车由上万个零部件组成，如何在不同型号汽车的成千上万个零部件中，为顾客精确、快速地查找出所需要的零部件呢？这就需要给每一个汽车配件编号，且彼此不能重复和混淆，才能保证迅速准确地识别顾客所需的汽车零部件。

第一节　车辆识别知识

一、车辆识别代号概述

为了在世界范围内建立统一的道路车辆识别系统，简化车辆识别信息检索，提高车辆故障信息反馈的准确性和效率，现在世界各国汽车公司生产的汽车大部分使用了车辆识别代号（Vehicle Identification Number，VIN）。VIN 包括了车型标牌（见图 3-1）中的绝大部分信息。

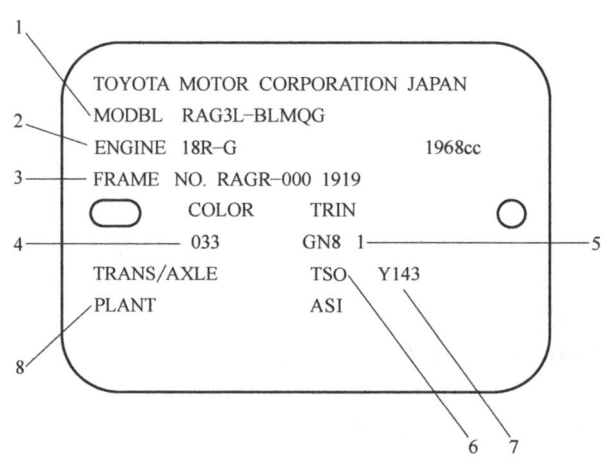

图 3-1　丰田汽车车型标牌

1—汽车型号　2—发动机型号　3—车架编号　4—车身颜色编号
5—装饰编号　6—变速器型号　7—车轴编号　8—制造厂编号

VIN 是指车辆生产企业为识别某一辆车而为该车辆指定的一组字码，由 17 位字码构成，分为三部分：世界制造厂识别代号（World Manufacturer Identifier，WMI）、车辆说明部分（Vehicle Descriptor Section，VDS）和车辆指示部分（Vehicle Indicator Section，VIS）。

车辆识别代号具有全球通用性，最大限度的信息承载性和可检索性，目前已成为全世界识别车辆唯一准确的身份标志，它将伴随车辆的注册、保险、年检、保养、修理直至回收报废。

在汽车召回管理制度中，VIN是判断车辆缺陷的重要依据之一。通过它，主管部门可以根据车主投诉记录判断在某批次车辆上是否可能存在缺陷。汽车制造商也可以通过分析，找到存在缺陷的车辆VIN的范围，进而有针对性地实施召回。因此，车主在向主管部门和制造商投诉车辆缺陷时一定要准确描述VIN内容。

车辆管理部门通过对VIN的统一管理，能够实现车辆管理的规范化，保证车辆登记状况的准确性，使车辆年检和报废管理体系更加完善。如果推行条码化VIN管理，可以大大提高车辆登记和年检的效率和准确性。工作人员只要利用条码读取设备就能够快速获得车辆信息，从而减少了人工输入。国内厂家中，上海大众和长安汽车率先采用了"条码化"的VIN。因此，交管部门可以在年检标签中打印车辆的VIN，这将为日后的车辆管理工作提供极大方便。

各大保险公司通过车辆VIN结合车辆管理部门提供的车辆登记和使用记录，就可以分析车辆的盗抢、交通事故等情况，估计车辆承保的风险程度，从而能够针对不同的车辆制定相应的保险制度。这对于当前保险公司推行的浮动车险费率制度至关重要。

整车制造厂通过VIN，结合车辆制造档案就可以明确各批次车辆及零部件的去向和车辆的生产、销售及使用状况，对于进行调整生产、改进售后服务和实行汽车召回具有重大的指导意义。

维修企业通过车辆VIN，通过查询相关的VIN规则说明，可以准确地确定车辆的车型年款以及相应的配置状况，从而选择合适的仪器设备和相关的车型维修资料，正确地进行故障诊断和车辆维修。另外，配件订购也离不开车辆VIN，因为不同批次的同一车型选用的配件也不尽相同，通过VIN就能明确车辆配置及其生产年限、批次，从而找到正确的零件。

在我国，国家发展和改革委员会于2004年11月2日发布了《车辆识别代号（VIN）管理办法（试行）》，其中规定：2004年12月1日后，中华人民共和国境内的车辆生产企业及进口车辆生产企业均应按照本办法的规定在生产、销售的车辆产品上标示VIN。该办法适用于在中华人民共和国境内制造、销售的道路机动车辆以及需要标示VIN的其他类型车辆产品，包括完整车辆产品和非完整车辆产品。

二、车辆识别代号的基本要求

1）每一辆汽车、挂车、摩托车和轻便摩托车及其他需要标示VIN的车辆都必须具有VIN。

2）VIN的第一部分WMI，用以标示车辆的制造厂。当此代号被指定给某个车辆制造厂时，就能作为该厂的识别标志。WMI在与VIN的其余部分一起使用时，足以保证30年之内在世界范围内制造的所有车辆的VIN具有唯一性。

3）为了固定VIN，车辆制造厂可以在以下两种固定方式中进行选择：第一种方式，

VIN可直接打刻在车架上，对于无车架车身，可以直接打刻在不易拆除或更换的车辆结构件上；第二种方式，VIN可打印在标牌上，但此标牌应同样是永久固定在车架上或不易拆除、更换的车辆结构件上。

4）每一辆车都必须具有唯一的VIN，并标示于车辆的指定位置。

5）VIN应尽量标示在车辆右侧的前半部分、易于看到且能防止磨损或替换的车辆结构件上（玻璃除外），如受结构限制，也可放在便于接近和观察的其他位置。

6）VIN还应标示在产品标牌上（两轮摩托车和轻便摩托车可除外）。

7）M_1、N_2类车辆的VIN还应永久地标示在仪表板上靠近风窗立柱的位置，以便在白天不需移动任何部件就能从车外分辨出VIN。

8）车辆制造厂至少应在一种随车文件中标示VIN。

9）VIN的字码在任何情况下都应是字迹清楚、坚固持久和不易替换的。

10）VIN的字码高度应不小于7mm，深度应不小于0.3mm；对于摩托车和轻便摩托车，若直接打刻在车辆结构件上，则字高应不小于5mm，深度应不小于0.2mm；其他情况字高应不小于4mm。

11）VIN可采用人工可读码形式或机器可读的条码形式进行标示，若采用条码，应符合GB/T 18410—2001的要求。

12）VIN标示在车辆或标牌上时，应尽量标示在一行，此时可不使用分隔符。特殊情况下，由于技术原因必须标示在两行时，两行之间不应有空行，每行的开始与终止处应选用一个分隔符。分隔符的选用由车辆制造厂自行处理，但不得使用VIN所用的任何字码，或可能与VIN中的字码混淆的任何字码，如☆、★等。

13）VIN在文件上标示时应标示在一行，不允许有空格，不允许使用分隔符。

14）在VIN中仅能采用下列阿拉伯数字和大写的英文字母：

1 2 3 4 5 6 7 8 9 0

A B C D E F G H J K L M N P R S T U V W X Y Z

（字母I、O及Q不能使用）

15）车辆制造厂应按照GB 16735—2004的规定制定本企业的VIN编制规则。VIN编制规则应包括对VIN各位字码的编码规则、VIN的标示位置及标示方式等内容的详细规定。

16）车辆制造厂的VIN编制规则应提交经国家汽车主管部门授权的备案机构审核和备案。

17）车辆制造厂应按照通过审核和备案的VIN编制规则为每一辆车标示VIN。

18）在中华人民共和国境内的车辆制造厂生产的出口车辆，可按照车辆进口地的规定编制VIN。

19）进口车辆制造商应符合16）、17）和18）的规定。

三、车辆识别代号的基本内容

VIN由世界制造厂识别代号WMI、车辆说明部分VDS、车辆指示部分VIS三部分组成，共17位字码。对完整车辆和/或非完整车辆年产量≥500辆的车辆制造厂，VIN的第一部分为WMI，第二部分为VDS，第三部分为VIS，如图3-2所示。

第三章　汽车配件编号规则与检索

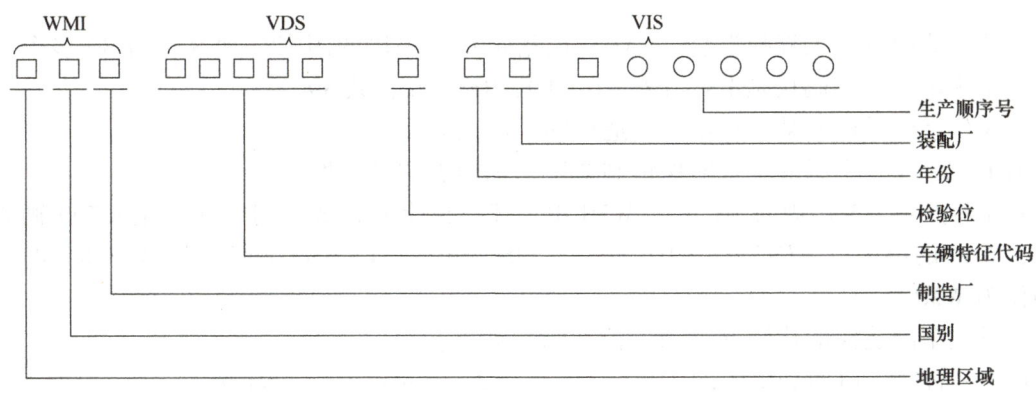

图 3-2　完整车辆和/或非完整车辆年产量≥500 辆的车辆制造厂 VIN 组成
□—字母或数字　○—数字

对完整车辆和/或非完整车辆年产量＜500 辆的车辆制造厂，VIN 的第一部分为 WMI，第二部分为 VDS，第三部分的第 3、4、5 位与第一部分的 3 位字码一起构成 WMI，其余 5 位为 VIS，如图 3-3 所示。

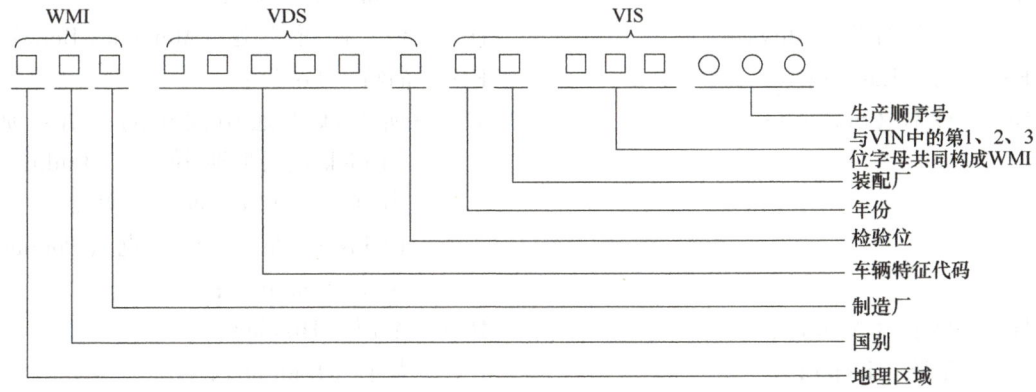

图 3-3　完整车辆和/或非完整车辆年产量＜500 辆的车辆制造厂 VIN 组成
□—字母或数字　○—数字

1. WMI

WMI 应符合 GB 16737—2004 的规定，必须经过申请、批准和备案后方能使用。

WMI 的第 1 位字码是标明一个地理区域的字母或数字，如非洲、亚洲、欧洲、大洋洲、北美和南美，部分国家分得的字码见表 3-1。

表 3-1　WMI 的第 1 位字码的分配及示意

1 或 4	J	S	2	K	T	3	L	V	W	6	Y	9	Z
美国	日本	英国	加拿大	韩国	瑞士	墨西哥	中国	法国	德国	澳大利亚	瑞典	巴西	意大利

第 2 位字码是标明一个特定地理区域内的一个国家的字母或数字。第 1、2 位字码的组合将能保证国家识别标志的唯一性，由美国汽车工程师学会（SAE）负责分配国家

代码。

目前，美国汽车工程师学会（SAE）已指定双字码块的国家（地区）有80多个，其中，分给中国的双字码块是LA～LZ，L0～L9，RF～RL，共39个。

第3位字码是标明某个特定的制造厂的字母或数字。

第1、2、3位字码的组合能保证制造厂识别标志的唯一性。

对于年产量≥500辆的制造厂，WMI由上述三位字码组成。对于年产量<500辆的制造厂，WMI的第3位字码为数字9。此时，VIS的第3、4、5位字码将与第一部分的三位字码作为WMI。

常见汽车制造商的代码（即第3位字码）如下：

1——雪佛兰（Chevrolet）； 2——庞蒂克（Pontiac）；
3——奥兹莫比尔（Oldsmobile）； 4——别克（Buick）；
5——庞蒂克（Pontiac）； 6——凯迪拉克（Cadillac）；
7——通用汽车（加拿大）（GM Canada）； 8——土星（Saturn）；
8——五十铃（Isuzu）； A——阿尔法·罗密欧（Alfa Romeo）；
A——奥迪（Audi）； A——捷豹（Jaguar）；
B——宝马（BMW）； B——道奇（Dodge）；
C——克莱斯勒（Chrysler）； D——梅赛德斯-奔驰（Mercedes-Benz）；
E——鹰（Eagle）； F——福特（Ford）；
G——铃木（Suzuki）； G——所有属于通用汽车的品牌：别克（Buick）、凯迪拉克（Cadillac）、雪佛兰（Chevrolet）、奥兹莫比尔（Oldsmobile）、庞蒂克（Pontiac）、土星（Saturn）；
H——讴歌（Acura）； H——本田（Honda）；
J——吉普（Jeep）； L——大宇（Daewoo）；
L——林肯（Lincoln）； M——现代（Hyundai）；
M——三菱（Mitsubishi）； M——水星（Mercury）；
S——斯巴鲁（Subaru）； N——英菲尼迪（Infiniti）；
N——日产（Nissan）； P——普利茅斯（Plymouth）；
T——雷克萨斯（Lexus）； T——丰田（Toyota）；
V——大众（Volkswagen）； V——沃尔沃（Volvo）；
Y——马自达（Mazda）； Z——福特（Ford）；
Z——马自达（Mazda）。

有些厂商使用前3位组合代码表示特定的品牌（不同的厂商其含义也不同），例如：

TRU/WAU——奥迪； 1YV/JM1——马自达；
4US/WBA/WBS——宝马； WDB——奔驰；
2HM/KMH——现代； VF3——标致；
SAJ——捷豹； WPO——保时捷；
SAL——路虎； YK1/YS3——萨博；

YV1——沃尔沃。

以下是国内常见汽车制造厂的 WMI 编号：

LSV——上海大众； LFV——一汽大众；
LDC——东风雪铁龙； LEN——北京吉普；
LHG——广州本田； LHB——北汽福田；
LKD——哈飞汽车； LS5——长安汽车；
LSG——上海通用。

2. VDS

VDS 由 6 位字码组成（即 VIN 的第 4~9 位）。如果车辆制造厂不使用其中的一位或几位字码，则应在该位置填入车辆制造厂选定的字母或数字占位。

VDS 的第 1~5 位（即 VIN 的第 4~8 位）应对车型特征进行描述，其代码及顺序由车辆制造厂决定。

VDS 可从以下方面对车型特征进行描述：车辆类型；车辆结构特征，如车身类型、驾驶室类型、货箱类型、驱动类型、轴数及布置方式等；车辆装置特征，如约束系统类型、发动机特征、变速器类型、悬架类型、制动形式等；车辆技术特性参数，如车辆最大总质量、车辆长度、轴距、座位数等。

VDS 的最后一位（即 VIN 的第 9 位）为检验位。检验位可为 0~9 中任一数字或用字母"X"表示，用以核对 VIN 记录的准确性。车辆制造厂在确定了 VIN 的其他十六位代码后，检验位应按照表 3-2~表 3-5 的规定计算。

1）VIN 中的数字和字母对应值见表 3-2 和表 3-3。

表 3-2　VIN 中的数字对应值

VIN 中的数字	0	1	2	3	4	5	6	7	8	9
对应值	0	1	2	3	4	5	6	7	8	9

表 3-3　VIN 中的字母对应值

VIN 中的字母	A	B	C	D	E	F	G	H	J	K	L	M	N	P	R	S	T	U	V	W	X	Y	Z
对应值	1	2	3	4	5	6	7	8	1	2	3	4	5	7	9	2	3	4	5	6	7	8	9

2）按表 3-4 给 VIN 中的每一位指定一个加权系数。

表 3-4　VIN 中的指定加权系数对应值

VIN 中的位置	1	2	3	4	5	6	7	8	9	10	11	12	13	14	15	16	17
加权系数	8	7	6	5	4	3	2	10	*	9	8	7	6	5	4	3	2

3）将除检验位之外的 16 位代码的每一位的加权系数乘以此位数字或字母的对应值，再将各乘积相加，求得的和被 11 除，除得的余数即为检验位。如果余数是 10，那么检验位应为字母 X。

检验位的确定过程示例见表 3-5。

表 3-5　检验位的确定过程示例

VIN 中的位置	1	2	3	4	5	6	7	8	9	10	11	12	13	14	15	16	17
VIN 代号	L	F	W	A	D	R	J	F		0	1	1	0	0	2	3	4	6
对应值	3	6	6	1	4	9	1	6		1	1	0	0	2	3	4	6
加权系数	8	7	6	5	4	3	2	10	*	9	8	7	6	5	4	3	2
系数总和	24 + 42 + 36 + 5 + 16 + 27 + 2 + 60 + 9 + 8 + 0 + 0 + 10 + 12 + 12 + 12 = 275																	
余数	275/11 = 25 余 0																	

经上述计算，确定此 VIN 代号中的检验位字码为 0，则该车辆完整的 VIN 代号为：LFWADRJF011002346。

对于以下不同类型的车辆，在 VDS 中描述的车型特征应包括表 3-6 中规定的内容。

表 3-6　VDS 中描述的车型特征

车　型	车 型 特 征
乘用车	车身类型、发动机特征①
载货车（含牵引车）	车身类型、车辆最大总质量、发动机特征①
客车	车辆长度、发动机特征①
挂车	车身类型、车辆最大总质量
摩托车和轻便摩托车	车身类型、发动机特征①
非完整车辆	车身类型②、车辆最大总质量②、发动机特征③

① 发动机特征至少应包括对燃油类型、排量和/或功率的描述。
② 用于制造成为货车的非完整车辆的描述项目。
③ 用于制造成为客车的非完整车辆的描述项目，此时发动机特征至少应包括对燃油类型、发动机布置形式、排量和/或功率的描述。

3. VIS

VIS 由八位字码组成（即 VIN 的第 10～17 位），其最后四位字码应是数字。

1）**VIS 的第一位字码（即 VIN 的第 10 位）应代表年份**，年份代码按表 3-7 的规定使用（30 年循环一次）。

表 3-7　表示年份的代码

年　份	代　码	年　份	代　码	年　份	代　码	年　份	代　码
2001	1	2011	B	2021	M	2031	1
2002	2	2012	C	2022	N	2032	2
2003	3	2013	D	2023	P	2033	3
2004	4	2014	E	2024	R	2034	4
2005	5	2015	F	2025	S	2035	5
2006	6	2016	G	2026	T	2036	6
2007	7	2017	H	2027	V	2037	7
2008	8	2018	J	2028	W	2038	8
2009	9	2019	K	2029	X	2039	9
2010	A	2020	L	2030	Y	2040	A

2）VIS 的第二位字码（即 VIN 的第 11 位）应代表装配厂。

3）如果车辆制造厂生产的完整车辆和/或非完整车辆年产量≥500 辆，此部分的第 3~8 位字码（即 VIN 的第 12~17 位）用来表示生产顺序号，如果车辆制造厂生产的完整车辆和/或非完整车辆年产量<500 辆，则此部分的第 3、4、5 位字码（即 VIN 的第 12~14 位）应与第一部分 WMI 的三位字码一同表示一个车辆制造厂，第 6、7、8 位字码（即 VIN 的第 15~17 位）用来表示生产顺序号。

四、车辆识别代号实例

各制造厂按照总的原则来编排自己的 VIN，尤其是一些有出口产品的企业，参照此种编号规律可带来一些方便。这里主要列举美国汽车公司、欧洲汽车制造厂的 VIN 代号编制方式。

1. 美国通用汽车公司的 VIN 代号编制方式。

例 1 上海通用雪佛兰公司迈锐宝轿车 VIN 代号（见图 3-4）。

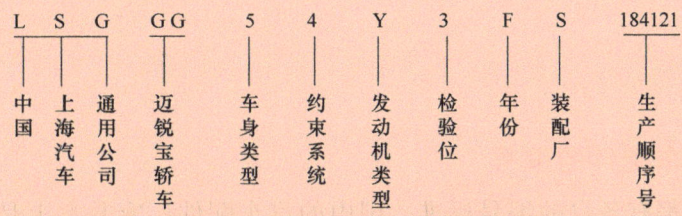

图 3-4　上海通用雪佛兰公司迈锐宝轿车 VIN 代号

上海通用雪佛兰公司的 4 门轿车，配主动式手动安全带前部和侧部安全气囊，发动机排量 2.0L，2015 年型，由上海厂装配的第 184121 辆车。

例 2 美国福特公司汽车 VIN 代号（见图 3-5）。

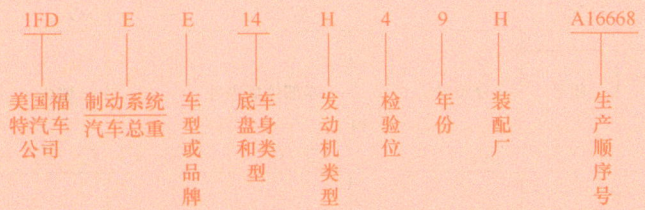

图 3-5　美国福特公司汽车 VIN 代号

福特公司生产的液压制动、总重为 6001~7000lb（1lb≈0.45kg）的 E 系列载重厢式车（标准型），配装 5.8L V8 发动机，2009 年型，由 Lorain 厂装配。

此种编码方式是每位字码代表 1~2 种特征，每组字码最多可反映 32 种特征。

2. 欧洲车辆制造厂的 VIN 代号编制方式

例3 一汽-大众高尔夫轿车 VIN 代号（见图3-6）。

说明：一汽-大众的产品产量也算是大众汽车公司的，由于欧洲原产车的代号实例比较少，故此处以一汽-大众的产品 VIN 代号为例。

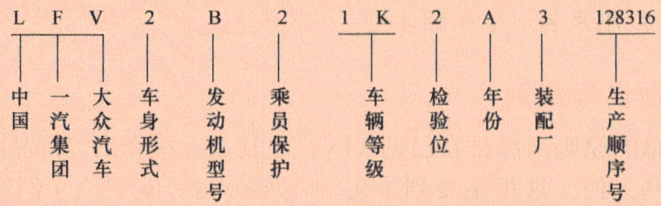

图3-6 一汽-大众高尔夫轿车 VIN 代号

一汽大众汽车有限公司的高尔夫轿车，配装前部和前侧部安全气囊，发动机排量1.4L、涡轮增压，2010年一汽-大众（长春）装配的第128316辆车。

第二节 汽车配件编号与配件检索

一、国产汽车配件的编号

每个汽车厂家都有各自的编号标准，国内的汽车配件厂家基本上是按照下面介绍的规则进行编号的。

（一）国产汽车零部件的编号规则

在我国，汽车零部件编号按 QC/T 265—2004《汽车零部件编号规则》统一编制。

1. 汽车零部件编号

汽车零部件编号由企业名称代号、组号、分组号、零部件顺序号、源码、变更代号组成，如图3-7所示。

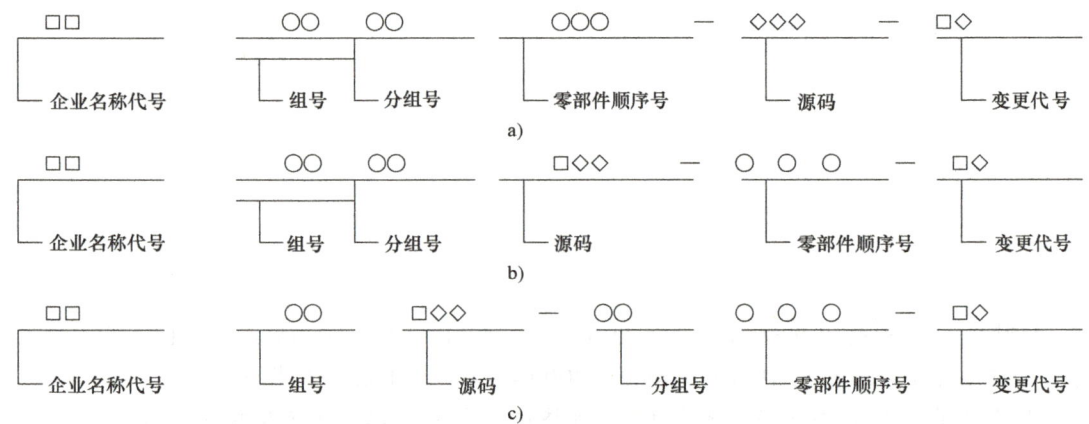

图3-7 汽车零部件编号表达式
a) 表达式一 b) 表达式二 c) 表达式三
□—字母 ○—数字 ◇—字母或数字

第三章 汽车配件编号规则与检索

2. 汽车组合模块编号

汽车组合模块组合功能码由组号合成，前两位组号描述模块的主要功能特征，后两位组号描述模块的辅助功能特征，如图3-8所示。例如，10×16表示发动机带离合器组合模块，10×17表示发动机带变速器组合模块，17×35表示变速器带驻车制动器组合模块。组合功能码见表3-8。

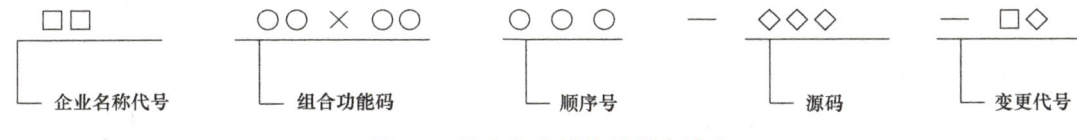

图3-8 汽车组合模块编号表达式

（图注同图3-7）

表3-8 汽车组合模块组合功能码

组合模块号	组合模块名称
10×17	发动机带变速器组合模块
10×16	发动机带离合器组合模块
17×35	变速器带驻车制动器组合模块
18×35	分动器带驻车制动器组合模块
50×38	驾驶室带仪表盘组合模块

（二）国产汽车零部件编号规则说明

1. 标准的主题内容及适用范围

1) 规则规定了各类汽车、半挂车的总成和装置及零件号编制的基本规则和方法。

2) 适用于各类汽车和半挂车的零件、总成和装置的编号，不适用于专用汽车和专用半挂车的专用装置部分的零件、总成和装置的编号及汽车标准件和轴承的编号。

2. 标准用术语

（1）企业名称代号 当汽车零部件图样使用涉及知识产权或产品研发过程中需要标注企业名称代号时，可在最前面标注经有关部门批准的企业名称代号。一般企业内部使用时，允许省略。企业名称代号由2位或3位汉语拼音字母表示。

（2）组号 用2位数字表示汽车各功能系统分类代号，按顺序排列，共64个，见表3-9。

（3）分组号 用4位数字表示总成和总成装置图的分类代号。前2位数字代表它所隶属的组号，后2位数字代表它在该组内的顺序号。限于篇幅，1026个分组号的具体编制不再一一列出，详见QC/T 265—2004《汽车零部件编号规则》。

（4）源码 源码用3位字母、数字或字母与数字混合表示，由企业自定。

1) 描述设计来源。指设计管理部门或设计系列代码，由3位数字组成。

2) 描述车型中的构成。指车型代号或车型系列代号，由3位字母与数字混合组成。

3) 描述产品系列。指大总成系列代号，由3位字母组成。

（5）零部件顺序号 用3位数字表示功能系统内总成、分总成、子总成、单元体、零件等顺序代号，零部件顺序号表述应符合下列规则：

表 3-9　汽车零部件编号中的组号

组　号	名　称	组　号	名　称
10	发动机	51	车身地板
11	供给系统	52	风窗
12	排气系统	53	前围
13	冷却系统	54	侧围
15	自动液力变速器	55	车身装饰件
16	离合器	56	后围
17	变速器	57	顶盖
18	分动器	58	乘员安全约束装置
20	超速器	59	客车舱体与舱门
21	电动汽车驱动系统	60	车篷及侧围
22	传动轴	61	前侧面车门
23	前桥	62	后侧面车门
24	后桥	63	后车门
25	中桥	64	驾驶员车门
27	支承连接装置	66	安全门
28	车架	67	中侧面车门
29	汽车悬架	68	驾驶员座
30	前轴	69	前座
31	车轮及轮毂	70	后座
32	附加桥（附加轴）	71	乘客单人座
33	后轴	72	乘客双人座
34	转向系统	73	乘客三人座
35	制动系统	74	乘客多人座
36	电子装置	75	折合座
37	电气设备	76	卧铺
38	仪器仪表	78	中间隔墙
39	随车工具及组件	79	车用信息通信与声像设备
40	电线束	81	空气调节系统
41	汽车灯具	82	附件
42	特种设备	84	车前、后钣金件
45	绞盘	85	货箱
50	车身	86	货箱倾斜机构

1) 总成的第 3 位应为 0。

2) 零件第 3 位不得为 0。

3) 3 位数字为 001～009，表示功能图、供应商图、装置图、原理图、布置图、系统图等为了技术、制造和管理的需要而编制的产品号和管理号。

4) 对称零件其上、前、左件应先编号且为奇数，下、后、右件应后编号且为偶数。

5) 共用图（包括表格图）的零部件顺序号一般应连续。

(6) 变更代号　变更代号为 2 位，可由字母、数字或字母与数字混合组成，由企业自定。

(7) 代替图零部件编号 对零件变化差别不大，或总成通过增加或减少某些零部件构成新的零件和总成后，在不影响其分类和功能的情况下，其编号一般在原编号的基础上仅改变其源码。

(三) 国产汽车标准件的编号规则

国产汽车标准件编号按照 QC/T 326—2013《汽车标准件产品编号规则》进行编制。汽车标准件产品的完整编号由 7 部分组成，如图 3-9 所示。

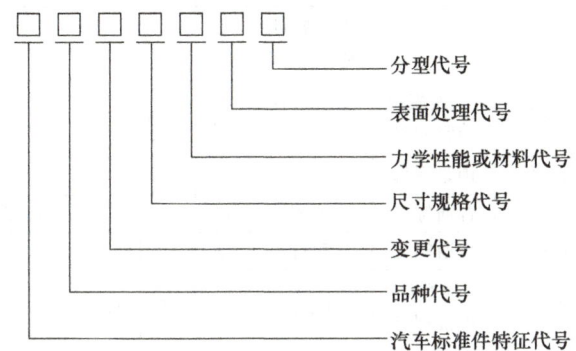

图 3-9　汽车标准件产品编号组成

1. 编号各部分的表示方法及含义

汽车标准件产品编号由一组连续的、位数不固定的阿拉伯数字和大写英文字母组成，不使用字母"I"和"O"。在确保编号指代产品品种、规格、技术条件和形式唯一性的前提下，允许省略部分组成代号。

(1) 汽车标准件特征代号 该代号以汽车"汽"字的汉语拼音首位大写字母"Q"表示。

(2) 品种代号 品种代号由 3 位数字表示，或由数字和字母组合表示。代号的首位为汽车标准件类别，由数字表示；第 2 位为该产品类别的品种分组号，由数字或字母表示，仅当该类别的品种组数大于 10 时，才可以使用字母，并从"A"（不使用字母"Q"）开始顺序使用；末位为组内序号，由数字或字母表示，仅当该组内产品序号数大于 10 时，才可以使用字母，并从"A"（不使用字母"Q"）开始顺序使用。结构或功能相近的品种尽可能同组。以螺纹为主要功能特征的同一产品的粗牙和细牙螺纹系列视为不同品种，通常情况下粗牙螺纹产品序号为偶数，细牙为奇数。

淘汰产品的品种代号 10 年内不允许分配给其他产品。汽车标准件产品类别代号和分组代号见表 3-10。

(3) 变更代号 变更代号由一位字母表示。

由于产品标准修订，产品尺寸、精度、性能或材料等内容发生变更，以致影响产品的互换性时，应给出变更代号。变更代号由字母"B"（不使用字母"Q"）开始顺序使用。产品首次纳入或从未发生影响互换的变更时，变更代号默认省略。

当标准内容不影响产品的互换性，但涉及制造和/或验收的依据存在差异时，在标准实施的过渡期内，由制造商同用户协商过渡性编号区分方式。

表 3-10 汽车标准件产品类别代号和分组代号

品种		类别代号								
		1	2	3	4	5	6	7	8	9
		螺柱/螺栓	螺钉	螺母	垫圈/挡圈/铆钉	销/键	螺塞/箍/管接件/夹/卡扣	润滑件/密封件/连接件	管接件	通气塞/保险阀/铅封
分组代号	0		自钻自攻螺钉		平垫圈			滑脂嘴	管接件	通气塞/保险阀
	1	焊接螺柱	普通螺钉		锁紧垫圈/弹性垫圈		螺塞		管接件	铅封
	2	双头螺柱	螺钉组合件	法兰面螺母/锁紧螺母	组合件用垫圈	销	螺塞	密封件		
	3		螺钉组合件	锁紧螺母	挡圈					
	4	螺栓组合件	螺钉组合件	普通螺母	抽芯铆钉	钉	管夹	连接件		
	5	六角头螺栓	普通螺钉	普通螺母	铆钉	键	管接件			
	6		自挤螺钉	普通螺母/焊接螺母	铆钉		管接件			
	7	六角头螺栓	自攻螺钉	普通螺母/塑料螺母	铆钉	环箍				
	8	法兰面螺栓	紧定螺钉	开槽螺母			夹片			
	9	异型螺栓/焊接螺栓	木螺钉	异形螺母/盖形螺母			卡扣			
	A		塑料用螺钉							

注：空白部分为未明确分组的品种或无品种。

(4) 尺寸规格代号 尺寸规格代号由位数不固定的数字表示。

代号应以产品的主要尺寸参数表示，不适宜直接表示的以主要尺寸参数折算的相应整数表示，仍不宜表示的以该品种内规格系列的顺序号表示。应以最少的尺寸参数表示产品规格，且应能与规格一一对应。

当产品主要参数含有带小数规格时，以该小数规格 10 倍的整数表示，若与其余整数规格混淆时，则以该参数全部规格 10 倍的整数表示。

1）由一个主要尺寸参数表示的尺寸规格代号。由一个主要尺寸参数即可表示产品规格代号时，直接以该参数值的两位或三位数字表示。当参数仅为一位数时，应以两位数字表示，可于参数左边加"0"以补足两位；当参数以英寸为单位时，以两位数字表示，其首位为整英寸数，末尾为 1/8in 的整倍数，若参数小于 1in，可于整倍数的左边加"0"以补足两位。

2）由两个或两个以上主要尺寸参数表示的尺寸规格代号。需由两个或两个以上主要尺寸（一般为公称直径和杆部公称长度）参数表示产品规格代号时，应按主次及习惯顺序直接以参数表示。其中第一参数值仅为一位数的，可于参数左边加"0"以补足两位，其余参数直接表示，不补位。

(5) 力学性能或材料代号 力学性能或材料代号由字母或字母与数字的组合进行表示。

一个品种仅有一种代号时，默认省略该代号；若有两个或两个以上的代号，则省略推荐采用的基本代号，其他代号应在编号中注明。汽车行业已采用的力学性能或材料代号见表3-11。

表3-11 力学性能或材料代号

代 号	力学性能或材料代号	采用标准	适用品种
T	钢 10.9	GB/T 3098.1	螺柱、螺栓、螺钉
T1	钢 8.8	GB/T 3098.1	螺柱、螺栓、螺钉
T2	钢 8	GB/T 3098.2、GB/T 3098.4、GB/T 3098.9	螺母
T3	钢 9	GB/T 3098.2、GB/T 3098.9	螺母
T4	黄铜 H62	GB/T 5231	铆钉、管接头、垫圈
T5	纯铜 T3	GB/T 5231	铆钉、垫圈
T6	2A01	GB/T 3195	铆钉
T7	1035	GB/T 3195	铆钉
T9	钢 22H	GB/T 3098.3	紧定螺钉
T10	钢 33H	GB/T 3098.3	紧定螺钉
T11	钢 5	GB/T 3098.2、GB/T 3098.9	螺母
T12	钢 6	GB/T 3098.2、GB/T 3098.4、GB/T 3098.9	螺母
T13	钢 10	GB/T 3098.2、GB/T 3098.4、GB/T 3098.9	螺母
T14	钢 12	GB/T 3098.2、GB/T 3098.4、GB/T 3098.9	螺母
T15	钢 05	GB/T 3098.2、GB/T 3098.4	螺母
T16	钢 200 HV	GB/T 97.1、GB/T 97.4、GB/T 848	平垫圈
T17	钢 10、15、ML10Al、ML15Al	GB/T 699、GB/T 6478	铆钉
T18	11	GB/T 3098.19	抽芯铆钉
T19	30	GB/T 3098.19	抽芯铆钉
T21	钢 5.6	GB/T 3098.1	螺柱、螺栓、螺钉
T22	钢 5.8	GB/T 3098.1	螺柱、螺栓、螺钉
T23	钢 4.8，含碳量 ≤0.25%（质量分数）	GB/T 3098.1	焊接螺柱、焊接螺栓、焊接螺钉
T24	钢 5.8，含碳量 ≤0.25%（质量分数）	GB/T 3098.1	焊接螺柱、焊接螺栓、焊接螺钉
T25	钢 8.8，含碳量 ≤0.25%（质量分数）	GB/T 3098.1	焊接螺柱、焊接螺栓、焊接螺钉
T26	钢 04	GB/T 3098.2、GB/T 3098.4	薄螺母
T28	钢 300 HV	GB/T 97.1、GB/T 97.4、GB/T 848	平垫圈
T29	10	GB/T 3098.19	抽芯铆钉
T30	不锈钢 A2-70	GB/T 3098.6、GB/T 3098.15	螺母、螺栓、螺柱、螺钉[a]
T31	不锈钢 A2-50	GB/T 3098.6、GB/T 3098.15	螺母、螺栓、螺柱、螺钉[a]
T32	钢 12.9	GB/T 3098.1	螺柱、螺栓、螺钉
T33	钢 45H	GB/T 3098.3	紧定螺钉
T60	软聚氯乙烯	GB/T 8815	卡扣
T61	硫化橡胶	HG/T 2196	卡扣、管夹

注：[a] 用于自攻螺钉时，力学性能要求由供需双方协商。

（6）表面处理代号 表面处理代号由字母或字母与数字的组合进行表示。

一个品种仅有一种代号时，默认省略该代号；若有两个或两个以上的代号，则省略推荐采用的基本代号，其他代号应在编号中注明。汽车行业已采用的表面处理代号见表 3-12。

表 3-12 表面处理代号

代 号	表面处理	适用产品类型	参考标准
F	不处理，钢质件涂油防锈	全部	—
F10	镀锡	非螺纹件	
F13	镀铬	车轮螺母、非螺纹件	
F19	镀铜	全部	
F2	防蚀磷化		
F3	镀锌　彩虹色钝化		
F30	镀锌　橄榄绿色钝化		
F31	镀锌　黑色钝化		QC/T 625
F32	镀锌　漂白钝化		
F33	镀锌　高耐蚀性钝化	钢质件	
F35	镀锌　非光亮钝化（锌原色）		
F36	镀锌　彩虹色钝化（三价铬钝化）		
F37	镀锌　橄榄绿色钝化（三价铬钝化）		
F38	镀锌　黑色钝化（三价铬钝化）		
F39	镀锌　漂白钝化（三价铬钝化）		
F4	涂塑	非螺纹件	见产品标准
F40	涂硫化橡胶		
F5	防护氧化	铝质件	
F6	锌铝铬涂层　银灰色		
F60	锌铝铬涂层　黑色		
F61	锌铝涂层　银灰色		
F62	锌铝涂层　黑色	钢质件	QC/T 625
F70	锌-镍合金电镀层　无色		
F71	锌-镍合金电镀层　黑色		
F75	锌-铁合金电镀层		
F9	氧化		

注：电镀层和化学转化膜按 QC/T 625。

（7）分型代号 分型代号由字母表示，根据具体产品需要可由一个或多个分型代号组成。

以一种产品结构形式为基础，通过改变局部结构形式、尺寸或增加新的技术内容所派生出的具有新增或不同功能的产品，包括基本型在内的所有分型均应给出形式代号，而品种代号应与基本品种一致。形式代号由字母"A"（不使用字母"F"和"T"）开始，在该品种范围内顺序使用，也可采用产品标准中已规定的形式代号或采用具有指定含义的代号。同类产品的同类分型应尽可能采用同一字母作为形式代号，不同类产品的分型在不致混淆的条件下，允许采用相同的字母作为形式代号。产品基本形式的分型代号应默认省略。

允许制成全螺纹的品种，视为一种分型，分型代号为"Q"。

采用预涂胶的产品，其涂胶分类代号可作为分型代号。例如：S级锁固胶分型代号为"S"，M级密封胶分型代号为"M"。

左旋螺纹产品，视为一种分型，分型代号为"Z"。

需要控制螺纹摩擦系数的产品，视为一种分型，分型代号为"K"。

若一个编号中同时出现两种或两种以上分型代号，则按分型与产品的相关程度依次注明。例如：若同时出现形式代号、全螺纹代号、预涂胶代号（螺纹摩擦系数代号）和左旋螺纹代号，则分型代号组成的顺序依次为：形式代号、全螺纹代号、预涂胶代号（螺纹摩擦系数代号）和左旋螺纹代号。

2. 编号示例

（1）仅有一个主要尺寸参数的产品

例1 六角法兰面螺母，主要尺寸参数（螺纹规格）为M6，性能等级为8级，表面处理为镀锌彩虹色钝化的产品编号为：

$$Q32006$$

Q为汽车标准件特征代号。320为分配给该品种的品种代号。06为螺纹规格代号，产品规格参数仅一位，于左边加"0"补足两位。8级和镀锌彩虹色钝化为推荐该品种的基本要求，已省略。

例2 品种、性能等级、表面处理同例1，螺纹规格为M12的产品编号为：

$$Q32012$$

例3 品种、规格同例2，性能等级为10级，表面处理为非电解锌片涂层（银灰色）的产品编号为：

$$Q32012T13F61$$

T13是力学性能等级为10级的代号。F61为非电解锌片涂层（银灰色）表面处理的代号。

例4 孔用弹性挡圈，主要尺寸参数（适用孔径）为12mm，表面处理为氧化的产品编号为：

$$Q43012$$

430为分配给该品种的品种代号。材料及热处理仅一种要求，无需编号。氧化处理为推荐该品种的基本要求，已省略。

例5 品种、表面处理同例4，适用孔径为100 mm的产品编号为：

$$Q430100$$

例6 开口挡圈，直径规格为 1.2mm，表面处理为氧化的产品编号为：

Q43612

例7 品种、表面处理同例6，直径规格为 6mm 和 12mm 的产品编号分别为：

Q43660 Q436120

例8 扩口式弯通接头体，主要尺寸参数（适用管子外径）为 6mm 的产品编号为：

Q653B06

例9 扩口式直通接头体，适用管子外径为 6mm 的产品编号为：

Q655C06

655 为分配给该品种的品种代号，此后产品标准曾进行修订，发生两次影响互换性的变更，品种代号由 655 变更为 655 B，又变更为目前的 655 C。

例10 方头锥形螺塞，主要尺寸参数（螺纹规格）为 NPT1/4，表面处理为镀锌彩虹色钝化的产品编号为：

Q614B02

02 为螺纹规格代号，规格代号按 1/4in 折合为 1/8in 的 2 倍，于左边加"0"补足两位。

例11 品种、表面处理同例10，螺纹规格为 NPT1 1/2 的产品编号为：

Q614B14

14 为螺纹规格代号，首位为螺纹规格中的整英寸数，末尾为螺纹规格中不足 1in 部分，折合为 1/8in 的 4 倍。

（2）有两个主要尺寸参数的产品

例1 六角头螺栓，螺纹规格为 M6，杆长为 50mm，性能等级为 8.8 级，表面处理为镀锌彩虹色钝化的产品编号为：

Q150B0650

150 为分配给该品种的品种代号。B 为该品种一次有影响互换性的变更。8.8 级和镀锌彩虹色钝化为该品种的基本要求，已省略。

例2 品种、性能等级、表面处理同例1，螺纹规格为 M4，杆长为 8mm 的产品编号为：

Q150B048

例3 品种、螺纹规格、杆长同例1，性能等级为10.9级，表面处理为非电解锌片涂层（银灰色）的产品编号为：

Q150B0650TF61

T是力学性能为10.9级的代号。F61为非电解锌片涂层（银灰色）表面处理的代号。

例4 品种、规格、性能等级、表面处理同例3，指定杆部制成全螺纹的产品编号为：

Q150B0650TF61Q

Q为该产品派生的全螺纹分型代号。

例5 品种、规格、性能等级、表面处理同例1，在螺纹杆部预涂"S"级锁固胶的产品编号为：

Q150B0650S

S为该产品派生的"S"级锁固胶分型代号。

例6 十字槽盘头自攻螺钉，螺纹规格为ST 3.5，杆长为10mm，C型末端的产品编号为：

Q2713510

例7 品种、螺纹规格、末端形式同例6，杆长为25mm的产品编号为：

Q2713525

例8 塑料用内六角花形盘头自攻螺钉，螺纹规格为NST3.5，杆长为10mm，C型末端的产品编号为：

Q2A23510

2A2为分配给该品种的品种代号，A为汽车标准件产品螺钉大类中塑料用螺钉的分组。

例9 内六角花形盘头自攻螺钉，螺纹规格为ST3.5，杆长为10mm，C型末端的产品编号为：

Q27A3510

27A为分配给该品种的品种代号，A为汽车标准件产品螺钉大类的自攻螺钉分组中该品种的序号。

(3) 有三个主要尺寸参数和不宜以主要尺寸参数直接表示产品规格的产品

例1 A型簧片螺母，适用于自攻螺钉螺纹规格为ST4.8，螺母卡入宽度规格为20mm，适用板厚为0.8mm～1.5mm的产品编号为：

Q39748201

48、20 分别表示螺纹规格及其卡入宽度。适用板厚不便直接表示，给定序号为"1"。

> **例2** 销轴，公称直径为 8mm，杆长为 30mm，孔距为 26mm 的产品编号为：
> Q510083026

直径和杆长确定后，可在一定范围内根据使用要求自由选择孔距。

(4) 多个主要尺寸参数在规格代号中的排序

> **例** 轴肩式双头螺柱，旋入螺母端螺纹规格为 M6，杆长为 20mm，旋入机体端螺纹规格为 M8，杆长为 50mm，力学性能等级为 8.8 级，镀锌彩虹色钝化的产品编号为：
> Q1300620850

螺母端尺寸是产品选用时主要考虑的参数，其次是机体端。

二、进口汽车配件的编号规则

我国进口（或引进车型）汽车品牌繁多，在工业发达的国家，各汽车制造厂的零件编号并无统一规定，而是由各厂自行编制，其配件编号规则各不相同。

(一) 丰田—大发系列汽车配件编号规则

丰田—大发系列汽车配件的编号由 13 位数字或字母构成，如图 3-10 所示。这 13 位数字或字母分为以下三组：

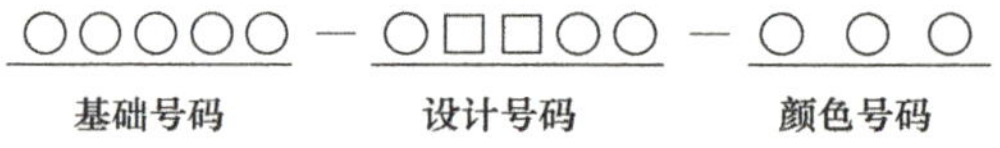

○○○○○ — ○□□○○ — ○○○
基础号码　　　设计号码　　颜色号码

图 3-10　丰田—大发系列汽车配件编号

○—数字编号　□—字母或者数字编码

第一组为基础号码，表示配件名称。
第二组为设计号码，表示每个配件的车型、规格尺寸及设计改进顺序。
第三组为颜色号码，当某一配件需做颜色区别时，在此用数字表示其颜色。
丰田—大发系列汽车配件的编号规则有 5 类、8 种，下面对 5 类配件编号规则分别予以介绍。

1. 一般配件的编号规则

一般配件是指除第 2~5 类（标准配件、组合配件、修理备用配件、工具）以外，组成汽车的各项配件。它的 13 位数字或字母按两种规则赋予不同代码，但基础号码编码的规则基本是一样的，区别仅在于设计号码组。现分组说明它的编号规则。

(1) 基础号码　基础号码的编码规则如图 3-11 所示。

图 3-11　丰田—大发系列汽车配件基础号码编号

（图注同图 3-10）

第三章　汽车配件编号规则与检索

把全车的一般配件按功能划分为若干个组，并给每组指定 2 位数字的代码，称为小组编码。小组编码的具体分配情况详见表 3-13。

表 3-13　丰田—大发汽车一般配件的小组编码

第一位数	第二位数									
	0	1	2	3	4	5	6	7	8	9
0					维修包			专用配件	附件	工具
1		缸盖、缸体	发动机安装件、机油盘	曲轴连杆、活塞组配气机构		机油泵、机油滤清器	散热器、水泵	进排气系统、消声器、空滤器		点火系统
2	燃油箱、活性炭罐		燃油滤清器	燃油管路	活性炭罐过滤装置	排气歧管、排气管、消声器	压缩机及连接、冷凝器、制冷剂循环系统			
3		离合器	液力变矩器	变速器		自动变速器	分动器、取力器	传动轴	绞盘自卸	
4		减速器、差速器	后桥壳、半轴、制动鼓	前桥	动力转向制动装置	转向器	真空助力器、驻车制动	前后制动器总泵、分泵制动管路	前后悬架	液压助力器制动器
5		车架	车身保险杠	发动机罩、挡泥板		仪表板	风窗玻璃	地板	地板	地毯
6		侧围	1/4 内饰板	车顶		后围		车门	门窗玻璃	车门锁
7		座椅	可调式座椅		内饰件、蓄电池箱	外饰件		油箱	节气门、风门拉线、制动踏板	
8		灯具、闪光器	线束	仪表、钟表	开关	刮水器、洗涤器、点烟器	收放机及天线	暖气	空调	
9	标准件	六角头螺栓	螺栓	螺钉	螺母、垫圈	铆钉、销、键	紧固件、密封件	轴承	轮胎内胎	功能零件

对小组编码相同的配件，再按品种给予 2 位数字代码，称为部位编码（第 3 位和第 4 位）。当用前两项编码仍然不能确定一项配件时，则再给配件指定一位数字代码，称为细分编码。如果有些配件还需区分上下、左右、内外，以及加大或缩小尺寸，也在此位给予代码。但第 5 位的细分编码仅用于总成件或分总成件，不用于单一配件。

59

(2) 设计号码 由于大发工业公司与丰田汽车公司有紧密的合作关系,故有些配件是通用的。为此,设计号码组的编码规则分为"大发专用配件"和"丰田通用配件"两种。

1) 大发专用配件设计号码的构成。大发专用配件设计号码是将设计号码组前 2 位数字定为 87(见图 3-12),这是大发专用代码;第 3 位按车牌名代码给以数字或字母,车牌名专用代码见表 3-14。其后两位是设计代码,按设计顺序编号。

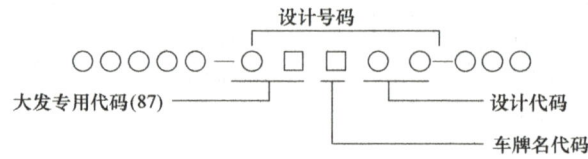

图 3-12 大发专用配件设计号码

(图注同图 3-10)

表 3-14 大发车牌名专用代码表

数字或拉丁字母代码	车 牌 名
1 或者 A	CHARMANT 查门特
2 或者 B	CUORE 考瑞
3 或者 C	DELTA 得尔塔
5 或者 D	HUET 海捷特
6 或者 E	ROCKY 柔克
7 或者 F	CHARADE 夏利
8	Motor Tri-cycle,Electric Tri-cycle 三轮摩托

2) 丰田通用配件设计号码的构成。丰田通用配件设计号码是在设计号码组中,除前 2 位代码为 87(大发专用配件)外,其他代码都是通用配件。它的编号规则按照丰田汽车公司的规定,当基础号码组前 2 位代码在 11~39 之间时,设计号码组中前 2 位数字或字母就是发动机型号代码;随后 2 位数字是设计代码;最后一位数字为主要件的设计更改代码,如图 3-13 所示。

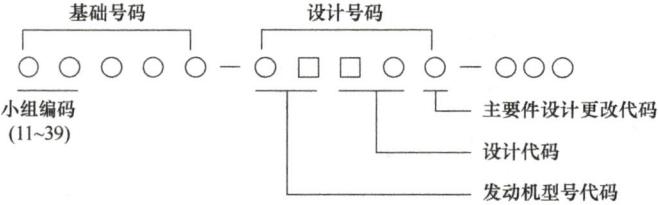

图 3-13 丰田通用配件设计号码

(图注同图 3-10)

丰田汽车发动机型号编号规则见表 3-15。

表3-15 丰田汽车发动机型号代码的构成表

第6位数	第7位数	种类区分														
		0	1	2	3	4	5	6	7	8	9	A	B	C	D	E
1		丰田轿车1000 (1E,U), 700	丰田面包 (2E,2U), 800	花冠轿车 (COROLLA) (2K)1000	花冠面包 (4K)1300, (5K)1500	CARINA CELICA (2A)1300	CARINA CELICA (面包) (3A) 1500	鹰牌 (TERCEL) (4A)1600		13T 1800		花冠 (TRUENO)	CARINA CELICA	STERLET	CARINA CELICA	COROLLA
2		光冠 (CORONA) 轿车 P1000	光冠 (CORONA) 面包 (2P)1200	光冠II型 (CORONA) 轿车 K1100	光冠II型 (CORONA) (3P)1350	3K 1200	丰田之花 (TOYOTAOE) T1400	海狮 (HLACE) (2T)1600	莱特爱斯 (LITEACE) (2T-G) (12T)1600	3T 4T 1800		克雷西达 (CRESIDA) (2T) 1600	花冠 (COROLLA)			
3		皇冠 (CROWN) 轿车 R1500	皇冠 (CROWN) 面包(2R) 1500, (12R)1600	4R 1600	7 1600	8R 1900 18R 19R 2000	海拉克斯坚固 (STOUT) (9R)1600 (16R) 1800	黛娜 (DYNA) 巡游者 (6R) 100, (16R) 1800	黛娜 (DYNA) (8RC,10R) 1900, (18RC,12R) 2000	20R 2000		皇冠 (CROWN) (18R) (19R) 2000	黛娜巡游者 (16R) 1800	黛娜巡游者 (12R) 1600	海拉克斯坚固 (STOUT)	
4		世纪 CENTURY (3R)1900	M 2000	M 2000	3M 2000 5M 2800	5R 2000	4M 2800	J 2340	H 3600	2J 2500		5R 3000	M 2000			

（续）

第6位数\第7位数	0	1	2	3	4	5	6	7	8	9	A	B	C	D	E
5	Y 2500	3V 3000	4V 3400 / 5V 2800	L 2300 / 2L 2400	丰田货车	丰田通用型客车 B3000 (11B)3000	后置发动机客车 (2R) 3200	3B 3400 / 13B 3400			B 3000	L 2300 / 2L 2400			
6	陆地巡洋舰 F3900	专业轿车 (2F、3F) 4230	丰田2000（燃气轮机）	1S 1800	1C 1800 / 2C 2000	旅行车、搬运车 Q4500		特种车 E5900	2H 4000	陆地巡洋舰					
7	1G 2000	1Y 1600	3Y 1800	3 2000	2S 2000	DS 900	2D 6500	1W 4000							
8	丰田							大发	雅马哈山叶	日野					
9	荒川车身 (ARAKAWA)	关东汽车工业 (kamio jidosha kogyo)	岐阜车身 (GIFU BODY)	极东开发 (KYOKUTO)	中央公司 CENTRAL JIDOS HA KOGYO	丰田车身 (TOYOTA BODY)	丰田纺织	京都 (KYOTOC OROLLA)							

(3) 颜色号码 颜色号码组由3位数字组成，如图3-14所示。其中第2位数字为颜色的代码，见表3-16。

图3-14 进口汽车一般配件颜色号码

（图注同图3-10）

表3-16 颜色代码表

颜色代码	颜 色	颜色代码	颜 色
1	黑	6	棕
2	红	7	绿
3	灰	8	乳白
4	蓝	9	黄
5	米黄		

2. 标准配件的编号规则

标准配件是指丰田、大发工业公司按国际标准化组织（ISO）的标准确定规格的配件，品种包括螺栓、螺钉、螺母、垫圈、铆钉、销、V带、油封、滚动轴承、衬套等。其编号规则如图3-15所示。

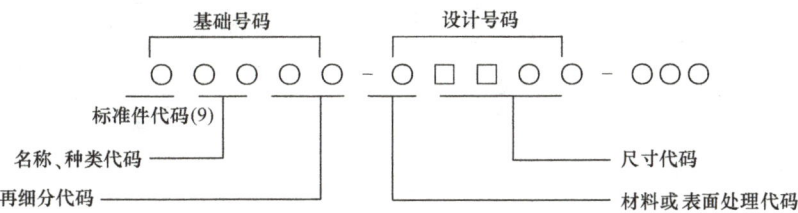

图3-15 标准配件设计号码

（图注同图3-10）

在基础号码组中，第1位定为9，这是标准件的专用代码；第2位和第3位是名称和种类的数字代码；第4位和第5位是再细分名称的数字代码。

在设计号码组中，第1位是材料或表面处理的数字代码；其后4位是尺寸的数字代码。各种标准件的尺寸编号方式不完全一样，如螺栓、螺钉、铆钉类，第2位和第3位数字是实物的直径尺寸（mm）；第4位和第5位数字是实物的长度尺寸（mm）。V带，第2~5位数字是实物圆周长度尺寸（mm）。

其标准件名称与种类代码见表3-17。

3. 组合配件（半总成配件）的编号规则

由几个配件组成的配件称为组合配件或半总成配件。其代码的构成也分两种，分别为大发专用配件和丰田通用配件。

这两种配件的编号规则，基础号码组与一般配件相同，设计号码组中则有不同。

大发专用配件编码如图3-16所示。

表 3-17 标准件名称与种类代码组成

第一位数		第二位数 代码	种类	0	1	2	3	4	5	6	7	8	9
标准	汽车用	0		协作厂标准件									
		1	六角头螺栓		螺栓、螺钉	垫圈、销、铆钉、键	O形圈、塞、油封、轴承衬套	管接头、架子夹板、金属油封	弹簧、挡圈、软垫片				
	一般通用	2	螺栓		六角头螺栓(1)	六角头螺栓(2)	六角头螺栓(3)	六角头螺栓(4)	六角头螺栓(5)	六角头螺栓(6)			
		3			双头螺柱				方头、沉头、带孔六角头螺栓	半圆头、半沉头头螺栓			
		4		螺钉	一字槽螺钉	十字槽螺钉	六角头、圆头螺钉	十字槽头自攻螺钉	一字槽头自攻螺钉	十字槽螺钉	一字槽螺钉		
		5	螺母、垫圈	螺钉	六角螺母	螺母	带铆接凸缘螺母	螺母附件	弹簧垫圈	平垫圈	密封垫圈		
		6	螺钉、销、键、钉		铆钉、钉	销		键					
		7	其他件		挡块		管接头	油嘴					
		8	滚动轴承	单列深沟轴承	磁电机用球轴承	向心推力轴承	双列调心球轴承	滚柱轴承	锥轴承 (JLS型)	锥轴承 (带母销型)	O形油封		
											球面滚柱轴承		
		9	轮胎	内外胎组件	轮胎	内胎	垫带	无内胎轮胎			防尘油封	缓冲胶垫	
			功能零件		开关、警报器具、器具、照明、蓄电池等								

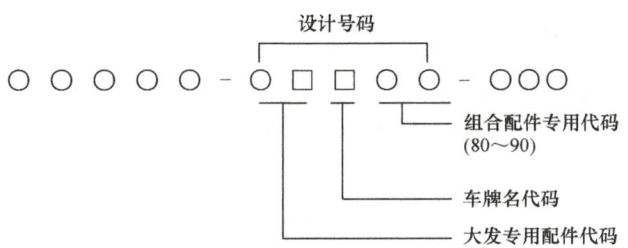

图 3-16　大发专用配件编码

（图注同图 3-10）

丰田通用配件编码如图 3-17 所示。

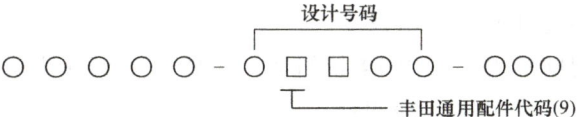

图 3-17　丰田通用配件编码

（图注同图 3-10）

4. 修理备用配件（修理包件）的编号规则

由两个以上维修用主要配件综合在一个包装内，称为修理备用配件（修理包件）。其编号规则除在基础号码组的前 2 位冠以"04"外，其余的编码均与一般配件类同，如图 3-18 所示。

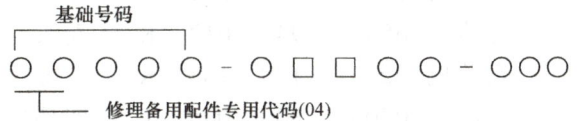

图 3-18　维修备用配件（修理包件）的编号

（图注同图 3-10）

5. 工具类的编号规则

工具又分为随车工具、专用工具两种。客户购买新车时，随车配备的各种工具称为随车工具；修理中使用的各种特制工具称为专用工具。它们的编号仅在基础号码组有区别。

随车工具的编号是将基础号码组的前 3 位定为 091，它包括千斤顶、扳手、螺钉旋具等，如图 3-19 所示。

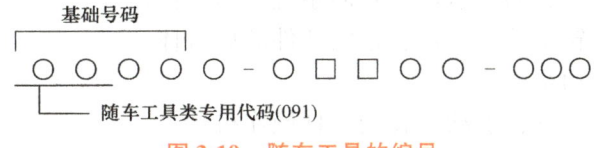

图 3-19　随车工具的编号

（图注同图 3-10）

专用工具的编号是将基础号码组的前 3 位按不同品种分别冠以 092～099 的数字代码，如图 3-20 所示。

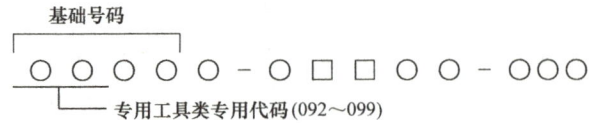

图 3-20　专用工具的编号

(图注同图 3-10)

(二) 德国大众汽车配件编号规则

在德国大众汽车配件管理体系中，汽车配件编号通过阿拉伯数字和英文 26 个字母组合而成，形成一个简明、完整、精确、科学的编码系统。每一个汽车配件只对应一个号码，每组数字、每个字母都表示这个配件的某种性质，只要找出这个号码，就可以在几万或十几万库存品种中找到所需的配件。

德国大众的汽车配件号码一般由 14 位组成，主要由主组（大类）、子组（小类）、零件号、变更代码和颜色代码组成，例如：

191　　863　　241　　AF　　LN8 中央托架
(1)　　(2)　　(3)　　(4)　　(5)

(1) 车型及型号标记　汽车配件号码的前 3 位表示车型或机组型号，用来说明这些零件最初为哪种车型或哪种发动机和变速器设计使用。从标记的第 3 位数字可以区别是左侧驾驶还是右侧驾驶。一般规定，单数为左侧驾驶，双数为右侧驾驶。

例如：表示车型的——甲壳虫(113)　　857　　501　　AB　　01C 后视镜
　　　　　　　　　　高尔夫(191)　　419　　831　　　　　转向机护套
　　　　　　　　　　捷达　(65)　　941　　017　　K　　左大灯
　　　表示机组型号的——发动机(027)　　100　　103　　K　　V 短发动机
　　　　　　　　　　　变速器(020)　　300　　045　　T　　四档变速器
　　　　　　　　　　　起动机(055)　　911　　023　　K　　起动机

(2) 主组及子组　根据零件在汽车结构中的差异及性能的不同，德国大众汽车配件号码系统将汽车配件号分成 10 个主组（大类），每个主组又分为若干个子组（小类），子组的数目和大小因结构不同而不同，子组只有跟主组结合在一起才有意义。

10 个主组（大类）号代表的含义如下：

1 主组：发动机、燃油喷射系统。

2 主组：燃油箱、排气系统、空调制冷循环部件。

3 主组：变速器总成。

4 主组：前轴、前轮驱动差速器、转向系统、前减振器。

5 主组：后轴、后轮驱动差速器、带安装件的后桥体。

6 主组：车轮、制动系统。

7 主组：换档操纵装置，手动、脚动杠杆操作机构。

8 主组：车身总成。

9 主组：电器系统。

0 主组：附件（千斤顶、随车工具、标牌、天线、收音机）、驱动机构底护板等。

例如：191　863　241　AF　LN8。其中 8 表示主组，63 表示子组。

例如：00表示某某总成，63表示托架，57表示后视镜，45表示玻璃，31表示车门。

（3）备件号 按照其结构顺序排列的备件号由3位数字（001～999）组成。如果备件不分左右或既可以在左边又可以在右边使用，最后一位数字为单数；如果备件分左右件，一般单数为左边件，双数为右边件。

（4）设计变更/技术更改号 设计变更号由一个或两个字母组成，表示该件曾经技术更改过。比如：不同的材料、不同的结构、不同的技术要求（公差、硬度等）以及不同的零件来源。

例如：357　612　102—357　612　107　A　制动阻力器
　　　91　500　051　H—L191　500　051　G　后桥体

（5）颜色代码 颜色代码用3位数字或字母的组合来表示，用以说明该件具有某种颜色特征。

例如：01C表示黑色带有光泽，041表示暗黑色，043表示黑花纹，ROH表示未加工的原色。

知识拓展

国产汽车零部件的统一编码与标识

我国国家标准化管理委员会于2015年9月11日批准发布了由中国物品编码中心、中国自动识别技术协会等单位起草的GB/T 32007—2015《汽车零部件的统一编码与标识》，标准于2016年1月1日正式实施。

标准规定了汽车零部件统一编码（以下简称"编码"）的编码原则、数据结构，符号表示方法及其位置一般原则。

标准适用于汽车零部件统一编码和标识的编制，用于汽车零部件的信息采集及数据交换。

1. 标准的术语和定义

（1）全球贸易项目代码　应用标识符01，由14位数字组成，是贸易项目（包括产品与服务）全球通用的唯一标识代码。

（2）零部件号　汽车零部件制造商对其生产的零部件实物的编号，也包括制造商为了技术、制造、管理需要而确定的管理编号，应用标识符240。

（3）零部件批号　零部件所属批次的代号，应用标识符10，用一组数字、字母或组合表示。

（4）零部件序列号　唯一标识某一种零部件在同一批次中的某一单件的流水号，应用标识符21，用一组数字、字母与数字的组合表示。

（5）供应商在客户方的厂商代码　客户方为其供应商分配的内部供应商厂商代码，应用标识符92，用一组数字或字母表示。

（6）零部件在客户方的代码　客户方为其供应商所供货产品提供的零部件代码，应用标识符241，用一组数字或字母表示。

（7）客户购货订单代码　零部件采购订单的订单代号，应用标识符400，用一组数字或字母表示。

（8）直接零部件标识　一种直接在零部件表面上做标识的制作技术，不需要纸张、标签一类的标识载体，也可称为本体标识。

2. 编码

（1）编码原则　应具有唯一性、稳定性、可扩展性、可追溯性、可兼容性的原则，适用于汽车生产、流通、维修、消费等环节。

（2）编码一般要求

1）本标准编码按照 GB/T 16986—2009 和 GB/T 15425—2014 中对字符串的规定进行编码。

2）编码格式包括数字、字母及数字与字母组合编码三种格式，厂商对某个数据要素按其要求选用其中一种格式。

3）编码字符集与 GB/T 15425—2014 中的 GS1-128 条码字符集相同。

（3）编码数据结构　编码数据由基本数据和扩展数据组成，扩展数据包括常用扩展数据和其他扩展数据。

1）编码基本数据。基本数据由全球贸易项目代码 GTIN 和零部件批号或零部件序列号组成，数据结构见表 3-18。其中应用标识符 01 为必选，应用标识符 10 和 21 至少选择一项。

全球贸易项目代码 GTIN 由厂商识别代码、商品项目代码和校验码组成。

表 3-18　基本数据结构

应用标识符	数 据 格 式	数 据 名 称
01	n14	全球贸易项目代码 GTIN
10	an..20	零部件批号
21	an..20	零部件序列号

注：1. n 是指数字字符。
2. an 是指字母、数字字符。
3. n14 是指定长，表示 14 个数字字符。
4. an..20 是指不定长，表示最多 20 个字母、数字字符。

2）常用扩展数据。常用扩展数据为可选项，不可单独使用，需要与基本数据配合使用。常用的扩展数据见表 3-19。

表 3-19　扩展数据结构

应用标识符	数 据 格 式	数 据 名 称
92	an..20	供应商在客户方的厂商代码
240	an..20	零部件号
241	an..20	零部件在客户方的代码
400	an..20	客户购货订单代码
11	n6	生产日期（年、月、日）

注：1. n 是指数字字符。
2. an 是指字母、数字字符。
3. n6 是指定长，表示 6 个数字字符。
4. an..20 是指不定长，表示最多 20 个字母、数字字符。

3）其他扩展数据结构要素。其他扩展数据结构要素为可选项，不可单独使用，需要与基本数据配合使用，可根据实际情况增减数据结构要素，但出现的数据结构要素应根据 GB/T 16986—2009 注明其应用标识符。

① 符号表示。

一维码：符号应采用 GSI-128 条码，符合 GB/T 15425—2014 的要求。

二维码：符号应采用汉信码、QR 码或 Data Matrix 码，应符合 GB/T 21049、GB/T 18284 和 ISO/IEC 16022 的要求。

② 符号质量。

一维码应符合 GB/T 14258 的要求。

二维码应符合 GB/T 23704 和 GB/T 19245 等的要求。

③ 符号载体。可采用纸质标签、直接零部件标识（DPM）或其他。

④ 符号放置的位置。

a）标识位置的选择应便于扫描、易于识读；

b）标识位置的选择应保证标识符号不易变形、被污损；

c）同一厂家生产的同一种零部件的标识位置一致。

第三节　汽车配件检索

各种车型的配件目录都是各厂家根据本厂的配件技术文件编写的。一般来说，在目录的前面都附有使用说明，在查阅之前，一定要仔细阅读。

汽车配件目录中所列出的零配件首先按汽车的构成分为几个主总成（主组），每个主总成又分为若干个半总成（子组）。在主总成和半总成中，大部分的零配件都按它们设计结构上的相互从属关系列序和编号，结构图也是从这个意图出发安排的。

在汽车配件目录中，一般每个总成都有拆解图示，并标明该总成各组成零件的序号（标号）、配件名称、编号和每车用量等。

如果只知道零件名称而不知其零件号，无法订货，就应该从配件目录中查找零件编号，查找方法是：首先查阅零件主组索引及目录，然后再查阅子组列表目录，即可查阅到已知零件列表目录，从而可查阅到该零件号码和零件图。

例1 在捷达轿车配件目录中，查找水泵的 V 带（三角带）零件编号。首先进入大众汽车电子目录，选择车型 Jetta，如图 3-21 所示；选择主组号 1（发动机），从主组索引上查到子组号 21（水泵），如图 3-22 所示；然后选择用于空调车的 V 带（三角带），查到其零件编号为 027121031，零件图如图 3-23 所示。

例2 在高尔夫轿车配件目录中，查找变速器壳体的零件编号。首先进入大众汽车电子目录，选择车型 Golf，如图 3-21 所示；选择主组号 3（变速器总成），从主组索引上查到子组号 01（变速器壳），如图 3-24 所示；然后选择用于五档变速器的变速器壳体，查到其零件编号为 02K301103D，如图 3-25 所示。

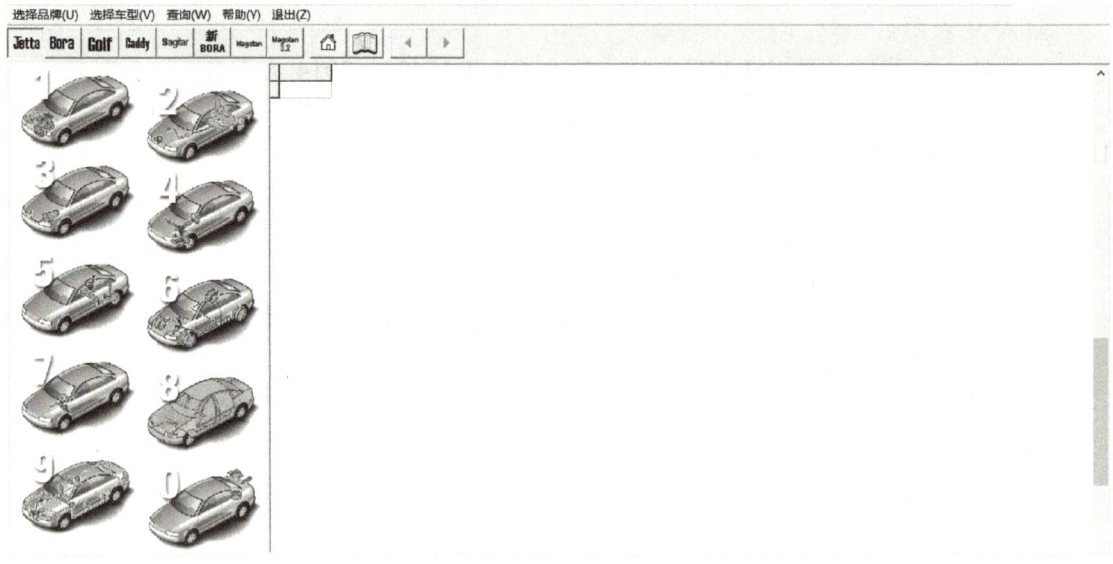

图 3-21 选择车型

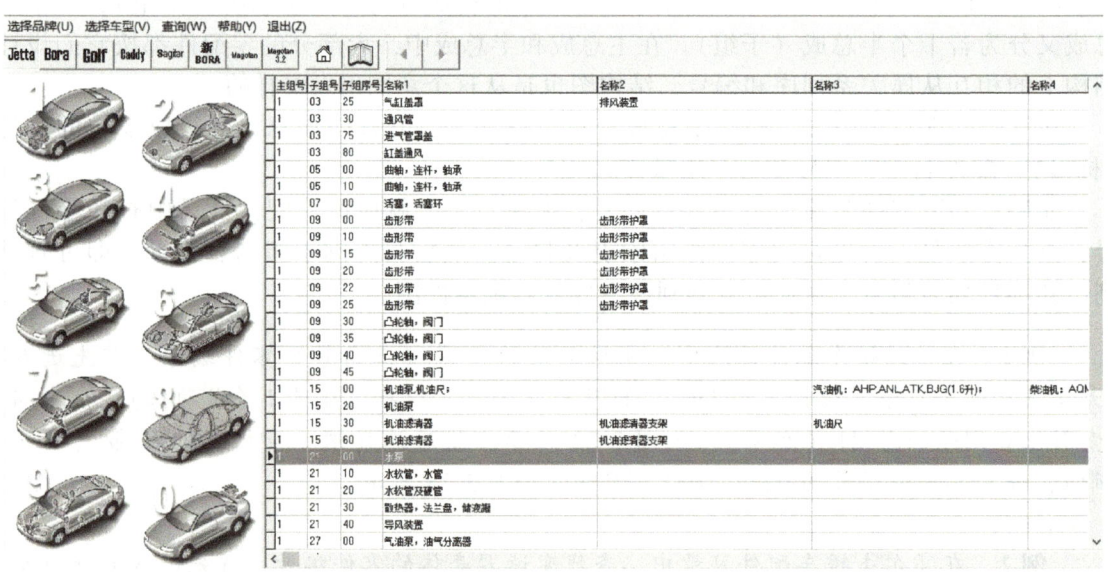

图 3-22 选择主组号 1（发动机）和子组号 21（水泵）

第三章 汽车配件编号规则与检索

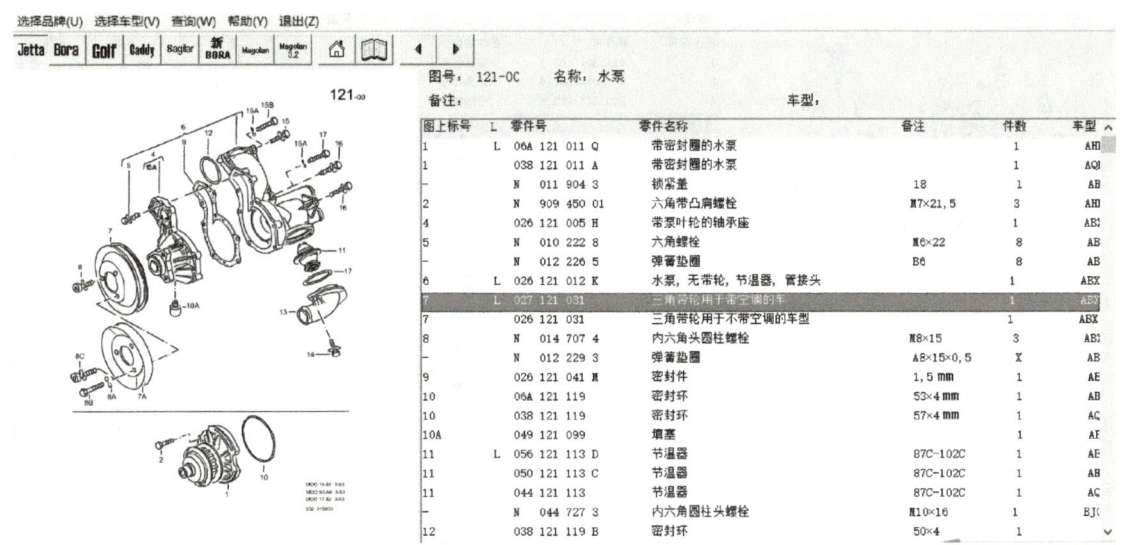

图 3-23 水泵及三角带零件图

图 3-24 选择主组号 3（变速器总成）和子组号 01（变速器壳）

查阅汽车配件目录时应注意：

1）首先要确定所查阅的配件目录为车辆的原有目录，否则，将无法保证所购配件适用。

2）查阅前，须准确知道汽车型号、发动机型号、发动机编号、底盘编号、出厂日期等参数。

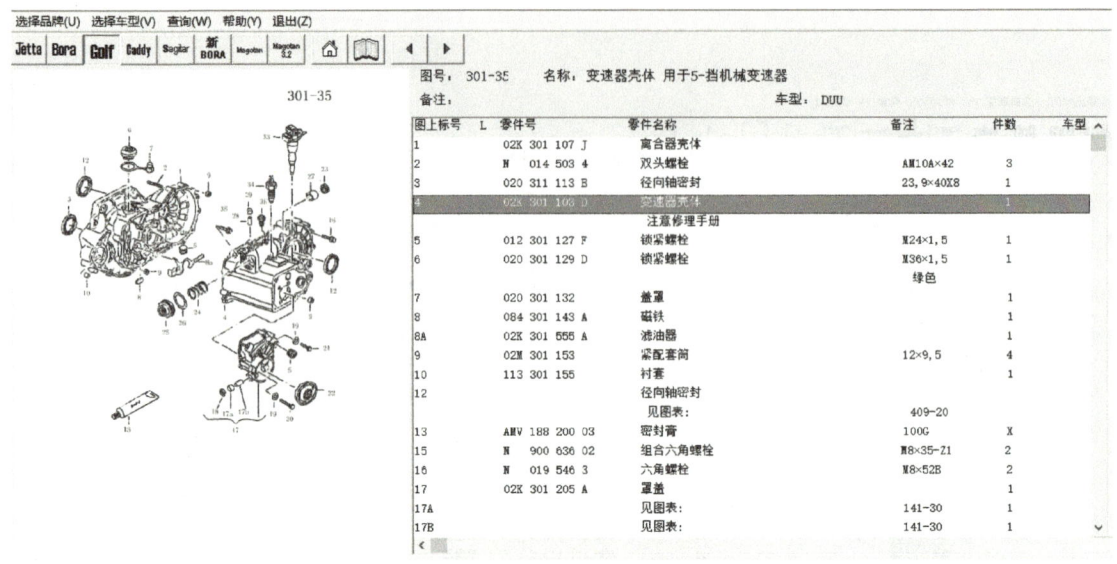

图 3-25 变速器总成及壳体零件图

本章小结

本章主要介绍了车辆识别代号及其基本要求、基本内容和实例，国产汽车零部件的编号规则和汽车组合模块编号规则，以及进口汽车配件的编号规则。在进口汽车配件的编号规则中，以常见车系丰田—大发系列汽车配件的编号规则和德国大众汽车配件编号规则为例介绍和说明，并以德国大众汽车配件目录检索为例进行了详解。

复习题

1. 车辆识别代号是什么？
2. 车辆识别代号有何用途？
3. 车辆识别代号由几部分组成？各部分具有什么含义？
4. 对车辆识别代号有何基本要求？
5. 车辆识别代号的内容具体是什么？
6. 国产汽车零部件的编号组成是怎样的？

（扫一扫，查看参考答案）

第三章 汽车配件编号规则与检索

 思 考 题

1. 某轿车的车辆识别代号为 LFV2B21K2A3219443,指出该车辆的生产国和生产年份,并说明依据。

2. 在订购汽车配件时,首先要知道汽车配件号,才能正确订购。那么,如何才能查到需要的汽车配件号呢?

(扫一扫,查看参考答案)

第二篇
汽车配件营销

第四章

汽车配件采购

随着改革开放的深入发展，中国自加入 WTO 以来已逐渐成为汽车业极具发展前景的市场之一，车市年销量在 2009 年就超过美国而升至全球第一。随之而来的是汽车零部件产业的蓬勃发展。世界各大汽车厂商为了争夺在华市场份额，纷纷强化其在中国市场的成本控制能力，零部件配套体系将逐步放开，零部件采购慢慢向中国倾斜。

目前我国经济高速发展，汽车拥有量大幅增加，配件采购在其中起到了关键作用。那么从企业角度出发，汽车配件采购的意义是什么？汽车配件的购货渠道又有哪些？通过本章的学习，我们将会得到答案。

第一节　汽车配件采购的意义与原则

一、汽车配件采购的意义

汽车配件采购业务是流通企业的第一个环节，是商品从生产领域进入流通领域，从价值生产阶段开始转变为价值实现阶段的重要途径。从企业的角度出发，采购就是生产企业（或其代理商、批发商）为了销售这个目的而取得资源。因此，采购不是目的，销售并获得利润才是目的。从资金流动的角度出发，采购就是货币资金转化为商品资金，使企业的流动资金（银行存款、现金等）转化为库存资金，从而开始了流通企业的资金周转过程。

采购是企业的关键环节，其理由是：

1）只有质优价廉、适销对路的商品源源不断地进入经销企业，才有可能提高为用户服务的质量，满足消费者的需要。

2）搞好采购是搞好销售的前提和保证。只有进得好，才能销得快，才有可能提高企业的经济效益。

3）只有把配件采购组织好，把适销产品购进到经营企业，才能促使生产企业发展生产。

可见，汽车配件采购直接关系到生产企业能否得到发展，消费者需求能否得到满足，企业经营状况能否得到改善等关键问题。

二、汽车配件采购原则

1. 采购的基本原则

汽车配件采购的基本原则主要有勤进快销原则、以销定进原则、以进促销原则和储存保销原则。

（1）勤进快销原则　勤进快销是加快资金周转，避免商品积压，提高经济效益的重要条件。勤进快销原则是指采购次数要适当多一些，批量要少一些，购货间隔要适当缩短。要在采购适销对路的前提下，选择能使采购费用、保管费用最省的采购批量和采购时间，以降低成本，降低商品价格，使顾客买到价廉物美的商品。

勤进快销还要掌握市场行情，密切注意销售去向，勤进、少进、进全、进对，以勤进促快销，以快销带勤进，不断适应消费需要，调整更新商品结构，力求加速商品周转。在销售上，供应要及时，方式要多样，方法要灵活，服务要周到，坚持薄利多销。

（2）以销定进原则　以销定进是按照销售状况决定购货。通常，计算购货量，主要有以下参数：

日平均销售量（DMS）＝昨日的 DMS×0.9＋当日销售量×0.1

建议订货量＝日平均销售量×（距下次订货量天数＋下次交货天数＋厂商交货前置期＋商品安全天数＋内部交货天数）－已订货未交量－库存量

最小安全库存量＝陈列量＋日平均销售量×商品运送天数

订货量是一个动态的数据，根据销售状态的变化（季节性变化，促销活动变化，供货厂商生产状况变化，客观环境变化），决定订货量的多少，才能使商品适销对路，供应及时，库存合理。

（3）以进促销原则　以进促销原则是与以销定进相关联的，单纯地讲以销定进，进总是处于被动局面。因此，通过扩大购货来源，积极组织适销商品，能主动地促进企业扩大销售，通过少量购货试销，刺激消费，促进销售。

（4）储存保销原则　储存保销原则是指销售企业要保持一定的合理库存，以保证商品流通连续不断。

2. 汽车配件采购的特点和规律

搞好采购，要从实际出发，并灵活掌握。

1）掌握不同种类汽车配件的供求规律。对于供求平衡，货源正常的汽车配件，应适销什么，就购进什么，销得快就勤进，多销就多进，少销就少进；对于货源时断时续，供不应求的汽车配件，应根据市场需要开辟购货来源，随时了解供货情况，随供随进；对于扩大推销而销量却不大的汽车配件，应当少进多销，在保持品种齐全和必备库存的前提下，随进随销。

2）掌握汽车配件销售的季节性特点。

3）掌握汽车配件供应地点。当地购货，要少进勤进；外地购货，要适当多进，适当储备。

4）掌握汽车配件的市场生命周期。新商品要通过试销打开销路，购货从少到多。

3. 汽车配件购货管理原则

购货管理的原则除了要求购进的配件适销对路外，还要求保质、保量。生产企业实行质量三包——包修、包退、包换，经营企业需设有专职检验部门或人员，负责购进配件的检验工作，把住商品质量关。除此之外，购进还应遵循以下原则：

1）积极合理地组织货源，保证商品适应用户的需要，坚持数量、质量、规格、型号、价格全面考虑的购进原则。

2）购进商品必须贯彻按质论价的原则，优质优价，不抬价、不压价，合理确定商品的采购价格；坚持按需购货、以销定购；坚持"钱出去、货进来，钱货两清"的原则。

3）购进的配件必须加强质量的监督和检查，防止假冒伪劣商品进入企业，流入市场。在配件采购中，不能只重视数量而忽视质量，只强调工厂"三包"而忽视产品质量的检查，对不符合质量标准的商品应拒绝采购。

4）购进的商品必须有产品合格证及商标。实行生产认证制的产品，购进时必须附有生产许可证、产品技术标准和使用说明。

5）购进的商品必须有完整的内、外包装，外包装必须有厂名、厂址、产品名称、规格型号、数量、出厂日期等标志。

6）要求供货单位按合同规定按时发货，以防因应季不到或过季到货，造成商品缺货或积压。

三、对采购人员的基本要求

配件采购业务进行得好坏，会直接影响企业的整个经营活动和各项经济指标的完成。而采购人员的素质、业务能力和责任感则是搞好采购的关键环节。

1. 采购员的岗位职责

1）负责编制购货计划。

2）负责按车型、品种的需求量计划，积极组织订购优质、价格适宜的产品，保证销售需要。

3）负责组织开展商品的代销、试销业务，开拓新产品市场。

4）负责改善库存结构，积极处理库存超储积压商品。

5）负责开展工贸联营、联销工作。

6）负责日常急需商品的催调合同或组织临时购货，满足市场需求，并根据市场变化及库存结构情况，对订货合同进行调整。

7）认真搞好资金定额管理，在保证购货需要的前提下，最大限度地压缩资金占用，加速资金周转。

8）认真执行费用开支规定，在保证工作需要的前提下，努力节省购货费用。购货时，不仅要考虑适销对路，还要考虑运输路线、运费价格等。

9）经常主动地深入营业门市部和仓库了解产品质量状况，经常走访客户了解市场需求。

10）认真执行工商、税务、物价、计量等方面的法令、法规，遵守企业规章制度。

2. 采购员的素质要求

1）要有一定的政策、法律知识水平和政治觉悟。采购员不仅要熟知国家、本地区的有关政策和法令、法规，而且更要知道本企业、本部门的各项规章制度，使采购工作在国家政策允许的范围内进行。采购人员要按规定购货，不进人情货，更不能在采购中为谋取回扣、礼物等私利，而购进质次价高的商品。

2）要具备必要的专业知识。采购员不仅要熟知所经营商品的标准名称、规格、型号、性能、商标、包装等知识，还要懂得商品的结构、使用原理、安装部位、使用寿命及通用互换性等知识，以便使购货准确无误。采购员不仅需要精通购货业务的各个环节，还要知道商品在进、销、存以及运输、检验、入库保管等各业务环节的过程以及相互间的关系。

3）要善于进行市场调查和分类整理有关资料。采购员正确的预见性来源于对市场的调查和预测。调查的内容主要包括：本地区车型、车数；道路情况；各种车辆零部件的消耗情况；主要用户购货渠道和对配件的需求情况；竞争对手的购货及销售情况等。另外，采购员还要十分了解配件生产厂家的产品质量、价格和促销策略等。要定期对上述资料进行分类、整理，为正确进行市场预测、科学采购提供依据。

4）要有对市场进行正确预测的能力。汽车配件及配件市场的发展受国民经济诸多因素的影响，如工、农业生产发展速度，交通运输，固定资产投资规模，基本建设投资规模等，此外还会随宏观经济发展形势的波动而波动。这个季度、上半年、今年畅销的商品，到下个季度、下半年、明年可能就变成了滞销商品。但是，除了偶然因素外，这种变化一般是有规律可循的，是可以预测的。这就要求采购员根据收集来的各种信息和资料及市场调查得到的材料进行分析研究，按照科学的方法预测出一定时期内当地汽车配件市场形势，从而提高采购的准确性，减少盲目性。

5）能编好采购计划。采购员要根据自己掌握的资料，编好采购计划，包括年度、季度或月采购计划，以及补充采购计划和临时要货计划等。

6）能根据市场情况，及时修订订货合同。尽管采购员根据自己已有的信息资料对市场进行了预测，编制了比较合适的采购计划，但在商品流通中，常常会遇到难以预料的情况，这就要求采购员能根据变化了的情况，及时修订订货合同，争取减少长线、增加短线商品。当然，在修订合同时，必须按照合同法办事，以取得对方的理解和支持。

7）要有一定的社交能力和择优能力。采购员的工作本身就决定他要同许多企业及各种人员打交道，这就要求其具有一定的社会交际能力，要学会在各种场合、各种不同情况下，协调好各方面的关系，签订好自己所需要的商品合同，注销暂不需要的商品合同或修改某些合同条款，要尽最大努力争取供货方在价格、付款方式、运费等方面的优惠。

此外，全国汽车配件生产企业多、产品品种繁杂。要选择好自己采购计划中所需要的产品，就必须依靠自己的择优能力购货，对购货厂家的产品质量和标识要十分了解，要选择名牌、优质价宜的产品。

8）要善于动脑筋、有吃苦耐劳的精神。采购员不仅要善于动脑筋，摸清生产和销售市场的商情，而且要随时根据市场销售情况，组织货源，在竞争中要以快取胜。采购员常年处于紧张工作状态，为使企业获得最好的经济效益而奔波，需要有吃苦耐劳的精神。

知识拓展

全国汽车配件交易会的发展史

"全国汽车配件交易会"简称全国汽配会，是中国汽车配件行业传统的行业盛会。它起源于1965年，至今已成功举办了七十多届，经历了"全国汽车配件平衡调度会""全国汽车配件排产订货会"到"全国汽车配件交易会"三个阶段的演变，历时五十年。汽车配件交易会曾在国内不同的城市成功举办，对中国汽车后市场的大力发展起着积极的推动作用。

在社会主义计划经济时期，"全国汽车配件平衡调度会"或"全国汽车配件排产订货会"在分配汽车配件的产销计划、调剂企业库存物资等方面起到了重要的作用。由此,作为全国汽车配件交易会的主办单位——中国汽车工业配件销售公司奠定了其在中国汽车配件行业内坚实的管理基础和领袖地位。

随着改革开放的深入和市场经济的不断发展,"全国汽车配件交易会"由传统意义上的分配指令性计划的单一的会议,发展到集整车、汽车零配件、汽车电器用品、汽保设备、汽车装饰、养护用品为主要参展内容的汽车后市场的专业展会。全国汽车配件交易会的主办单位中国汽车工业配件销售公司不断提高办会水平和服务质量,积极引导参展厂商从单纯的参加产品订货转变为以推销企业产品、展示企业形象、张扬企业品牌、开展国际贸易、进行技术交流等多种形式参展,同时积极扩大国际参展商和采购商的组织,使全国汽车配件交易会的内容不断充实、不断更新。目前,全国汽车配件交易会的规模达到 10 万 m^2 以上,其中室内面积为 6 万 m^2 以上,参展企业近2000家,参会人数 10 万人次之多。一年两度的"全国汽车配件交易会"不仅是企业展示风采的盛会,也是老朋友相聚、新朋友相识的绝佳平台,更是汽车配件行业的传统节日。

"全国汽车配件交易会"汇集了全国大部分主流汽车配件生产企业与流通企业,在交易会上可进行"产销对接"或"供需配对"的双方贸易洽谈、发布新产品、新技术推广与交流、举办高峰论坛等,它是具有极强专业性和很大规模的全国汽车配件行业的品牌交易会。"全国汽车配件交易会"对加强全行业相互间的联系、各省市或地区间的经济技术交流,促进中国汽车产业的发展、积极推动汽车后市场的繁荣起到了巨大的作用。

 **第二节 采购计划与采购合同**

一、拟订采购计划

采购计划是采购人员在汽车配件采购之前预先拟订的具体采购内容和步骤,**一般包括:欲采购的汽车配件的品种、品牌、规格、型号、数量、质量、价格等**,采购方式和采购时间,拟选择的供应商及其供货形式等。采购计划是否合适,对资金周转和经济效益起着关键的作用。采购计划做得好,不仅可以加快资金周转,提高经济效益,而且可以减少库存的积压。在编制采购计划时,通常注意考虑以下因素:

1)对本地区汽车配件市场形势的预测结果。
2)本单位销售计划,库存量,在途或已签订过合同的货源情况。
3)用户购买意向。
4)本地区、本企业上一年度同期的销售业绩。
5)前期销售情况的统计。
6)企业流动资金状况等。

采购员在制订购货计划时,汽车配件类别必须划分详细,要有详细的品种、购货数量,购货时间要均衡,使配件供应既及时,又不积压或中断,做到合理地占用资金。

二、订立采购合同

订立采购合同有口头和书面两种。口头合同是当事人双方通过口头或者电话等方式而确定的相互权利义务关系的协议。口头合同由于缺少文字依据，一旦发生纠纷，容易出现口说无凭、举证困难的不利后果，因此，它只适用于非计划性、能及时结清的简单经营业务。对于金额较大、履行期限长、不能及时结清的交易，应采取书面合同的形式。

1. 订立合同应遵循的原则

合同是当事人双方真实意愿的体现，签订合同时，必须符合国家法律、法令、政策的规定，否则，即使合同双方自愿，在法律上不能认为合法有效；合同双方的法律行为，不是单方的行为，任何一方不得享有特权，必须贯彻"平等互利、协商一致、等价有偿、诚实守信"的原则。

2. 采购合同的关键条款

合同是约束双方权利与义务的法律文书，为避免在执行合同时出现争议，在采购合同中必须写明一些关键性的条款。

（1）**标的**　标的是合同中权利与义务关系所指的对象，在汽车配件采购合同中，主要是指汽车配件的品种、品牌、规格、型号。在履行合同时，合同中规定的是什么样的零部件，义务人就应当交付什么样的零部件，不能用其他的零部件代替。如有一方违约，违约方在交付违约金和赔偿金以后，如果受害方要求违约方继续履行合同，违约方也有能力履行时，应该按合同规定继续履行。

（2）**质量**　由于产品质量问题往往引起合同纠纷，所以此条款至关重要。合同法规定的产品质量标准有国家标准或行业标准的，需按国家标准或行业标准执行；如无此两项标准的按主管部门制定的标准执行。当事人有特殊要求的，可依据协商标准执行。至于协商标准，必须另附协议书或提交样品。国际贸易中对产品质量有这样的规定，即货物样品可作为质量的标准，需按照封存的样品或按样品详细记录下来的标准验收。

（3）**数量**　数量必须明确、具体。例如，计量单位要明确，一般应为国家现行的计量单位，没有规定的可按惯例。在合同中规定的零部件数量是多少，义务人就应该履行多少。

（4）**包装**　包装的主要作用是保护产品在运输和储存中保持完好，并起着美化产品和防锈、防腐蚀的作用。由于包装不善所造成的损失往往是很大的，除了直接损失外，还会导致产品失去市场竞争力。因此，对包装方面的规定，在合同中要明确具体地提出来。

（5）**价格**　产品的价格是指双方议定的汽车配件单件（或单位）价格。合同中对价格是如何规定的，义务人就应按合同履行。一般情况下，逾期交货的，遇到价格上涨时应按原价执行；遇到价格下降时按新价执行。执行浮动价、议价的按合同规定的价格执行。

（6）**履行的期限**　合同必须有履行的期限，这对安排生产和销售都是十分重要的。违约误期必然会导致货不应时，尤其是对于那些季节性很强的商品来说尤为重要。签订期货合同时，本行业有规定的按规定约定，无规定的必须注明分季或分月履行的批量，切勿签订无履行期限的合同。交（提）货期限是指交（提）货的时间界限，任何一方要求提前或延迟交（提）货时间，都应事先达成变更履行期限协议，然后按新协议履行。

（7）履行的地点和交货方式 这实际上是产品由生产者（或一方）向消费者（或另一方）转移的过程中双方的权利义务，它的选择前提是迅速和廉价。至于交货地点，它主要表示负担的分界线。义务人应按合同中规定的地点履行，如果需要变更履行地点的，应及时通知对方，不经对方同意，不得擅自更改履行地点。如果因为不可抗力或其他原因不能在约定地点履行，可在距约定地点较近的地方履行，但也要及时通知对方。

（8）费用负担的分摊 这是签订购销合同时容易被忽视的一点。商品从生产者（一方）向消费者（另一方）的实体转移中，所支付的费用可分为两部分：一是包装费用，这项费用许多行业都有明确规定，即产品的包装费包含在产品成本内，不再向需方加收包装费。但包装是有标准的，如需方超标准要求，就产生了费用分摊问题，双方必须协商签约，明确各自分担的份额。二是运杂费，这是由交货地点所决定的，合同中应规定交货地点，此前费用由双方负担，此后费用由需方负担。交货地点有的选择在发货车站（码头），有的选择在收货车站（码头），签约时要明确规定，不要将收、发站混为一谈，否则会造成费用负担上的纠纷。

（9）结算方式 结算是经济合同履行的最后阶段。购销合同用货币履行义务时，应按合同中规定的结算方式和中国人民银行规定的结算办法进行结算，可以通过银行转账结算，异地的可采取托收承付，同一城市可采取转账支票或付款委托书、现金结清货款。当事人双方应按合同规定的开户银行、账户名称和账号进行结算。接受方不仅应该按照合同约定及时办理结算，而且还应该知道什么情况下享有拒付、少付或延付全部或部分货款或酬金的权利。拒付全部或部分货款或酬金的条件如下：

1）已经付清而重复托收的货款。
2）供方托收的货款，不是合同中所订购的货物。
3）价格高于合同中规定的部分。
4）质量高于合同中规定而又未经需方同意所提价的那部分货款。
5）未经双方同意，发货量超过合同中规定部分的货款。
6）未经双方同意，提前交货部分的货款。
7）托收金额计算错误而多计算部分的货款。
8）经检查，货物与发货单不符部分的货款。

接受方对于拒付货款的产品，必须负责接收，妥善保管，不得动用。如发现动用，应由银行代供货方扣收货款，并按逾期付款处理。

（10）违约责任 这是对不按合同履行义务的制裁条款。这一点只要在合同中写出，就获得了法律保证，合同当事人双方都有对等的责任，如规定一定比例的违约金或规定一定数量的赔偿金等。

（11）合同担保 合同担保是当事人双方为了确保合同的切实履行，经共同协商采取具有法律效力的保证措施。合同当事人一方要求保证的，可由保证单位保证。保证单位是保证当事人一方履行合同的关系人，当被保证当事人一方不履行合同时，由保证人或保证单位履行或者承担赔偿损失责任。保证形式有：

1）罚款违约金。罚款违约金是使用最为广泛的一种形式，合同中要有明确的规定。
2）定金。当事人一方向对方给付定金。合同履行后，定金应当收回或抵作价款。给

付定金的一方若不履行合同，则无权请求返还定金；接受定金的一方若不履行合同，则应双倍返还定金。定金在国际贸易中普遍采用。

3）留置权。留置权是当事人一方向对已占有的对方财产，由于对方不履行合同而采取的留置措施。如在仓库保管合同中，存货方不按时交纳保管费，保管方有权留置所保管的货物，这就是留置权。

4）抵押。抵押是当事人一方或第三人为履行合同向对方提交的财产保证。负有义务的一方不履行合同时，抵押权人在法律允许的范围内，可以在变卖抵押物的价款中先得到清偿。如果清偿不足，还有权请求给付不足部分。但是，法律、法令禁止流通或禁止强制执行的财产，不能作为抵押品。抵押在国际贸易中也普遍采用。

（12）**合同的变更与解除** 合同依法成立，即具有法律约束力，任何一方不得擅自变更与解除。但在一定条件下，当事人在订立合同后，可通过协商或自然地变更或解除合同，具体有以下三个条件，在合同中必须明确写上。

1）当事人双方经协商同意变更或解除合同，但并不因此损害国家利益，也不损害社会公共利益。

2）由于不可抗力，致使合同的全部义务不能履行。

3）由于另一方在合同约定期限内没有履行合同。

（13）**未尽事宜** 未尽事宜包括双方签约时没有写明，但在合同履行中产生了问题，为了弥补且不致引起纠纷特别列出的条款，一般采取协商解决。

此外，合同的文本一般分为正本和副本，通常正本由当事人收存，副本也归当事人备用，在发生纠纷申请仲裁或提起诉讼时，作为原始凭证使用。

3. 处理经济合同的争议与纠纷

解决和处理经济合同中的纠纷是很重要的。一般处理纠纷的方法有协商、调解、仲裁或诉讼。

（1）**协商** 合同纠纷的协商是指当事人在履行合同中，对所产生的合同纠纷，互相主动接触、商量，取得一致意见，从而解决合同纠纷的一种方法。

（2）**调解** 合同纠纷的调解是指在第三者参与的条件下，由第三者查明真相，分清责任，通过说服，促使双方互相谅解，从而依法解决合同纠纷的一种方法。在调解成立，双方达成协议后，应写出书面调解书，作为纠纷解决依据，调解书经当事人双方和调解人签章后生效。

（3）**仲裁** 合同纠纷的仲裁是指合同当事人之间发生争议，经双方协商不成，而调解又达不成协议时，根据合同当事人一方申请，由合同仲裁机关依法做出裁决。

合同仲裁机关是国家工商行政管理局和地方各级工商行政管理局设立的经济合同仲裁委员会。

仲裁一般经过4个程序，即申请受理、查明事实真相、先行调解、案件仲裁。仲裁决定书是由仲裁庭经评议后做出的裁决。当事人一方或双方对仲裁不服的，在收到仲裁决定书之日起15天内，可以向人民法院起诉。当事人在规定期限内起诉后，仲裁决定书就不发生法律效力；期满未起诉的，仲裁决定书即发生法律效力。

合同双方对已发生法律效力的仲裁决定，应在规定的期限内自动履行。一方逾期不履行时，另一方可向有管辖权的人民法院申请强制执行，人民法院在了解案情之后，不必做实质调查，即可签发协助执行通知书。有关银行或信用社收到法院协助通知书后，即从当事人账户中强制划拨需要支付的款项。

（4）诉讼 当协商不成、调解无效、对仲裁不服时，可向人民法院起诉，通过审理判决解决。

当事人任意方或双方不服法院的一审判决时，可以在收到判决书的第二日起 15 日内向上一级法院提起上诉。超过上诉期限的，即认为判决书已发生法律效力，不予受理。

第三节 汽车配件购货渠道与货源鉴别

一、汽车配件的购货渠道

汽车配件销售行业的购货除一些小公司外，大多都从汽车配件生产厂家购货，在购货渠道的选择上，应立足于以优质名牌配件为主的购货渠道，但为适应不同层次的消费者的需求，也可进一些非名牌厂家的产品，可按 A、B、C 顺序选择。

A 类厂是全国有名的主机配套厂，这些厂知名度高，产品质量优，多是名牌产品。这类厂应是购货的重点渠道。其合同签订形式，可采取先订全年需求量的意向协议，以便于厂家安排生产，具体按每季度、每月签订供需合同，双方严格执行。

B 类厂虽生产规模知名度不如 A 类厂，但配件质量还是有保证的，配件价格也比较适中。订货方法与 A 类厂不同，可以只签订短期供需合同。

C 类厂是一般生产厂，配件质量尚可，价格较前两类厂低。这类厂的配件可作为购货中的补缺。订货方式也与 A、B 类厂有别，可以通过电话、传真要货，如签订供需合同的话，合同期应短。

但必须注意，绝对不能向那些没有进行工商注册、生产"三无"及假冒伪劣产品的厂家订货和采购。

二、汽车配件的货源鉴别

汽车配件质量的优劣，关系到销售企业的经营大计。但汽车配件产品涉及范围广泛，要对全部零配件做出正确和科学的质量结论，其所需的全部测试手段是中、小型汽配销售企业难以办到的，然而这些企业又不能因此不进行这项工作。故应根据企业的实际情况，添置必备的技术资料和通用检测仪具，如自己所经营的主要车型的主机厂的图样或汽车配件目录，各类汽车配件技术标准等，这些资料都是检验工作的依据。此外，购置通用量具，如游标卡尺、千分尺、百分表、千分表、量块、V 形架、平板、表面粗糙度比较样块、硬度计等，以便具有一般通用检测能力。

1. 感官鉴别法

感官鉴别法是一种比较简便的鉴别方法，但是要求鉴别人员具有较丰富的经验，鉴别的可靠性与鉴别人员的知识、经验以及责任心有较密切的关系。

感官鉴别法主要是目测。一般的汽车配件销售企业没有完备的检测手段，但根据经验用目测比较的方法也能识别配件优劣。

1）**看表面质量**。产品表面质量是评定产品优劣的第一印象。质量低劣的产品，其表面质量往往较差。目测方法主要是看商品后道工艺的表面处理。所谓表面处理，即电镀工艺、油漆工艺、高频热处理、包装工艺等。一些小工厂和手工作坊，制造假冒伪劣产品较多，而它们都有一个共同特点，就是"打一枪换一个地方"的短期行为，很少在产品的后道工艺上投入技术、资金。因为表面处理涉及很多现代科学技术。国际上和国内的名牌大厂在利用先进工艺上投入大量资金，特别是对后道工艺更为重视，投入资金比重较大。一般的项目资金少则几百万元，多则上千万元。那些小厂、小作坊没有这样的远见，也没有这样的资金支付能力。

关于汽车配件油漆工艺。现在多采用电熔浸漆、静电喷漆，有的还采用真空手段和高等级静电漆房喷漆。采用先进工艺生产出的零部件表面，与采用陈旧落后工艺生产出的零部件表面有很大差异，目测时可以看出，前者表面细腻、有光泽、色质鲜明，而后者则色泽暗淡、无光亮，表面有气泡和"滴流"现象，用手抚摸有砂粒感觉，相比之下，真假非常分明。

关于镀锌技术和电镀工艺。汽车配件的表面处理中，镀锌工艺所占的比重较大。一般零件如铸铁件和可锻铸铁件、铸钢件、冷热板材冲压件，大都在表面采用镀锌处理。产品不过关的镀锌层，表面往往是白一块、红一块、黄一块地交错混合在一起，均匀性很差。镀锌工艺技术过关的，则是全部表面都有镀锌层，均匀的金属光泽。各批量之间一致性较好，有持续稳定性。

关于电镀的其他方面，如镀黑、镶黄等，大工厂在镀前的除锈处理比较严格、彻底，不会有泛底现象。镀钼、镀铬、镀镍可看其镀层、镀量和镀面是否均匀，以此来分辨真伪优劣。

关于电焊工艺。在汽车配件中，减振器、钢圈、前后桥、大梁、车身等均有电焊焊接工序。大汽车厂的专业化程度很高的配套厂，它们的电焊工艺技术大都采用自动化焊接，能定量、定温、定速，有的还使用低温焊接法等先进工艺。产品焊缝整齐、厚度均匀，表面无波纹形、直线性好，即使是定位焊，焊点、焊距也很规则，对此再好的手工操作也无法做到。

关于表面热处理工艺。一般工厂要配备高频感应淬火成套设备，其中包括硬度、金相分析测试仪器、仪表的配套等。它的难度高，投入资金多，还要具备供、输、变电设备条件（电源为 3 万 V 以上），小工厂、手工作坊是无法办到的。

汽车配件产品经过精加工以后，才进行高频感应淬火处理，因此淬火后各种颜色都会原封不动地留在产品上。如汽车万向节内、外球笼经淬火后，就会有明显的黑色、青色、黄色和白色，白色面是受摩擦面，因此也是硬度最高的面。在目测时，凡是全黑色和无色的，肯定不是经过高频感应淬火处理的。

关于橡胶制品。汽车上使用的橡胶件，均有特殊的要求，如具有耐高温、耐油、耐压、复原性好等特点。橡胶件使用的原料是一种 $Cl + C_nH_{2n}$ 氨醇的配方，它的原料成本比一般橡胶原料高出许多，而且这种氨酸在制造橡胶配件时，对模具具有强烈的腐蚀作用，模具损耗很大。在鉴别橡胶件的质量优劣时，与鉴别机械金属配件不同的是，橡胶件表面乌黑光亮的不一定是好产品。因此采购员要了解生产厂家的生产过程，并在实际应用中观察辨别。

关于汽车配件非使用面的表面伤痕问题。从对汽车配件非使用表面伤痕的分析，可以分辨出正规生产厂产品和非正规生产厂产品,管理现代化的企业与生产混乱企业间的区别。表面伤痕若是在中间工艺环节上,则是由于产品工艺过程中互相碰撞留下的。优质的产品是靠先进的科学管理,特别是先进的工艺技术制造出来的。生产一个零件要经过几十道工序甚至上百道工序,而每道工序都要配备工艺装备,其中包括工序运输设备和工序安放的工位器具。高质量的产品是由很高的工艺装备系数作保障的,所以正规工厂的产品是不可能在中间工艺过程中互相碰撞的。以此推断,凡在产品非接触面留下伤痕的产品,肯定是小厂、小作坊生产的劣质产品。

2)**看表面包装和表面商标**。汽车零配件是互换性很强、精度很高的产品,为了能较长时间存放、不变质、不锈蚀,需在产品出厂前用低度酸性油脂涂抹。正规的生产厂家,对包装纸盒的要求十分严格,要求其无酸性物质,不产生化学反应。有的采用硬质透明塑料抽真空包装,考究的包装能提高产品的附加值和身价。箱、盒大都采用防伪标记,常用的有激光、条码、暗印等,在采购配件商品时,这些很重要。要认真查看其商标、厂名、厂址、等级和防伪标记是否真实。因为对有短期行为的仿冒制假者来说,防伪标志的制作也不是一件容易的事,需要一笔不小的支出。另外,**在商标制作上,正规的厂商在零配件表面有硬印和化学印记,注明零件编号、型号、出厂日期,一般采用自动打印,字母排列整齐、字迹清楚**,小厂、小作坊一般是做不到的。

3)**查看文件资料**。首先要查看汽车配件的产品说明书,产品说明书是生产厂进一步向用户宣传产品,为用户做某些提示,帮助用户正确使用产品的资料,通过产品说明书可增强用户对产品的信任感。一般来讲,每个配件都应配备一份产品说明书(有的厂家配有用户须知),但有些厂家也会几个配件配备一份产品说明书。如果交易量相当大,还必须查询技术鉴定资料,进口配件还要查看海关进口报关资料。国家规定,进口商品应具有中文说明,一些假冒进口配件一般没有中文说明,且包装上的外文,有的文法不通,甚至写错单词,一看便能分辨真伪。

4)**看规格型号是否与订货要求相符**。大多数汽车配件都有规定的型号和技术参数。凡主机厂的配套产品,为了满足主机厂设计要求,零部件为适用不同机型(如基本型及变型产品)多进行改进,既保留了基本车型的优点,又适应不同车辆的动力性和经济性。因此在订购配件时,一定要熟悉整车与配件的型号。在计划经济年代,由于汽车配件车型种类较少,因此不容易搞错,而现在不同,比如 BN492QB 发动机,就有分别配装在北京吉普车、中巴车、铲车或北京轻型货车上的不同型号。又如东风朝阳柴油机公司生产的 CY4102BQ 柴油发动机,配装郑州轻型 EQ1060 货车上的是 CY4102BQ—1B 型发动机,配装东风汽车配件公司 EQ1061 货车上的是 CY4102BQ—11 型发动机。所以要根据车辆的具体型号准确地订购零配件。

2. 工具与仪器鉴别法

1)通过专用工具测量产品的尺寸,看其是否符合要求。有些厂商还专门为客户提供了测量工具以防假冒。

2)对产品进行性能试验。有些零件无法通过外观检测辨别真伪,还需用专用仪器进行检测。如喷油器、柱塞要在试验台上进行性能试验,检测其喷油压力、喷油量、喷油角度等。

3)对产品进行理化性能试验。这种情况一般是在对产品内在质量产生怀疑或使用中出现问题时,为向厂家寻求索赔时才使用的方法。

3. 简单技术手段鉴别法

(1) 经验法

1)看表面硬度是否达标。各配合件表面硬度都有规定的要求,在征得厂家同意后,可用钢锯条的断茬去试划,划时打滑无划痕的,说明硬度高;划后稍有浅痕的则硬度较高;划后有明显痕迹的,说明硬度低(注意试划时不要损伤工作面)。

2)看结合部位是否平整。零部件在搬运、存放过程中,由于振动、磕碰,常会在结合部位产生飞边压痕、破损等,影响零部件的使用,选购和检验时要特别注意。

3)看几何尺寸有无变形。有些零件因制造、运输、存放不当,易产生变形。检查时,可将轴类零件沿玻璃板滚动一圈,看零件与玻璃板贴合处有无漏光,以此来判断是否变形;选购离合器从动盘钢片或摩擦片时,可将钢片、摩擦片放在眼前观察其是否翘曲;在选购油封时,带骨架的油封端面应呈正圆形,能与平板玻璃贴合无挠曲。无骨架油封外缘应端正,用手握使其变形,松手后应能恢复原状。在选购各类衬垫时,也应注意检查其几何尺寸及形状。

4)看总成部件有无缺件。正规的总成部件必须齐全完好,才能保证顺利装配和正常运行。一些总成件上的个别小零件若后装,将使总成部件无法工作,甚至报废。

5)看转动部件是否灵活。检验机油泵等转动部件总成时,用手转动泵轴,应能感到灵活、无卡滞。检验滚动轴承时,一手支撑轴承内环,另一手打转外环,外环应能快速自如转动,然后逐渐停转。若转动部件转动不灵,则说明内部锈蚀或产生变形。

6)看装配记号是否清晰。为保证配合件的装配关系符合技术要求,在一些零件上,如正时齿轮表面,一般会刻有装配记号。若无记号或记号模糊无法辨认,将给装配带来很大困难,甚至装错。

7)看胶接零件有无松动。由两个或两个以上零件组合而成的配件,零件之间是通过压装、胶接或焊接的,它们之间不允许有松动现象,如油泵柱塞与调节阀是通过压装组合的;离合器从动摩擦片与钢片是铆接或胶接的;纸质滤清器滤芯骨架与滤纸是胶接而成的;电气设备的插头是焊接而成的。检验时,若发现松动,应予以调换。

8)看配合表面有无磨损。若配合零件表面有磨损痕迹,或涂漆配件在拆开后发现表面油漆有旧漆,则多为废旧件翻新。当表面磨损、烧蚀、橡胶零件材料变质时,在目测看不清的情况下,可借助放大镜观察。

(2) 敲击法 判定汽车的部分壳体及盘形零件是否有不明显的裂纹,铆钉连接的零件有无松动,轴承合金与钢片的结合情况时,可用手锤轻轻敲击并听其响声,如发出的金属声音清脆,说明零件的状况良好。如果发出的声音沙哑,可以判定零件有裂纹、松动或结合不良。

浸油锤击是一种探测零件隐蔽裂纹最简便的方法。检查时,先将零件浸入煤油或柴油中片刻,取出后将表面擦干,撒上一层白粉(滑石粉或石灰),然后用手锤轻轻敲击零件的非工作面,如果零件有裂纹,通过振动会使浸入裂纹的油液溅出,裂纹处的白粉呈现黄色溅迹,便可看出裂纹所在。

(3) 比较法 用标准零件与被检零件做比较,从对比中鉴别被检零件的技术状况。

4. 价格鉴别法

从产品价格上进行辨别，同样的配件，纯正部件、专业厂件、国产件和仿制品的差别很大。纯正部件的价格最高，专业厂次之，国产件、仿制品价格最低。一般纯正部件的价格可超出仿制件的一两倍，有的甚至更多；国外专业配套厂件比整机厂纯正件略低。定期批量进口的配件执行外商谈判的协议价，平时零星采购的配件则执行外商每年的统一目录价。有时外商还有定期处理配件的优惠价。这些配件的报价（日元或美元）是按照当时的进口汇率计算的，再加上关税、运输费等，然后将其换算成配件单价，这是行业人士共知的常规价。价格低于常规价的配件，即可判断为非纯正件或专业厂件。要注意的是，进口环节中减税和中间经销商加价也会使价格偏离常规格价。

另外，为提高工作效率和达到择优购货的目的，可以把产品分成以下几种类型检验。

1）对全国名牌和质量信得过的产品基本免检。但名牌也不是终身制，有时也会被仿冒，所以应对这些厂家的产品十分了解，并定期进行抽检。

2）对多年多批购货后，并经使用未发现质量问题的产品，可采用抽检几项关键项目，以检查其质量稳定性。

3）对以前未经营过的配件，采用按标准规定的抽检数，在技术项目上尽可能做到全检，以求对其产品质量得出一个全面结论，作为今后购货的参考。

4）对以前用户批量退货或少量、个别换货的产品，应采取尽可能全检并对不合格部位重点检验的办法。对再次发现问题的，不但要拒付货款，还应注销合同，不再购货。

5）一些小厂的产品，往往由于其合格率低，而且一旦兑付货款后，很难索赔，因此尽量不进这类产品，如确需购货，在检验时要严格把关。

由于汽车配件销售企业经营的车型较多、品种复杂，例如仅一个东风车型的维修配件品种就不下 2000 种，需测试的技术项目就更加无法统计，所以销售企业的检验人员不同于生产厂单品种的检验人员那样精专，但他们的知识面要宽一些，要熟悉汽车配件结构及一段制造工艺和材质等知识，能正确运用检验标准，凭多年积累的经验鉴别汽车配件质量。

6）对进口汽车配件的鉴别。进口汽车配件可从多方面进行鉴别，主要从包装、内在质量、产品价格和购货渠道来鉴别。

① 根据包装进行识别，是检验进口配件真伪的重要程序。纯正部件及国外专业配套厂配件的包装制作精美，色彩、花纹、样式都有一定的规则，一般是很难仿制的。仿制的包装制作比较粗糙，较容易辨别。但有些仿制者依靠现代先进的印刷技术，将零件包装制作得很逼真，如不仔细辨认，也很难区别。进口汽车配件一般都有外包装和内包装，外包装有包装箱、包装盒；内包装一般是带标识的包装纸和塑料袋或纸袋。纯正进口配件外包装箱（盒）上都贴有厂家统一、印刷清晰、纸质优良，并印有 GENUINE PARTS（纯正部件）的标记。鉴别外包装时，首先看包装箱与原进口的质地是否一样，应着重查看包装箱上的纯正部件标签，纯正部件的标签上是否印有"GENUINE PARTS"、零件编号，这些标识应均为英文，且印刷清晰、色彩一致，并标有零件编号、名称、数量、整机生产厂的标记和国家。而仿制的标签则印刷不精细，色彩不是轻就是重，很难与纯正件包装一致，使用计算机打印的零件编号及生产厂商标记的色彩非轻即重，仔细辨认，就能区分真伪。从包装箱（盒）来看，进口的包装箱（盒）质地紧挺，图案清晰，包装

盒上一般都印有生产厂和纯正部件标记，如小松公司在整个包装盒上都印有小松（KOMATSU）和纯正部件（GENUINE PARTS），三菱公司在整个包装盒上都印有三菱（MITSUBISHI）和纯正部件（GENUINE PARTS），而仿制的包装上虽然也印有这些标识，但色彩不正，图案不清晰。有的国外公司为防止伪造，在其包装标签上设有防伪标记，可在鉴别时加以注意。内包装一般多为包装纸、纸袋或塑料袋，包装上印有纯正部件和公司标记。包装纸的花纹、色彩和图案，仿制品很难与其相同。

鉴别进口配件包装时还应注意，工程机械及汽车配件制造厂都有自己的专业配套厂零部件供应商。在进口厂家配件时，包装盒上既有整机厂标记，也有配套厂的标记。如三菱重工，其活塞环由日本理研公司（RIKEN CORPORATION）配套，外包装箱印制的是RIK标记。但内部单个活塞环的盒却是三菱标记的花盒包装，其标记为MITSUBISHI。活塞环说明书既标明有三菱自动车工业株式会社，也注有理研股份公司，故而不要误以为内外不一致就不是纯正部件了。

② 从产品质量来鉴别。从产品质量辨别汽车配件，是识别纯正部件真伪的最关键的环节。受利益驱动，有经销商将进口的纯正零件组装成整机后，再用纯正部件的包装装上非纯正件向市场销售。故必须对产品的内在质量进行检验，才能确认进口配件的真伪。对产品质量的鉴别主要进行以下观察、检查和试验。

a. 从外观上进行检查。看其产品外表的加工是否精细，颜色是否正常。如果有纯正部件的样品，可进行对照检查，一般仿制品表面都比较粗糙，产品颜色也不正。

b. 检查产品上的标识。纯正进口零件上都打印有品牌标记、零件编号和特定代码等。有些产品上还铭刻有制造厂及生产国。如日本三菱柴油发动机的活塞，在其顶部刻有零件编号、分组号标记A、B、C和UP↑方向标记；活塞裙部内侧铸有机型和三菱标识，并有配套厂的IZUMI标识，铸字清楚，容易辨认。仿制品不是漏铸就是字迹模糊不清，很难达到正品的效果。例如，检查活塞的标识。活塞上均有品名、零件编号、生产厂等标记。以日本三菱柴油发动机为例，活塞裙部内侧铸有机型：8DC8、8DC9、6D22等，在机型上面的铸有"三菱"标记；在活塞裙部的另一侧铸有活塞生产厂标识IZUMI，所铸标识为凸出状，工整精确，容易辨认。活塞顶端刻有零件编号，如三菱ME×××××，根据外径的尺寸不同，刻有分组号（A、B或C），标准活塞刻有STD字样，加大活塞刻有0.25、0.50、0.75或1.00数字；活塞顶部还刻有安装方向的标记UP↑，活塞顶部所有的刻印标记都很清晰、规则。

c. 检查表面粗糙度。纯正活塞的加工工艺精细，无任何疵点，而仿制活塞却加工粗糙。从活塞裙部表面和活塞孔部分较易区分出活塞加工工艺的好坏。

有的进口活塞其第一道活塞环槽上镶有耐蚀的高镍铸铁，如三菱8DC系列发动机的活塞。这也是识别活塞是否为纯正件的一个标准。

d. 尺寸测量。对于尺寸要求比较严格的零件，测量其尺寸是否符合要求，也是一种较简单的检查方法。例如，活塞的顶部为正圆形，直径最小，从第一道压缩环槽以下开始呈椭圆形，椭圆形逐渐加大至油环槽处为最大，从油环槽向下又逐渐减小，至裙部下方处则略呈椭圆形，活塞裙部的中间部位的直径为最大。如不符合上述标准，则不是纯正品。虽每种型号的活塞都不一样，但其规律是相同的。

e. 称质量。对于质量有要求的零件，称量其质量是否符合要求，也是一种较为简单的检查方法。例如，对同机型的一组活塞，纯正的活塞其质量应基本一致，且满足质量差要求。有些活塞顶部刻有质量参数，检查时如与同组的几只活塞不符，则不是正品。

f. 分析购货渠道。根据购货渠道进行分析，目前购货渠道较多，一般包括两个方面：一是直接从国外进口，二是从经销商处购买。直接从国外整机厂和零部件配套厂进口的配件，质量都有保障。若是从经销商处购买或从港澳转口进来的配件就要根据上述方法加以鉴别。此外，所有直接从国外进口的机械配件，均有订购合同、提单、运单、装箱单及发票。若从进口公司采购配件，可让其出示上述手续，否则，可判断为非进口正品。

总之，在鉴别汽车配件时，方法是多种多样的，不要使用单一的方法，要根据不同的配件种类采取不同的鉴别方法，并综合运用，这样定能识别配件的真伪。下面以发动机主要零件——活塞的鉴别为例来说明鉴别汽车配件零件的过程。

进口活塞品种较多，不同的发动机所配装的活塞型号也不同，而我国以日本进口的居多。就工程机械和重型汽车配件而言，主要厂家有日本自动工业公司，品名为 **IZUMI**；川合精密公司，品名为 **KSK**；富士樱兴产业公司，品名为 **SAKURA**。其中 **IZUMI** 品牌的活塞在我国进口的工程机械及重型汽车配件中使用最多。在鉴别进口活塞时可按上述方法 a～f 进行判别，特别要注意 b～e 的应用，比较有效。

第四节　汽车配件订购

一、购货方式的确定

汽车配件销售企业在组织购货时，要根据企业的类型、各类汽车配件的购货渠道以及汽车配件的不同特点，合理安排组织购货。购货一般有以下四种类型。

1. 集中购货

企业设置专门机构或专门采购人员统一购货，然后分配给各销售部（组、分公司）销售。集中购货可以避免人力、物力的分散，还可加大购货量，受到供货方重视，并可根据批量差价，降低购货价格，也可节省其他购货费用。

2. 分散购货

由企业内部的配件销售部（组、分公司）自设购货人员，在核定的资金范围内自行采购。

3. 集中购货与分散购货

集中与分散购货相结合一般是外埠采购及其他非固定购货关系的一次性采购，办法是由各销售部（组、分公司）提出采购计划，由业务部门汇总审核后集中采购。

4. 联购合销

由几个配件零售企业联合派出人员，统一向生产企业或批发企业购货，然后由这些零售企业分销。此类型多适合小型零售企业之间或中型零售企业代小型零售企业联合组织购货。这样能够相互协作，节省人力，凑零为整，拆整分销，并有利于组织运输，降低购货费用。

上述几种购货方式各有所长，企业应根据实际情况扬长避短，选择自己的购货方式。

二、购货量的确定及管理

控制购货量是汽车配件销售企业确定每次购货多大数量为最佳购货量的业务活动，在购货时不能单考虑节约哪一项费用，必须综合分析，以销定进。购货量的控制方法有定性分析法和定量分析法两种，而定量分析法又有经济批量法和费用平衡法两种。

1. 用定性分析法确定购货量

1）摸清市场情况，找出销售规律，确定购货重点。不少汽车配件的需求量是按一定的规律变化的，须在市场调查的基础上，分析实际销售数量和有关因素的影响，从而找出销售规律，以便确定购货重点。其方法是：将历年的月销售量抽样绘制成销售曲线图，如图4-1所示，从曲线图中分析出配件销售的五种现象，即平稳性、趋向性、周期性、季节性和随机性，据此制订相应的购货对策，以期达到准确和及时的估算和预测，防止脱销和超储。例如，对于销售上升的配件，应保证常年销售不断档；对于具有平稳性、周期性、季节性的配件，应根据实际情况，做出购货计划，并注意迎"季"购货，季末销完。对于受随机因素影响的配件，则采取按用户预约登记，及时组织购货的方法。

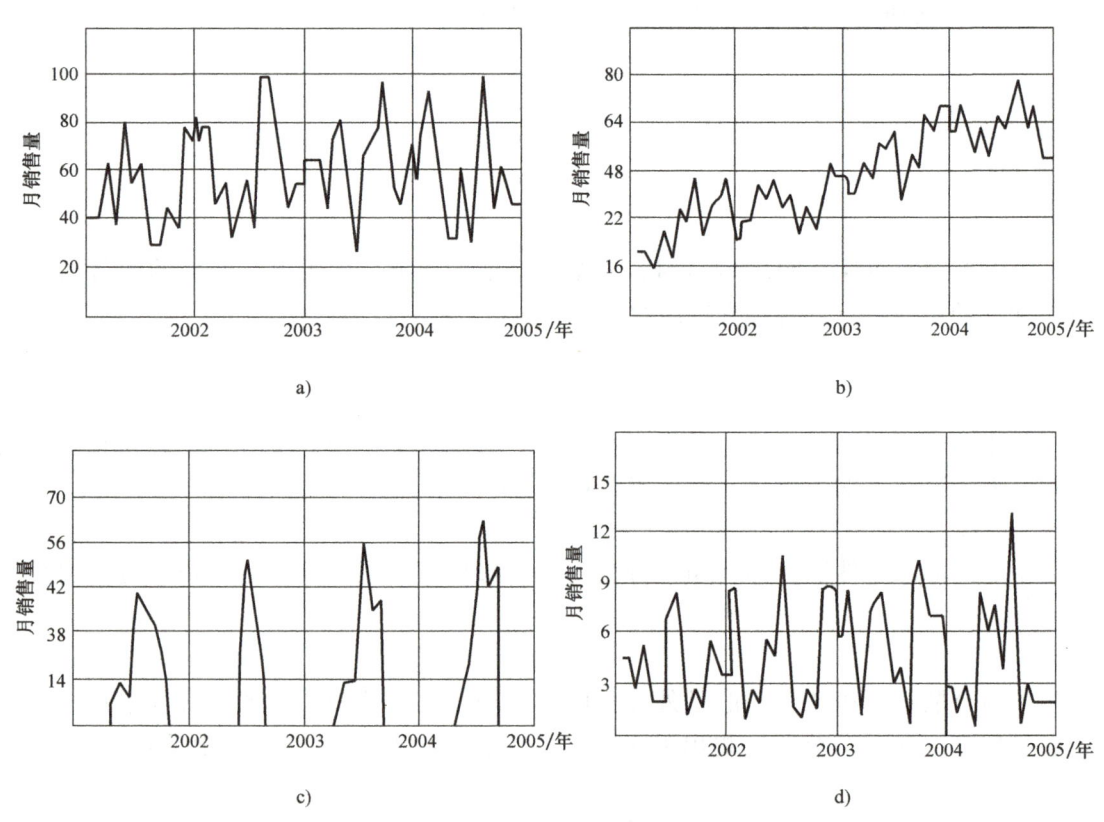

图 4-1 历年月销售量抽样曲线图

a）点火线圈的月销售量　b）气缸套的月销售量　c）汽车配件风扇的月销售量　d）驾驶室的月销售量

2）遵循供求规律，合理确定购货量。对供求平衡、货源正常的配件，应采取勤进快销、多销多进、少销少进的方式，保持正常周转库存。具体计算方法是：根据前期的销售实际情况，预测下期销售数量，加上一定的周转库存，再减去本期末库存预测数量，算出每一个品种的下期购货量。

对于供大于求、销售量又不大的配件，要少进，采取随进随用、随销随进的办法。

对暂时货源不足、供不应求的紧俏配件，要开辟新的货源渠道，挖掘货源潜力，要适当多进，多进多销。

对大宗配件，则应采取分批购货的办法，使购货与销售相适应。

对高档配件，要根据当地销售情况，少量购进，随进随销、随销随进。

对销售面窄，销售量少的配件，可以多进样品，加强宣传促销，严格控制购货量。

3) 按照配件的产销特点，确定购货量。常年生产、季节销售的配件，应掌握销售季节，季前多进，季中少进，季末补进；季节生产、常年销售的配件，要掌握生产季节，按照企业常年销售情况，进全进足，并注意在销售过程中随时补进；新产品和新经营的配件，应根据市场需要少进试销，宣传促销，以销促进，力求打开销路；对于将要淘汰的车型配件，应少量多样，随用随进。

4) 按照供货单位的远近，确定购货量。当地购货，可以分批次购货，每次少进、勤进；外地购货，适销商品多进，适当储备。

要坚持"四为主，一适当"的原则，即以本地区紧缺配件为主，以具有知名度的传统配件为主，以新产品为主，以名牌优质品为主；品种要丰富，数量要适当。

5) 按购货周期确定购货时间。购货周期，就是每批次购货的间隔时间，每批次购货能够保证多长时间的销售，这就是一个周期。购货周期的确定既要保证汽车配件销售的正常需要，又不使汽车配件库存过大，要坚持以用定进、勤进快销的原则。

购货周期的确定，要考虑以下因素：配件销售量的大小、配件种类的多少、距离供货单位的远近、配件运输的难易程度、货源供应是否正常、企业储存保管配件的条件等。确定合理的购货周期，使每次购货数量适当，既可加速资金周转，又能保证销售正常进行。

2. 用定量分析法确定购货量

1) 经济批量法。采购汽车配件既要支付采购费用，又要支付保管费用。每次采购量越少，采购的次数越多，采购费用支出也就越多。反之每次采购量越少，保管费用就越少。由此可以看出，采购批量与采购费用成反比，与保管费用成正比。根据这一原理可以用经济购货批量法来控制购货批量。所谓经济购货批量，是指在一定时期内，购货总量不变的前提下，求得每批次进多少，才能使购货费用与保管费用之和（即总费用）减少到最小限度。

在实际运用中，经济批量法又可细分为列表法、图示法和公式法三种，此处仅介绍列表法。

例 某配件销售公司全年需购进某种配件4000件，每次购货费用为5元，单位配件年平均储存费用为0.5元，求该汽车配件的经济购货量是多少？

用列表法进行计算，表4-1为经济购货量计算表。

表 4-1 经济购货量计算表

年购货次数	每次购货数量/件	平均库存数量/件	购货费用/元	储存费用/元	年总费用/元
(1)	(2)	(3)=(2)÷2	(4)=(1)×5	(5)=(3)×0.5	(6)=(4)+(5)
1	4000	2000	5	1000	1005
2	2000	1000	10	500	510
4	1000	500	20	250	270
5	800	400	25	200	225
8	500	250	40	125	165
10	400	200	50	100	150
16	250	125	80	62.5	142.5
20	200	100	100	50	150
25	160	80	125	40	165
40	100	50	200	25	225

由表 4-1 可以看出，所列 10 种购货批量，以全年购货 16 次（批），每次购货 250 件，全年最低的总费用为 142.5 元，即等分为 16 批购进，则全年需要的该种配件费用较低。

从表 4-1 的数据还可以清楚地看到，当储存费用下降时（因平均库存数量下降而引起），购货费用就会上升（因购货次数增多而引起）。只有当购货费用与储存费用趋于平衡时，才会使总费用降到较低的程度。如果以上两项费用完全相同，则总费用水平可降到最低水平。

2）费用平衡法。以购货费用为依据，将存储费用累积和购货费用比较，当存储费用累积接近但不大于购货费用时，便可确定其经济购货量。

$$存储费用 = 销售量 \times 单价 \times 存储费用率 \times (周期 - 1) \tag{4-1}$$

例 某一品种配件预计第一个到第五个周期的销售量各为 50、60、70、80、70，单价为 12 元，购货费用为 65 元，每周期的存储费用率为 2.5%，求经济购货量 Q。

第一周期：销售量为 50，存储费用为 0，存储费用累积为 0。

第二周期：销售量为 60，存储费用 = 60×12 元×2.5%×1 = 18 元，存储费用累积为 18 元 + 0 = 18 元。

第三周期：销售量为 70，存储费用 = 70×12 元×2.5%×2 = 42 元，存储费用累积为 18 元 + 42 元 = 60 元。

第四周期：销售量为 80，存储费用 = 80×12 元×2.5%×3 = 72 元，存储费用累积为 60 元 + 72 元 = 132 元。

第五周期：销售量为 70，存储费用 = 70×12 元×2.5%×4 = 84 元，存储费用累积为 132 元 + 84 元 = 216 元。

由此可见，第三周期存储费用累积 60 元，最接近并小于购货费用 65 元，所以，可将第一到第三周期销售量之和（50+60+70）作为一次购货批量，那么，本期的经济批量就是 180。

第四章　汽车配件采购

3. 特约维修服务站零部件的配件订购管理

（1）零部件服务的重要性　满足用户的要求，在高质量服务方面不仅是修理技术高超，而且包括服务态度、零部件服务等综合服务的高质量。满足用户要求，达到顾客满意，零部件各项服务是不可忽视的。

没有零部件就无法修理，就会浪费用户的宝贵时间，因此，无论何时何地都应能及时提供零部件。而且必须应用纯正零部件和及时提供可提高车辆附加价值的各种用品来保护用户的利益。

为使用户无忧无虑地长期使用产品，在零部件服务方面应尽早达到同行业中的最高水平，同时发展新的用户，给用户购买第二辆、第三辆汽车配件提供服务，增加用户数量。

零部件服务的好坏直接影响到用户对整车的评价。为提高用户的满意程度，要做到：**在用户需要时将必要的零部件以适宜的价格、可靠的质量提供给用户。**

（2）常用零部件库存的必要性

1）在售后服务方面，让用户放心。如果修理时经常出现没有"用户急需更换"的零部件，无法及时修理，用户会对该特约店有何印象？而如果常用零部件有库存，就能及时为用户做好修理，用户会对该特约店的售后服务感到很放心。

由于第一周期购进配件时，不发生存储费用，所以周期数应减1，见式（4-1）。

在选购车辆时，用户日益重视"良好的售后服务"方面的诚信。如果备有常用零部件库存，就可以给用户提供一种安全感。

2）在修理作业上，可以提高工作效率。如果零部件有库存，就可以及时为用户进行修理。否则，在修理工作中将给管理工作增添许多麻烦。如待修车辆的移动及保管空间，缺货零部件的准备及管理等。

（3）正确进行零部件管理的必要性　零部件有库存，但如果管理不好或库存零部件大部分是不常用零部件，则会无法满足用户紧急修理的要求；零部件有库存，但因管理不善而找不到零部件，则需要再次订货，无法正确进行资产管理。

零部件缺货多，工作效率显著降低。因有零部件缺货，在约定日期内不能完成修理作业，给用户增添麻烦；因零部件管理人员不在，而其他人员不懂零部件管理，也会给用户带来麻烦。

零部件出库所需时间太长、存货不符较多、零部件仓库整理得不好，均为不正确管理。

基于上述情况，正确进行零部件管理是十分必要的，其原因如下：

1）正确管理可以给用户提供满意的服务。即使零部件有库存，但是若找不到，就等于没有库存。所以只有充分利用零部件库存，才可以及时满足用户的要求。

如果加强对未到货零部件的管理工作，就不会发生因为不知零部件的现实状况，而导致不能按期交货等情况；如果零部件仓库管理得比较好，不仅会使用户对售后服务留下好印象，还会对整个特约部门留下良好服务印象。

2）正确管理不会降低维修作业的效率。若因管理疏忽而忘记订货，等到该零部件出现缺货时才发现，这将会影响到工作效率；如果管理得好，定期按时订货，则可以减少零部件的等候时间，提高工作效率。

零部件到货后,要尽快分拣、入库、上架,才能保证修理作业的顺利完成。

3)正确管理不会给特约部门带来损失。做好零部件的库存管理,就会以较少的投资获得较多用户的信赖和经济效益。

如果常用零部件的库存不适当,出现不常用甚至用不到的零部件时,就会造成资金积压,最终导致零部件废弃,给特约部门带来损失;日常管理不适当,库存不符,也同样会给部门带来损失。所以日常管理要适当,就可以正确进行资产管理。

4)做到正确管理要求任何人都要了解零部件的管理。如果任何人都能了解零部件管理,即使零部件管理人员不在岗,其他人员也可以按用户要求提供服务,以免给用户增添麻烦,从而使零部件服务工作得以顺利开展。

用户都希望汽车服务部门能够提供"完善的售后服务",零部件服务的好坏会关系到用户对该汽车服务部门的评价和信任。重视上述管理问题,才能得到用户的好评,才能保证用户更好地消费、使用零部件。

(4)正确接受用户订货并正确进行订货管理 因工作繁忙,而暂时出现没有对出库的零部件进行正确管理和维护时,应加强管理人员和职工的教育,即无论工作多忙,都不能偷工减料,也不能缓办;要遵守工作规程,有条不紊地进行工作,只有这样才能实现零部件的正确管理。

零部件管理要明确化,零部件业务要标准化。在特约部门共同从事零部件业务一般有几个人,如果零部件业务的职责不明确,每个人所负责任也不明确。这样,在日常管理中,就无法遵守所制定的工作规程,自然会影响到管理。为此,在管理上要做到:

1)应使零部件管理责任明确化,每个人工作分工要明确。如果从事零部件管理的人员工作作风不严肃,一旦发生问题,就无法查清是谁的问题。同时无法查清该问题出在何处。例如:在零部件订货单的接收订货位置应填写接收订货负责人的姓名及日期。在已发出零部件订货单上要盖一个"已办"的印戳,其他人就都可以知道该零部件已发出订货了。

2)应使零部件业务标准化。为正确管理好零部件,需要全体职工齐心协力,共同遵守所定规则,使零部件业务标准化。

(5)订货的实际业务操作 在记录完一天的数据后,要根据库存管理卡来计算订货数量。其操作顺序如下:

1)潜在库存(T/A)的计算

$$潜在库存 = 库存量 + 订货中的数量 - 缺货量(B/O)$$

2)检查需不需要订货。当潜在库存大于最小库存数量时,不用订货;当潜在库存小于最小库存数量时,需要订货。

3)订货数的计算

$$订货数 = 最大库存数 - 潜在库存$$

4)将订货数量填写在订货单上。有缺货时应填写在紧急订货单上,无缺货时应填写在定期订货单上。对紧急订货:随时;对定期订货:一次/月。

填写订货单的示例见表4-2。其订货数计算方法如下。

第四章 汽车配件采购

表 4-2 订货单示例

零件号码	83540	398	00ZA					
零件名称	左侧盖板（R4C）			广州 HONDA PARTS				
登录日期	购货价格	销售价格	零价位置号					
09/07/01	192	240	COB12	最大库存	12	最小库存	10	
日　　期	接受订货	购货	发货	库存	订货中	缺货	潜在库存	订货
04 月 01 日	1		1	8	4		12	
04 月 06 日	1		1	7	4		11	
04 月 15 日		4		11			11	
04 月 20 日	2		2	9			9	3
04 月 27 日	1		1	8	3		11	
04 月	5	4	5	8	3		11	3
05 月 10 日	1		1	7	3		10	2
05 月 18 日	1		1	6	5		11	
05 月	2		2	6	5		11	2
06 月 03 日	3		3	3	5		8	4
06 月 07 日	2		2	1	9		10	2
06 月 10 日	3		1	0	11	2	9	3
06 月 21 日		3		3	11	2	12	
06 月 25 日			2	1	11	0	12	
06 月	8	3	8	1	11	0	12	9

① 04 月 20 日：

库存 = 上次库存 − 这次发货 = 11 − 2 = 9

潜在库存 = 库存 + 订货中 − 缺货 = 9 + 0 − 0 = 9

是否订货：当 9 < 10 时，需要订货

订货数 = 最大库存量 − 潜在库存 = 12 − 9 = 3

② 06 月 10 日：

订货中 = 前回订货中 + 前回订货 = 9 + 2 = 11

B/O = 订货 − 出库 = 3 − 1 = 2

潜在库存 = 库存 + 订货中 − 缺货 = 0 + 11 − 2 = 9

是否订货：当 9 < 10 时，需要订货

订货数 = 最大库存量 − 潜在库存 = 12 − 9 = 3（因为缺货而紧急订货）

③ 06 月 21 日：

库存 = 上回库存 + 这次入库 = 0 + 3 = 3

订货中 = 前回订货中 + 前回订货 − 这次入库 = 11 + 3 − 3 = 11

潜在库存 = 库存 + 订货中 − 缺货 = 3 + 11 − 2 = 12

是否订货：当 12 > 10 时，不需要订货

库存 = 上回库存 − 这次出库 = 3 − 2 = 1（根据缺货消除卡进行出库）

缺货 = 上回缺货 − 这次出库 = 2 − 2 = 0

三、订购进口汽车配件

近20年来，为适应国民经济发展的需要，我国进口汽车数量大增，进口汽车维修配件的订购、供应品种、交货期、质量、价格等方面一直是令广大进口汽车经营部门、维修企业和用户困惑的问题。由于进口汽车品牌、型号繁杂，而某一具体车型的全国保有量又不多，国内汽车配件厂不愿花费太多精力去研制生产相应配件，因此造成进口汽车配件一时成为紧俏商品，除正常渠道进口的配件外，各种假货、水货投进国内市场。为使广大进口汽车经营企业和用户正确订购和使用进口汽车配件，作为一个汽车配件采购员，首先必须了解进口汽车配件的订购和验收中应注意的问题。

1. 掌握各类车型的技术情况

采购员必须认真掌握进口汽车各类不同车型的技术情况。国外汽车多是按系列化生产的，每个系列有多种车型，每种车型又有它特定的底盘号和发动机号，每个车型系列都有固定的发动机型号，而且大部分车型（尤其是轻型车及轿车）为适应世界各地的地理、气候条件以及顾客的需要，对散热系统、变速器及制动方式等采取不同的装置，这些装置形式一般在汽车进口成交合约的附件——技术说明书中详细记载。技术说明书很重要，因此无论是编制需要量计划，还是办理进口业务，都必须提供这些车辆的翔实技术情况，只有掌握了这些基本技术情况，才能做到按需进口，适销对路，货尽其用，防止损失和浪费。

2. 建立进口车辆的技术档案

只有建立了进口车辆的技术档案才能掌握各类车型的变化动态。由于我国进口汽车的品牌车型繁多，其中有的虽为同一车型，但生产年份不同，很多部件设计已经变更，新老车型，不能互换，故必须分厂、分车型、分年款将各自的技术情况以档案形式分别记载。记载内容主要是具体的车型和该车型的底盘号、发动机号。它们代表着该车型的具体生产年月，因此极为重要。在向国外订购时，要确认和认真填写下列要素：发动机型号应包括气缸数、缸径、排量、最大功率、最大转矩；电气系统应包括电压、发电机千瓦数或安培数，电动机千瓦数；离合器应包括摩擦式或液力传动式；变速器应包括型号、排档数、每档速比或齿数比，机械操纵式或自动式，变速杆位置在转向柱上或在底板上；制动方式应包括真空加力液压式，空气加力液压式或空气制动式，驻车制动器位置在变速器后或在后轮；转向机应包括左边或右边驾驶，以及机械式或液压助力式；前轴应包括独立悬架式、工字梁式或前驱动式；后轴包括单级减速式、二级减速后加力式等。有了这样的车辆变型技术档案，才能掌握住第一手资料，为编制进口配件计划提供可靠的依据。如有一字之差，就容易面目全非，积压浪费将难以避免。

3. 正确使用原厂配件编号（俗称图号）

有了各种车型的技术档案，将给编制进口配件计划提供依据。在正式订购单上，应正确填写原厂的零部件编号，这些编号来自原零件目录，每个零件编号代表着所需要的零件。按照车辆技术档案记载的情况，在有关车型的零件目录中都可查到相应的零件编号。甚至，原厂零件编号比零件名称更为重要，若稍有疏忽写错了零件编号，将导致订货错误。当货到后，发现不是所需要的零件时，很难索赔。

所以**在编制进口汽车配件需要量的计划前，一是要查明进口车型的准确型号、发动**

机型号、出厂年份，有的还要查明发动机和底盘号；二是要掌握零件标准名称和原厂零件编号，并且要认真核对，确信无误后，方可填到订购单上去。

 第五节 汽车配件的验收

一、汽车配件的检验

当前汽车配件市场，尤其是进口汽车配件市场中，由于受经济利益的驱动，制假贩假者对消费者的影响是巨大的。水货、假货，甚至将国产劣质配件利用仿造的进口配件包装，在市场上出售，严重危害汽车及驾驶人员的安全。所以，作为进口汽车配件的采购人员，必须熟悉国外主机厂、配套厂、纯正件生产厂以及零部件专业厂的产品、商标、包装及其标记，并掌握一定的检测方法。

一般进口汽车配件的包装精致，在各层包装，尤其是包装箱外表和零件的醒目位置，都有厂名和商标（也有的零件上刻印工厂代号和商标）。进口配件到货后，应由外到里、由大包装到小包装、由外包装到内包装、由包装到产品标签、由标签到封签、由零件编号到实物、由产品外观质量到内在质量，逐步进行详细检查验收。

1. 外包装

一般原装进口配件的外包装，木箱多为7层胶合板或选材较好、做工精细、封装牢固的木板箱。纸箱则质地细密、坚挺，不易弯折、变形，封签完好。外表面印有用英文注明的产品名称、零件编号、数量、产品商标、生产国别、公司名称。有的则在外包装箱上贴有反映上述数据的产品标签。

2. 小包装

国外产品的小包装盒（指每个配件的单个小包装盒），一般都用印有表示该公司商标图案的专用包装盒。例如，日本五十铃汽车配件公司的纯正产品配件，均用白底红色"纯正部件"字样和白色的有"ISUZU"字样及五十铃标志图案的小包装盒包装配件；日本日野汽车配件公司的纯正产品配件，则用棕红底白色"Hino"字样的包装盒；日产柴油机机器公司（日产）的纯正件上，用蓝底、红色圆内有白色"UD"两字母或橘黄底、红色圆内有橘黄色"UD"两字母的专用包装盒；日本柴油机机器公司（英文缩写为DKK）的喷油泵及柱塞、节气门、喷油器三偶件，均用带有特色标志图案及英文"Diesel kiki"字样的小包装盒；日本大同金属株式会社的各种轴瓦，均用印有特色标志及英文"DAIDO METAL"的方块图案的专用包装盒包装；日本活塞环株式会社（NPR）的活塞环，均用黄底、黑色圆内有"NPR"及"NIPPON-PISTON RING"黑字的专用包装盒包装；德国奔驰汽车配件公司的纯正件，均使用蓝底、印有"Mercedes-Benz"白色字样和奔驰汽车配件商标的专用小包装盒包装；德国瓦德里希齿轮厂有限公司（缩写为WD）生产的变速器内各种齿轮及同步器的小包装盒，印有不规则几何图形为底纹、深蓝色"WD"字样的图案，很容易识别。

3. 产品标签

日本的日野、五十铃、三菱、日产等汽车配件公司的纯正产品配件的标签，一般为印有本公司商标、中英文"纯正部件"字样及中英文生产公司名称、英文或日文配件名

称及配件编号，并印有英文"MADE IN JAPAN"及数量的长方形或正方形标签。

日本零部件专业厂的配件的标签无"纯正部件"字样，但一般用英文标明其适用的发动机型号或车型、配件名称、数量及规格、公司名称、生产国别。同时，标签形状也不限于长方形或正方形。在我国进口汽车配件市场上，经常可以看到的有日野汽车公司、五十铃汽车公司、三菱汽车公司、日产柴油机机器公司（尼桑）、丰田汽车公司、德国奔驰汽车公司等的纯正产品配件标签以及日本活塞环株式会社（NRP）的活塞环配件标签、日本大同金属株式会社的各种轴瓦的标签、德国 Monark Diesel（莫娜柴油机公司）的配件标签等。

4. 包装封签

早期的进口配件小包装盒的封口封签，一般用透明胶带封口。目前大多用印有本公司商标或检验合格字样的专用封签封口。例如：五十铃汽车公司纯正产品的小包装封签；大同金属株式会社的曲轴轴承的小包装盒的封签；日产公司的纯正产品的小包装盒的封签；德国 ZF 公司的齿轮、同步器等配件的小包装盒的封签。也有一些公司的配件小包装盒直接用配件标签作为小包装盒的封签，一举两得。

5. 内包装纸

日本的日野、五十铃、三菱、日产等汽车公司的纯正产品配件及配套厂生产的配件的内包装纸，均印有本公司标志，并且一面带有防潮塑料薄膜。例如：日野汽车公司纯正产品的背面带有防潮塑料薄膜的内包装纸；五十铃汽车公司纯正产品的背面带有防潮塑料薄膜的内包装纸；三菱汽车公司纯正产品的正面带有防潮塑料薄膜的内包装纸；日本活塞环株式会社（NPR）生产的缸套活塞组件的背面带有防潮塑料薄膜的内包装纸；德国奔驰汽车公司生产的金属配件一般用带防锈油的网状包装布进行包裹。

6. 配件外观质量和产品上的永久性标记

从德国、日本进口的纯正产品配件及配套厂的配件和大的专业厂生产的配件，外观做工精细、铸铁或铸铝零件表面光滑、致密、无飞边，油漆均匀光亮。而假冒产品则铸件粗糙，不光滑，不平整，有飞边，喷漆不均匀，无光泽。真假两种配件放在一起对比，差别较为明显。更重要的是原装进口配件，一般都在配件上铸有或刻有本公司的商标或名称标记及配件编号。例如：奔驰汽车公司的纯正配件上都有奔驰标记及零件编号；日野纯正产品上刻有 **H** 标记；日本理研株式会社（RIK）的活塞环在开口处平面上边刻有 **R**，另一边刻有 **S**（表示标准环 STD）或 **25**、**50**（表示加大 **0.25** 或 **0.50**）的字样；日本活塞环株式会社（NPR）的活塞环在开口平面上，一边刻有 N，另一边刻有 **1NK**、**2NK**、**3NK**、**4NK** 字样；日本中央自动车工业株式会社生产的活塞在活塞内表面铸有凸出的 **IZUMI** 字样；大同金属株式会社生产的曲轴瓦在瓦背上刻有商标标记及尺寸代号；日本柴油机机器公司（DKK）生产的喷油泵柱塞导臂上，一边刻有 **O** 标记，另一边刻有柱塞型号的刻印代号。例如，日野 ZM443 车 EK100 发动机用柱塞尾部导臂的刻印代号为 **P25**，而 6D22 发动机的柱塞导臂刻印代号为 **A43**。在喷油器上除刻有 **O** 标记外，还刻有喷油器的型号，如 EK100 发动机的喷油器刻有 **NP-DllA150S374N464**。德国 K.S 公司生产的活塞环在开口平面上刻有 **K·S** 字样。而奔驰公司纯正的活塞环，在第二道气环表面有镀铝层，从外观看，环的外侧上、下两部分为发亮的白颜色，中间为灰黑色。德国威伯科（WABCO）公司生产的气制动阀件上均铆有铝合金标牌。德国 FAG 公司生产的气制动件

第四章 汽车配件采购

则在外壳上铸有 **FAG** 字样。

同时，配件编号也是合同签订和验货的重要内容，一般与国外大的汽车配件生产公司或大的配套厂或它们的代理商直接签订的进口合同，每种配件都标有配件编号。当配件编号有新旧变更时，合同上就应同时标明新旧两个配件编号。各大配套厂及专业生产厂都有自己所生产的配件与主机厂配件编号的对应关系资料。配件编号一般都刻印或铸造在配件上或标明在产品的标牌上，而假冒产品一般无刻印或铸造的配件编号。验货时应根据合同要求的配件编号或对应资料进行认真核对。

经过上述几个方面的认真检查和辨认，基本上就可以确定配件的真假了。但是近年来随着科学技术的发展，制假者的制假手段也在不断翻新，仿真能力越来越强，真假配件的外观越来越接近。所以对一般经销商和用户来说，除对进口汽车配件的包装、标签、封签及产品外观的检查和辨认外，对有些可以直接测量的配件，如气缸套、活塞、曲轴等，还可按原厂资料数据和测量方法进行实际检测，获取第一手资料。

在检查辨认的同时，最重要的还是理顺购货渠道，选择资金雄厚、信誉可靠的专业代理汽配件公司长期合作。推敲合同条款的要求，避免使用"进口配件"或"某国进口"等含混不清的语句，必须注明所供配件为某个国家、某公司、某某编号的什么配件，可减少很多不必要的麻烦和纠纷。同时，必须实行质量保证，售后三包服务。对发现的假冒配件逐级原路退回，索赔损失，这样才能杜绝假冒进口汽车配件的泛滥。

总之，在配件入库前，应当由具有汽车配件常用材料和配件质量控制技能的检验人员进行验收、检查。检查内容有：① **检查配件包装**，通过外包装区别属正厂产品还是副厂产品，属进口配件还是国产配件，杜绝质量不可靠的非配套厂生产的配件；② **检查配件外观**，对各类铸造件、冲压件、磨加工件、焊接件及各类非金属件的加工表面质量予以评价，从中发现质量问题；③ **检查配件材质**，根据各种材料的物理化学、机械及工艺性能，鉴别配件材料的真假和优劣，并提出质疑。对汽车配件质量有怀疑时，应当采用测试、诊断仪器对其力学性能、几何尺寸、形状和位置公差及是否具有内部缺陷等方面进行检验。

二、汽车配件的接收

汽车配件采购员在确定了购货渠道及货源，并签订了购货合同书之后，在约定的时间、地点对配件的名称、规格、型号、数量、质量等进行检验无误后，方可接收。

1. 对配件品种的检验

应按合同规定的要求，对配件的名称、规格、型号等进行认真查验。如果发现产品品种不符合合同规定的要求，应一方面妥善保管，另一方面在规定的时间内向供方提出异议。

2. 对配件数量的检验

对照购货发票，先点收大件，再检查包装及其标识是否与发票相符。一般整箱配件，先点件数，后抽查细数；零星散装汽车配件点细数；贵重配件逐一点数；对原包装汽车配件有异议的，应开箱开包点验细数。接受方应注意查验配件的分批交货数量和商品的总货量。无论是自提还是供方送货，均应在交货时当面点清。供方代办托运的，应按托运单上所列数量清点，超过国家规定合理损耗范围的，应向有关单位追索。如果发货数

与实际验收数之间的差额、实际交货数量与合同规定的交货数量之间的差额不超过有关部门规定的,双方互不退补。超过规定范围的,按照国家规定计算多交或少交的数量。双方对验收有争议的,应在规定的期限内提出异议,超过规定期限的,视为履行合同无误。

3. 对配件质量的检验

采用国家规定的质量标准的,按国家规定的质量标准验收;采用双方协商标准的,按照封存的样品或按样品详细记录下来的标准验收。接受方对配件质量提出异议的,应在规定的期限内提出,否则视为验收无误。当双方在检验或试验中对质量发生争议时,按照《中华人民共和国标准化管理条例》规定,由标准化部门的质量监督检验机构执行仲裁检验。

在数量庞大、品种规格极其繁杂的汽车配件生产、销售中,发现不合格品,数量短少或污残损坏等,是难以避免的现象。如果在提货时发现上述问题,应当场联系解决。如果在货到后发现,验收人员应分析原因,判明责任,做好记录。一般问题填写"运输损益单""汽车配件销售查询单"查询,问题严重或牵涉数量较多、金额较大时,可要求对方派人来查看处理。

汽车配件从产地到销地,要经过发货单位、收货单位(或中转单位)和承运单位三方共同协作来完成,所以必须划清三方面的责任范围,责任划分的一般原则是:汽车配件在铁路、公路交通运输部门承运前发生的损失和由于发货单位工作差错、处理不当发生的损失,由发货单位负责;从接受中转汽车配件起,到交付铁路、公路交通运输部门转运时止,所发生的损失和由于中转单位工作处理不善造成的损失,由中转单位负责;汽车配件到达收货地,并与铁路公路交通运输部门办好交接手续后,发生的损失和由于收货单位工作问题发生的损失,由收货单位负责;承运汽车配件时,自承运前保管的车站(港)接收汽车配件时起,至汽车配件交付给收货单位或依照规定移交其他单位时止,所发生的损失由承运单位负责。但由于自然灾害,汽车配件本身性质和发、收、中转单位的责任造成的损失,承运单位不负责任。

 本 章 小 结

本章首先介绍汽车配件采购的意义、原则及对采购人员的基本要求;然后对采购计划与采购合同进行详细的讲解,阐述采购合同的关键条款;研究汽车配件的购货渠道以及货源鉴别的方法;并对汽车配件的订购以及验收进行分析。通过本章的学习,使读者对汽车配件的采购有一个完整的理解,充分认识到采购环节的重要性,认识到汽车配件采购是直接关系到生产企业能否得到发展,消费者需求能否得到满足,企业经营状况能否改善等的关键问题。

 复 习 题

1. 汽车配件采购有何意义?汽车配件的采购应遵循哪些原则?
2. 对汽车配件采购人员有何基本要求?

第四章 汽车配件采购

3. 怎样订立采购合同？
4. 汽车配件常见购货渠道有哪些？
5. 汽车配件的货源如何鉴别？
6. 如何确定汽车配件的购货方式和购货量？
7. 为使进口汽车经营企业和用户正确订购和使用进口汽车配件，在进口汽车配件的订购中应注意哪些问题？
8. 进口配件到货后，如何检查验收？
9. 汽车配件的接收需要符合什么条件方可接收？
10. 采购合同的关键条款都包括哪些内容？请具体说明。

（扫一扫，查看参考答案）

 思 考 题

1. 在进行采购计划时，通常应该考虑哪些因素？为什么？
2. 如何理解零部件服务的重要性？它对汽车零部件订购管理会产生怎样的影响？
3. 订购进口汽车配件时应注意的问题有哪些？掌握这些问题对订购汽车配件有什么好处？

（扫一扫，查看参考答案）

第五章

汽车配件仓储管理

汽车配件经营企业的仓储是服务于用户的,是为本企业创造经济效益的物资基地。仓储管理就是对储存物资的合理保管和科学管理。仓储管理的好坏,是汽车配件能否保持使用价值的关键之一。配件的仓库管理是很多汽车服务企业面临的一个很重要的管理内容,仓储作业都包括哪些内容?如何管理才能实现最大的仓库利用率,以最低成本达到较高的及时供货率、客户满意率及最低的配件损耗。通过本章的学习,我们将会得到答案。

 第一节 汽车配件仓储的作用和任务

一、仓储的作用

仓储是汽车配件销售企业管理的重要组成部分,是为汽车配件销售服务的物资基地,仓储的主要作用如下:

1. 保证汽车配件使用

汽车配件销售企业的仓储是服务于用户的,是为本企业创造经济效益的物资基地。仓储管理的好坏,是汽车配件能否保持使用价值的关键之一。如果严格地按照规定加强对零部件的科学管理,就能保持其原有的使用价值,否则,就会造成零部件的锈蚀、霉变或残损,使其部分、甚至是全部失去使用价值。所以加强仓库科学管理,提高保管质量,是保证所储存的汽车配件价值的重要手段。

2. 为用户提供零部件服务

用户需要各种类型的汽车配件,汽车配件销售企业在为用户服务过程中,要做大量的工作。最后一道工序就是通过仓库保管员,将用户所需要的零部件发给用户,满足用户的需求,以实现销售企业服务交通运输、服务用户的宗旨。

二、仓储的任务

仓储的基本任务,是搞好汽车配件的进库、保管和出库工作,在具体工作中,要求做到保质、保量、及时、低耗、安全地完成仓储保管工作的各项任务,并节省保管费用。

1. 保质

保质是要保持库存零部件的原有使用品质和价值。为此,必须加强仓库科学管理,在零部件入库和出库的过程中,要严格把关,凡是质量或其包装不合乎规定的,一律不准入库和出库;对库存零部件,要进行定期或不定期的检查或抽查,凡是需要进行保养的零部件,一定要及时进行保养,以保证库存零部件质量随时都处于良好状态。

2. 保量

保量是指仓库保管按照科学的储存原则，实现最大的库存量。在汽车配件保管活动中，变动的因素较多，例如零部件的型号、规格、品种繁多，批次不同，数量不一，长短不齐，包装有好有坏，进出频繁且不均衡，性能不同的零部件保管要求不一致等。需按不同的方法分类存放。同时既要保证便于进出库，又要保证储量，这就要求仓库保管员进行科学合理的规划，充分利用有限的空间，提高仓库利用率。

同时，要加强对零部件的动态管理，零部件在入库和出库过程中，要严格执行交接点验制度，不但要保证其质量良好，而且要保证数量准确无误，对库存零部件一定要坚持"有动必对、日清月结"，定期盘点，认真查实，保证库存零部件随时做到账、卡、物三相符。

3. 及时

零部件在入库和出库的各个环节中，在保证工作质量的前提下，都要体现一个"快"字。在入库验收过程中，要加快接货、验收、入库速度；在保管保养过程中，要安排便于零部件进出库的场地和空间，规划货位和垛形，为快进、快出提供便利条件；在零部件出库过程中，组织足够的备货力量，安排好转运装卸设备，为出库创造有利条件。对一切烦琐的、可要可不要的手续，要尽量简化，要千方百计压缩零部件和单据在库停留时间，加快资金周转，提高经济效益。

4. 低耗

低耗是指零部件在库保管期间的损耗降到最低限度。零部件在入库前，由于制造商或运输、中转单位的原因，可能会发生损耗或短缺，所以应严格进行入库验收把关，剔除残次品、发现短缺数量，并做好验收记录，明确损耗或短少责任，以便为降低保管期间的零部件损耗、短缺创造条件。零部件入库后，要采取有效措施，如装卸搬运作业时，要防止野蛮装卸，爱护包装，包装损坏了要尽量维修或者更换；正确堆码苫垫，合理选择垛形及堆码高度，防止因压力不均倒垛或挤压损坏产品及包装。对上架产品，要正确选择货架及货位。散失产品能回收应尽量回收，以减少损失，千方百计降低库存损耗。同时要制订各种产品保管损耗定额，限制超定额损耗，把保管期间的损耗降到最低限度。

5. 费用省

费用省是指节省零部件的进库费、保管费、出库费等成本。为达此目的，必须充分发挥人的智慧和作用，加强仓库科学管理，挖掘现有仓库和设备的能力，提高劳动生产率，把仓库的一切费用成本降到最低水平。

6. 保安全

保安全是指做好防火灾、防盗窃、防破坏、防工伤事故、防自然灾害、防霉变残损等工作，确保零部件、设备和人身安全。

第二节　汽车配件仓储作业管理

为了顺利进行仓储作业活动，使人、设备和物资三要素很好地协调配合，避免浪费，防止供、需、储不平衡和不当行为造成失误而进行的一系列管理活动，称为仓储作业管理。仓储管理的性质，决定了仓储管理与一般工业生产管理不同。一般工业品生产的过

程,是从准备生产某种工业产品开始到把产品生产出来为止的全部过程。仓储作业管理的过程,是从物资入库开始,到把该批物资发出去为止的全部过程,主要是围绕着物资进库、保管和保养、出库为中心开展的一系列活动。

汽车配件销售企业的仓储作业管理,是指围绕着汽车配件的入库、保管、保养和出库为中心所开展的一系列活动,具体包括<u>汽车配件的入库验收、保管、维护保养、发货、账册、单据和统计管理等工作</u>。另外还有科学管理的问题,科学管理要渗透到仓库作业管理的各个方面,要以最少的劳动力、最快的速度、最省的费用取得最佳的经济效益,以达到保质、保量、安全、低耗地完成仓库作业管理的各项工作任务。

汽车配件绝大部分是金属制品(包括黑色金属、有色金属),此外还有橡胶制品(包括天然橡胶、合成橡胶)、工程塑料、玻璃、石棉制品等。有的零部件精度很高,精密偶件不能随便拆换,例如柴油机的喷油泵芯套和喷油器;有的不仅保管期限短,而且对保管的温度有一定的要求,例如补胎胶;有的是易碎品,例如汽车配件玻璃、各种大小灯泡、车门等。由于汽车配件是一种技术含量很高的产品,近年来许多高、精、尖的技术都在汽车配件上应用,如计算机、安全气囊、防抱死系统、电喷系统等,对此类装置的维修保养和零部件储存提出了更高的要求。

汽车配件销售企业经营的产品逐渐增多,如各类汽车美容用品、各种油类、液类(汽、柴机润滑油、制动液、齿轮油、防冻液)、车蜡、油漆以及各种摩托车零部件等。为了保管好各种各样的汽车配件及其横向产品,必须根据其不同的性质、特点区别对待,妥善地处理好在入库、保管和出库中发生的一系列技术问题。

一、配件入库作业

1. 入库验收

<u>入库验收是零部件进入仓库保管的准备阶段</u>。入库的零部件情况比较复杂,有的在出厂之前就不合格,如包装含量不准确、包装本身不合乎保管和运输的要求等。有的在出厂时虽然是合格的,但是经过几次装卸搬运和运输,致使有的包装损坏、含量短少、质量受损,使有的零部件已经失去了部分使用价值,有的甚至完全失去使用价值。这些问题都要在入库之前弄清楚,划清责任界限。<u>一经验收入库,仓库保管工作就正式开始,同时也就划清了入库和未入库之间的责任界限</u>。否则,零部件在入库保管之后,再发现质量、数量问题,就会出现责任不清的问题,给企业造成不必要的经济损失。因此,搞好入库验收工作,把好"收货关",就是为提高仓库保管质量打下良好的基础。

(1) 入库验收的依据

1) 根据入库凭证(含产品入库单、收料单、调拨单、退货通知单)规定的型号、品名、规格、产地、数量等各项内容进行验收。

2) 参照技术检验开箱的比例,结合实际情况,确定开箱验收的数量。

3) 根据国家对产品质量要求的标准,进行验收。

(2) 入库验收的要求

1) 及时。验收要及时,以便尽快建卡、立账、销售,这样就可以减少零部件在库停留时间,缩短流转周期,加速资金周转,提高企业经济效益。

2) 准确。配件入库应根据入库单所列内容与实物逐项核对,同时对配件外观和包装认真检查，以保证入库配件数量准确，防止以少报多或张冠李戴的配件混进仓库。如发现有霉变、腐蚀、渗漏、虫蛀、鼠咬、变色、沾污和包装潮湿等异状的汽车配件，要查清原因，做好记录，及时处理，以免扩大损失，要严格实行一货一单制，按单收货、单货同行，防止无单进仓。

2. 入库程序

入库验收，包括数量和质量两个方面的验收。数量验收是整个入库验收工作中的重要组成部分，是搞好保管工作的前提。库存零部件的数量是否准确，在一定程度上是与入库验收的准确程度分不开的。零部件在流转的各个环节，都存在质量验收问题。入库的质量验收，就是保管员利用自己掌握的技术和在实践中总结出来的经验，对入库零部件的质量进行检查验收。验收入库的程序如下。

（1）**点收大件** 仓库保管员接到进货员、技术检验人员或工厂送货人员送来的配件后，要根据入库单所列的收货单位、品名、规格、型号、等级、产地、单价、数量等各项内容，逐项进行认真查对、验收，并根据入库配件的数量、性能、特点、形状、体积，安排适当货位，确定堆码方式。

（2）**核对包装** 在点清大件的基础上，对包装物上的商品标志和运输标志，要与入库单进行核对。只有在实物、商品和运输标志、入库凭证相符时，方能入库。同时，对包装物是否合乎保管、运输的要求要进行检查验收，经过核对检查，如果发现票物不符或包装破损异状，应将其单独存放，并协助有关人员查明情况，妥善处理。

（3）**开箱点验** 凡是出厂原包装的产品，一般开箱点验的数量为 5%~10%。如果发现包装含量不符或外观质量有明显问题时，可以不受上述比例的限制，适当增加开箱检验的比例，直至全部开箱。新产品入库，同样不受比例限制。对数量不多，但价值很高的汽车配件，非生产厂原包装的或拼箱的汽车配件，国外进口汽车配件，包装损坏、有异状的汽车配件等，必须全部开箱点验，并按入库单所列内容进行核对验收，同时还要查验合格证。经全部查验无误后，才能入库。

（4）**过磅称重** 凡是需要称重的物资，一律全部过磅称重，并要记好质量，以便计算、核对。

（5）**零部件归堆建卡** 要根据零部件性能特点，安排适当货位。归堆时一般按"五五堆码"原则（即五五成行、五五成垛、五五成层、五五成串、五五成捆）的要求，排好垛底，并与前、后、左、右的垛堆保持适当的距离。批量大的，可以另设垛堆，但必须整数存放，标明数量，以便查对。建卡时，注明分堆寄存位置和数量，同时在分堆处建立分卡。

（6）**上账退单** 仓库账务管理人员，根据进货单和仓库保管员安排的库、架、排、号，以及签收的实收数量，逐笔逐项记账，并留下入库单据的仓库记账联，作为原始凭证保留归档。另外两联分别退还业务和财务部门，作为业务部门登录商品账和财务部门冲账的依据。配件入库的全部过程到此结束。配件进货过程中，实物与进货单据的流转情况如图5-1所示。

3. 关于入库验收工作中发现问题的处理

在入库验收工作中发现问题时，处理方法如下：

1）在验收大件时，如发现少件或者多出件，应及时与有关负责部门和人员联系，在

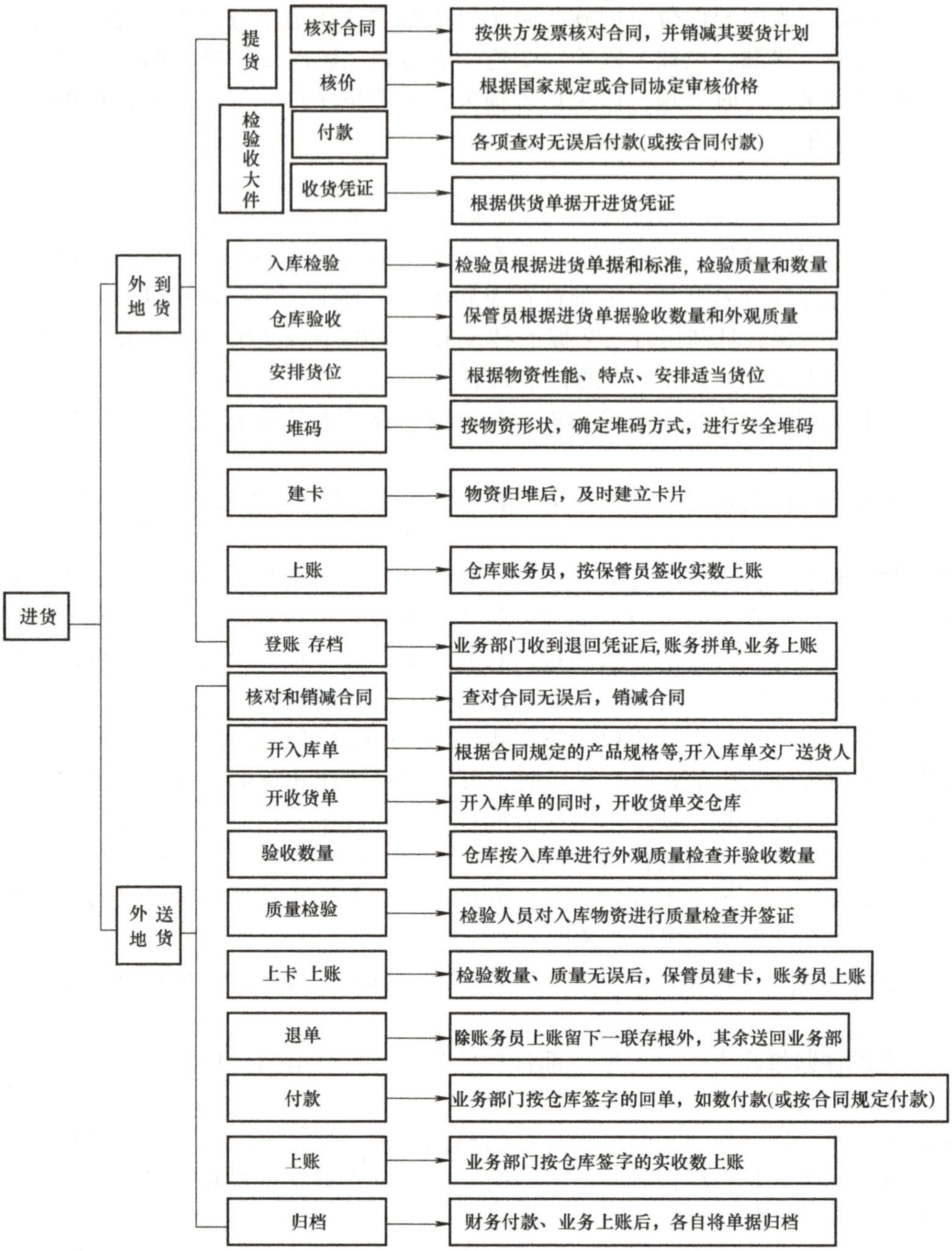

汽车配件与营销　第2版

```
进货 ┬ 外到地货 ┬ 提货 ┬ 核对合同 → 按供方发票核对合同，并销减其要货计划
      │          │       ├ 核价 → 根据国家规定或合同协定审核价格
      │          │       ├ 付款 → 各项查对无误后付款(或按合同付款)
      │          │       └ 收货凭证 → 根据供货单据开进货凭证
      │          │ 检验收大件
      │          ├ 入库检验 → 检验员根据进货单据和标准，检验质量和数量
      │          ├ 仓库验收 → 保管员根据进货单据验收数量和外观质量
      │          ├ 安排货位 → 根据物资性能、特点、安排适当货位
      │          ├ 堆码 → 按物资形状，确定堆码方式，进行安全堆码
      │          ├ 建卡 → 物资归堆后，及时建立卡片
      │          ├ 上账 → 仓库账务员，按保管员签收实数上账
      │          └ 登账 存档 → 业务部门收到退回凭证后，账务拼单，业务上账
      └ 外送地货 ┬ 核对和销减合同 → 查对合同无误后，销减合同
                 ├ 开入库单 → 根据合同规定的产品规格等,开入库单交厂送货人
                 ├ 开收货单 → 开入库单的同时，开收货单交仓库
                 ├ 验收数量 → 仓库按入库单进行外观质量检查并验收数量
                 ├ 质量检验 → 检验人员对入库物资进行质量检查并签证
                 ├ 上卡 上账 → 检验数量、质量无误后，保管员建卡，账务员上账
                 ├ 退单 → 除账务员上账留下一联存根外，其余送回业务部
                 ├ 付款 → 业务部门按仓库签字的回单，如数付款(或按合同规定付款)
                 ├ 上账 → 业务部门按仓库签字的实收数上账
                 └ 归档 → 财务付款、业务上账后，各自将单据归档
```

图 5-1　实物与进货单据流转情况

得到他们同意后，方可按实收数签收入库。

2）凡是质量有问题，或者品名、规格串错，证件不全，包装不合乎保管、运输要求的，一律不能入库，应将其退回有关部门处理。

3）**零星小件的数量误差在 2% 以内，易损件的损耗在 3% 以内的**，可以按规定自行处理，超过上述比例，应报请有关部门处理。

4）凡是因为开箱点验被打开的包装，一律要恢复原状，不得随意损坏或者丢失。

二、配件出库作业

汽车配件出库，标志着储存保管阶段的结束，把好"出货关"是全库管理工作的重要一环。

1. 出库的程序

(1) 核对单据 业务部门开出的供应单据（包括供应发票，转仓单，商品更正通知单，补发、调换、退货通知单等）是仓库发货、换货的合法依据，保管员接到发货或换货单据后，先核对单据内容、收款印章，然后备货或换货。如发现问题，应及时与有关部门联系解决，在问题未弄清前，不能发货。

(2) 备货 备货前应将供应单据与卡片、实物核对，核对无误，方可备货。备货有两种形式：一种是将配件发到理货区，按收货单位分别存放并堆码整齐，以便复点；另一种是外运的大批量发货，为了节省人力，可以在原垛就地发货，但必须在单据上注明件数和尾数（即不足一个原箱的零数）。无论采用哪种形式，都应及时记卡、记账、核对结存实物，以保证账、卡、物三者相符。

(3) 复核、装箱 备货后一定要认真复核，复核无误后，用于用户自提的，可以当面点交。属于外运的，可以装箱发运。仓库装箱清单见表 5-1。

表 5-1 仓库装箱清单

收货单位：_____   制单日期： 年 月 日   发货仓库：_____

发票号码	品名	规格	数量	装箱情况				捆	合计质量/g
				木箱		纸箱			
				原箱	拼箱	原箱	拼箱		
货款结算	货款及管理费			运杂费		合计金额	托收时间号码	运输工具	
	单据 货款 管理费			单据 金额				标签号	
								货票号	
								承运时间	

在复核中，要按照单据内容逐项核对，然后将单据的随货同行联和零部件一起装箱。如果是拼箱发运的，应在单据的仓库联上注明，如果是编有箱号的，应注明拼在几号箱内，以备查考。无论是整箱或拼箱，都要在箱外写上运输标记，以防在运输途中发错到站。

(4) 报运配件 经过复核、装箱、查号码后，要及时过磅称重，然后按照装箱单内容逐项填写清楚，报送运输部门向承运单位申请准运手续。

(5) 点交和清理 当运输部门凭装箱单向仓库提货时，保管员先审查单据内容和印章，以及经手人签字等，然后按单据内容如数点交。点交完毕后，随即清理现场，整理货位，腾出空位，以备再用。用户自提货的一般不需备货，随到随发，按提单内容当面点交，并随时结清，做到卡物相符。

（6）**单据归档**　发货完毕后，应及时将提货单据（盖有提货印章的装箱单）归档，并按照其时间顺序，分月装订，妥善保管，以备查考。

2. 出库的要求

（1）**凭单**　发货仓库保管员要凭业务部门的供应单据发货，但如果单据内容有误，填写不合规定、手续不完备时，保管员可以拒绝发货。

（2）**先进先出**　保管员一定要坚持"先进先出、出陈储新"的原则，以免造成配件积压时间过长而变质报废。因为汽车配件更新换代很快，配件制造工艺也在不断地更新，如果积压时间过长，很可能因为淘汰老、旧产品而报废。

（3）**及时准确**　一般大批量发货不超过2天。少量货物，随到随发。凡是注明发快件的，要在装箱单上注明"快件"字样。发出零部件的车型、品种、规格、数量、产地、单价等，都要符合单据内容。因此，出库前的复核一定要细致，过磅称重也要准确，以免因超重发生事故。

（4）**包装**　完好配件从仓库到用户，中间要经过数次装卸、运输，因此，一定要保证包装完好，避免在运输途中造成损失。

（5）**待运配件**　配件在未离库前的待运阶段，要注意安全管理。例如，忌潮的配件要加垫，怕晒的配件要放在避光通风处。总之，零部件在没离开仓库之前，保管员仍然要保证其安全。

配件发货过程中，发货单据与实物的流转情况见表5-2。

表5-2　发货单据与实物流转情况

发货	港站发货	销减合同	→	根据发货清单销减合同
		开票　下账	→	开票，并销商品账
		分票　交单	→	接收货单位分票、登记，交仓库签收
		登票　下库	→	仓库将票登记，交保管员签收
		对单　备货	→	保管员审核财务收款印章核对供货单据，备货
		销卡　销账	→	仓库备货后保管员销卡，核对库存销账
		复核　装箱	→	出库复核无误随货同行单据装箱
		称重　填装箱单	→	除原箱有质量外其余要称重，按要求填写装箱单
		报运	→	仓库将填好的装箱单，向运输单位报请准运
		发货	→	凭仓库装箱单到仓库提货收回提单装订保管
		托运	→	货到港交清后，办理托运凭证
		收款	→	根据合同或运输凭证向收货方收款
		归档	→	货款收回后，原供货单据存根归档
	发货自提	销减合同	→	根据发货清单销减合同
		开票　销卡	→	开票，并销账
		收款	→	供货单经提货人签字后收款或托运
		发货　销卡	→	供应单据经财务收款盖章，提货人签字后发货
		复点	→	物资出库，逐票复核，点交提货人
		放行	→	发货交接手续办妥后开出门证放行
		销账	→	仓库账务员审核单据，手续办齐，销账
		归档	→	供应单据销账后，按月装订成册

三、仓库单据的管理

仓库保管账（通常称为实物账）是反映配件动态的主要根据。业务部门使用的进货、发货单据，是仓库收货发货的依据，是重要的经济档案资料。配件流量和库存统计，是反映配件动态的历史资料，也是仓库管理决策的主要依据。

1. 记账的依据

（1）进货　进货的形式主要有正常进货、转仓进货、销售退货和工厂送货等。

1）正常进货。凭业务部门盖章的进货单据（收料单）进货并记账，见表5-3。

表5-3　收料单

存放仓库

库区排号＿＿＿＿　发货方发票日期　年　月　日　号码＿＿＿＿　承付期：＿＿＿＿

供货单位：＿＿＿＿　发运日期　　　　年　月　日　航次＿＿＿运单号＿＿＿销售牌价＿＿＿

货号：＿＿＿＿　　　合同号：＿＿＿＿　　　　　　调拨号：＿＿＿＿

品　名	规格	产地	单位	数量	单价	总价
			应收			
			实收			

包装	箱捆	数量	备注

登账（日期）　　　收货（日期）　　　检验（日期）　　　制单（日期）

2）转仓进货。业务部门内部转仓调入的配件，凭业务部门盖章的调拨单进货并记账。

3）销售退货。凭退货通知单进货并记账，但不作统计，以免重复。退货包括以下几种情况：重复执行调拨合同造成的退货；执行合同逾期造成的退货；仓库不慎多发造成的退货；发货时串发造成的退货；仓库不慎少发而需方又不同意补发的货物；在待运期间需方因逾期而要求停发的货物。

4）工厂送货。工厂自行送货时，由业务部门开出零部件入库单，仓库凭入库单签收大件，但不作为记卡登账的依据。须在正式收料单下达后，才上账登卡入库，产品入库单见表5-4。

表5-4　产品入库单

　　　　　　　　　　　　　　　　　　　　　　　　　　　　　　年　月　日

品　名	规　格	单　位	数　量	包装定额
		应送		
		实收		
备注				

仓库签收：　　　　　开票员：

(2) 发货　发货主要有正常发货、内部转仓发货、退货发货、换货和补货等。

1）正常发货凭业务部门盖章的发货单据发货并记账。

2）内部转仓凭业务部门盖章的调拨单发货并记账。

3）退货凭红字收料单发货并记账。

4）换货和补货凭业务部门的补货、换货、退货通知单发货并记账，见表5-5。

表 5-5　补货、换货、退货通知单

收发货单位：_____　制单日期：　年　月　日　存放仓库：_____

原发票号	品名	规格	单位	数量	单价	金额							
						十万	万	千	百	十	元	角	分

说　明	1. 对方索赔文号；2. 主要原因

公章：　　　　　　　　　制单人：

2. 建账和记账的要求

(1) 建账　仓库建账是按车型还是按品种系列，要结合业务部门的管理方式，并根据仓库的实际情况采取相应的办法建立实物账，以便与业务部门对口管理，便于工作联系和清仓盘点。

(2) 记账　根据业务部门的进货及发货单据所列内容，逐项登账，如单据中有一项与前账不符，则应另立账页。含量不同、产地不同等均应另立账页，以免产生差错。

(3) 书写　记账一律用签字笔，字迹要清晰、工整，不得涂改。

(4) 核单　账务员要严格核对进出库单据、印章、日期等，以防止漏收货款或逾期提货（一般有效期为 15 天），甚至以假票、废票将货提走，给企业造成损失。

(5) 盘存　账务员应参加每季度或半年一次的定期盘存对账工作。盘存中的问题要做好记录，查明原因，妥善处理，从中吸取教训，改进账务管理。平时也应经常到库房对账，以保证账、卡、物和账（实物账）、账（业务部门的商品账）、物的三者相符。

3. 账册、单据管理

每年年终盘存后，应将账页全部换新。使用新账时，应按建账的要求逐项填写清楚。上年结转部分要注明原进库时间，以备查考。换下来的旧账页应按年限顺序集中保管。单据应按部系品种或按车型分类集中，按时间先后，分月装订保管。账册和单据的保管期限一般为 10 年。

4. 统计的依据与要求

(1) 统计的依据　配件进库、出库、结存数字的统计（也称为流量统计），是以业务部门开出的正式单据（包括收料单，调拨发票，调拨单，补货、换货、退货通知单，更正单等）和仓库实物账上的实物库存数为依据的。其他临时性的收货单据（包括产品入库单）不列入统计。

(2) 统计的要求　统计报表要求及时、准确。统计报表要建立档案，积累历史资料，以备查阅。

第五章　汽车配件仓储管理

表 5-6 ~ 表 5-10 是一些常用的统计报表。

表 5-6　物资进出动态登记统计表

库　　　　　　　　　　　　　　　　　　　　　　　　　　　　　　　　　年　月

库号	进库				出库				结存				空余面积
	笔数	件数	吨位	金额	笔数	件数	吨位	金额	笔数	件数	吨位	金额	
1													
2													
3													
4													
合计													

实际面积	储存量定额	日平均实际存储量	完成定额数	每平方米储存数

仓库负责人：　　　　　　　　　　　填报人：

表 5-7　流量统计月报表

填报单位：　　　　　　　　年　月　　　　　　　　填报时间：

项目数量 库别	进库				出库				合计			
	笔数	金额	件数	质量	笔数	金额	件数	质量	笔数	金额	件数	质量

单位负责人：　　　　　　　　　　　填报人：

表 5-8　差错、损失登记月报表

库

保管员姓名	原单据日期	凭证号码	应收或应发			错收或错发			损失金额	损失原因	登记日期
			品名	数量	金额	品名	数量	金额			

注：1. 差错指收货和发货差错；损失指因保管过失造成霉烂、虫蛀、残损、丢失等损失。
　　2. 损失金额：一律以元为单位。

111

表 5-9 差错事故统计月报表

填报单位：　　　　　　　　年　月　　　　　　　填报时间：

项　目 数　量 库　别	进货				发货				保管				合计			
	溢余		差损		溢余		差损		溢余		差损		溢余		差损	
	件	金额	件	金额	件	金额	件	金额	件	金额	件	金额	件	金额	件	金额
合　计																

注：1. 金额单位为元。　　　　　　　　　　　　单位负责人：　　　　填报人：
　　2. 易损件、小额商品在规定允许以内的损耗不记在其中。

表 5-10 仓库面积使用情况统计表

年　月　日　　　　　组别　　　　　　　　　　　　　　　　（面积单位：m²）

库别	建筑面积	库内面积	障碍物面积					实际面积	走道面积		使用面积	面积利用率
			楼梯	柱子	墙距	柱距	大门		走道	支道		
合计												

注：大门口面积，指大门向内开时占据的面积视作障碍物除去。

四、配件的存放和管理

1. 配件的保管

为了充分发挥库房、保管员和设备的潜力，达到储存多、进出快、保管好、费用省的要求，应将进库储存保管的配件，统一按部、系、品种或按车型系列的部、系、品种实行条理化和 ABC 法相结合的办法进行管理。

所谓条理化管理，就是配件管理分类统一，安全堆码美观整齐。仓容利用经济合理，防尘、防潮、防高温、防照射，细致严密，卡物相符，服务便利，并存放好特殊的汽车配件。

（1）配件保管分类　汽车配件存储分类管理办法有多种，采取哪一种办法管理，要根据各个单位保管员的专业知识水平、仓库设备、库存零部件流量等具体情况，适当选择。

1）按部、系、品种系列分库。就是指所有配件，不分车型，一律按部、系、品种顺序，分类集中存放。例如，储存发动机系配件的库称为发动机库；储存通用工具和通用电器的库称为通用库。凡是品名相同的零部件，不管是什么车型，都放在一个库内，这种管理方式的优点是仓容利用率高，而且比较美观，便于根据仓库的结构适当安排储存品种。缺点是顾客提货不太方便，特别是零星用户提少量几件货时，也要跑几个库，而且保管员在收发货时，容易发生差错。

2）按车型系列分库。就是指按所属的不同车型分库存放零部件，例如东风、解放、桑塔纳等车型的配件，分别设东风牌汽车配件库、解放牌汽车配件库、桑塔纳汽车配件库等。这样存放，便于顾客提货，又可以减少保管员收发货的差错。缺点是仓容利用率

第五章 汽车配件仓储管理

较差，对保管员的业务技术水平也要求较高。

3）按单位设专库。在一个库区内同时储存属两个单位或两个以上单位的配件时，也可以按单位设专库位存，但是不论是按部、系、品种系列还是按车型系列，如果是按单位设专库储存，或是两个以上单位（含两个单位）混合储存，统统都要为单位建卡和立账，要与这些存货单位的分类建账结合起来，实行对口管理，这样便于工作联系和清仓盘点，也有利于提高工作效率。

不论是按部、系、品种系列，还是按车型系列或是按单位分库储存，凡是大件重件（含驾驶室、车身、发动机、前后桥、大梁等）都要统一集中储存，以便充分发挥仓库各种专用设备，特别是机械吊装设备的作用。这样，不仅可以提高仓容利用率，还可以减轻装卸搬运工人的劳动，提高劳动效率。

不管选择哪种管理办法，当仓库储存的物资和保管员的配备一经确定，就要相对稳定，一般不宜随意变更，以便仓库根据储存物资的性能、特点，配备必要的专用设备（含专用货架、格架、开箱工具、吊装设备等），以适应仓库生产作业的需要。保管员可以在长期的实践中，不断提高专业技术知识和工作能力，向专业化、知识化方向发展，逐步培养出一批专业性的保管员队伍。

同时，不管采用哪种方式管理，在建账立卡时，都要和业务部门的商品账结合，实行对口管理，以便核对、盘点和相互间沟通，提高工作效率。

(2) 堆码 仓库里的配件堆码必须贯彻"安全第一"的原则，不论在任何情况下，都要保证仓库、配件和人身的安全。同时还要做到文明生产，配件的陈列堆码，一定要讲究美观整齐，具体做到以下六点：

1）安全"五距"。库内货垛与内墙的距离不得少于 0.3m，货垛与柱子之间不得少于 0.1~0.2m，货垛相互之间一般为 0.5m，货架相互之间一般为 0.7m。库外存放时，货垛与外墙的距离不得少于 0.5m，这样既可以避免配件受潮，同时又减轻了墙脚负荷，保证了库房建筑的安全。

2）实行定额管理库房的储存量指标应有明确规定。实行定额管理，每立方米存放的质量不得超过设计标准的 90%，以保证库房建筑安全达到设计使用年限，同时也保证了库存物资和人员的安全。

3）堆码美观整齐。堆垛要稳，不偏不斜，不歪不侧，货垛货架排列有序，上下左右中摆放整齐，做到横看成行，竖看成线。包装上有产品标志的，堆码时标志应一律朝外，不得倒置，发现包装破损，应及时调换。

4）质量较小，体积较大的零部件应单独存放。堆码时，一要注意适当控制堆码高度；二要注意不要以重压轻，以防倾倒。对易碎易变形的配件，更不可重压，以保证其安全。

5）对某些配件，需露天存放时，也要美观整齐，但要上盖下垫，做到顶不漏雨，下不浸水，并保证四周通风，排水良好。

6）清理现场。每次发货后，要及时清理现场，该拼堆的拼堆，该上架的上架，最后清扫干净。这样，一方面可腾出货位，以便再次进货，同时又保持了仓库的整洁美观。

(3) 合理利用仓容 根据库区的实际情况，结合零部件的性能特点，对仓容的利用应做到合理布局，充分发挥人员、库房、设备的潜力，做到人尽其能、库尽其用，以最

113

小的代价，取得最大的效益。

1）合理使用库房。各种配件体积质量相差很大，形状各异，要把这些大小、质量及形状都不同的配件安排适当，以求得最大限度地提高仓容利用率，如前、后桥，发动机，驾驶室等重件、大件，可以放在地坪耐压力强、空间高、有起吊设备的库房。此外，还要根据配件的性能、特点和外形，配备一定数量的专用货架和格架等设备。例如，存放汽车配件前、后桥的专用枕垫（见图5-2），存放横拉杆的专用格架（见图5-3）。

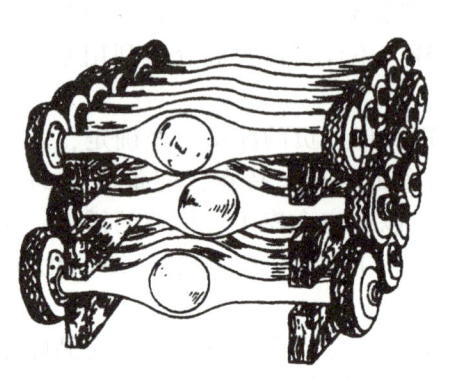

图5-2　前、后桥专用枕垫

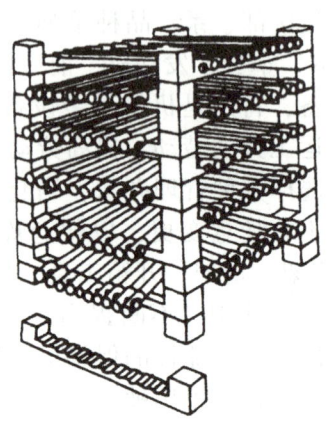

图5-3　横拉杆专用格架

2）提高单位面积利用率。仓库的建筑面积是不可变的，但单位面积利用率是可变的，如设高层货架或在普通货架区的货架最上面一层铺盖楼板，用以储存轻泡配件（如汽车配件灯泡、灯罩、仪表等）。另外，随时清理现场，也可以提高单位面积利用率。

（4）重视配件质保期　要重视各种配件的储存期限。各类汽车配件出厂时，都规定了保证产品质量的储存日期，但在进货及仓库保管中常被忽视。如各类金属配件在正常保管条件下，自出厂之日起，生产厂保证在12个月内不锈蚀。橡胶制品也规定在一年内保证其使用性能符合标准要求。制动片，包括离合器摩擦片也规定在一年内保证其质量。蓄电池储存期限在2年内应具有干荷电的性能，2~3年内应具有一般电池的性能。制动皮碗从出厂之日起，在正常条件下可保证3年以上仍保持外表面光亮，但通过试验看出，3年以上时体积膨胀大大超过标准规定，虽能使用，但寿命下降。

据有关资料介绍，黑色金属配件在相对湿度100%，温度42℃以上时，只需2~3h即会生锈。因此，重视产品储存期限，并在期限内尽快销售是十分重要的。

（5）安排适当的库房和货位　各种配件的性能不同，对储存保管的要求也不一样，因此在安排库房和配件进库后具体安排货位时，应把不同类型、不同性质的配件，根据其对储存条件的要求，分别安排到适当的仓库和货位上去。

汽车配件，在同一车型不同系列中，甚至是在同一个系中，可能有几种不同性能的配件，对于忌潮的金属配件，应集中放在通风、向阳的位置；对于忌高温的配件，应放在能避阳光的位置；对于防尘、防潮、防高温要求高的配件，应设专柜储存，专人保管，这样安排比较合理。对于高档的或已开箱的配件，像收发机、仪器仪表、轴承等，在条件具备的情况下，可设密封室或专用储存柜储存。

(6) 严格配件进出库制度 库存配件应严格执行先进先出的原则,尽量减少配件在库时间,使库存不断更新。

2. 配件的养护

(1) 自然因素对汽车配件的影响 汽车配件品种繁多,因为使用的材料和制造方法的不同而各具特点,有的忌潮,有的忌热,有的忌阳光照射,有的忌压等,在储存中应管理养护得当,才能保证汽车配件的质量不变化。

1) 温度对汽车配件的影响。汽车配件适宜的储存温度都有一定的范围。例如,橡胶类配件在 25~30℃时,柔软而富有弹性,而在高于 40℃时,则会软化发黏,但在 10℃以下时,又会变硬变脆,从而失去弹性,强度下降;软木纸及垫,适宜温度一般为 18~25℃;一些酚醛塑料制品在温度超过 40℃时,就会发生变形,某些有油漆防护层的配件也会出现龟裂现象;金属制品对温度也有一定要求,因为金属配件表面涂有保养油或蜡,遇到高温,保养油或蜡也易熔化发生干黏。所以必须掌握仓库内的温度变化。一般来讲,用于保管汽车配件的仓库,其室温应保持在 20℃左右为宜。

2) 湿度对汽车配件的影响。湿度是指空气中水蒸气含量的程度,空气湿度通常用"绝对湿度""饱和湿度"和"相对湿度"表示。绝对湿度是指空气中实际所含的水蒸气,即按每立方米空气中所含水蒸气的质量,其计量单位为 g/m^3。饱和湿度是指空气中所含的水蒸气有饱和点,超过饱和点就变成水珠落下,这时的空气湿度称为饱和湿度。测定饱和湿度常用的器具是温湿度表。相对湿度是指空气中所含的水蒸气距离饱和水蒸气含量的程度。绝对湿度不能充分说明空气干湿程度的状态,相对湿度则能确切地表示空气潮湿程度。相对湿度可由式(5-1)表示

$$相对湿度 = \frac{绝对湿度}{饱和湿度} \times 100\% \qquad (5-1)$$

由式(5-1)看出,相对湿度越高,距饱和点越近,越潮湿,这时对具有吸潮性的配件的损害就越大,会使忌潮配件生霉腐蚀。金属配件本身虽不吸潮,但湿度大时,在金属表面就会凝结一层极薄的水膜,甚至形成水珠,加速其氧化生锈,所以对金属配件,特别是精密配件,尤应注意防潮。石棉制品,如汽车配件各类衬垫(片)受潮后,会出现片状雪斑,使其技术性能降低。相对湿度大于 85%,气温在 30℃以上时,会使电器零部件及绝缘制品受潮,性能下降。相反,相对湿度过低(一般小于 50%)对某些零部件也会产生不良影响,如油封用的橡胶和皮革会出现干裂、发脆,各种纸垫块、木纸等也会发生伸缩变形,一般库内相对湿度应保持在 70% 左右为宜。

但是,不同材质的汽车配件又各不相同。例如,汽车配件轮胎,保管的相对湿度以 50%~80% 为宜;软木纸保管的相对湿度以 40%~70% 为宜;还有些汽车配件特别怕潮,例如,车用收放机、电器元件,受潮后会影响其使用效果;仪器、仪表受潮后会影响其灵敏度。

3) 日光对汽车配件的影响。适度的日光对有些配件能起到好的保护作用,以热能蒸发多余的水分。但过强的日光经常照射在零件上,也会产生不良影响,如橡胶制品、转向盘、分电器盖、蓄电池壳等在长期光照射下,会很快失去光泽并发生老化、开裂、发黏,失去弹性。汽车配件玻璃在长期日照和冷热温度变化较大的情况下,会发生自然碎裂。金属制品、收录机等,也应避免日光照射。

4）其他因素对汽车配件的影响。尘土和杂物不但影响仓库的清洁卫生，而且严重威胁库存零部件的质量和安全，会加速金属零部件的锈蚀，并使电器元件绝缘性变差，影响仪器仪表的精密度和灵敏度，还会影响收音机、收录机的使用效果；各种虫害对库存配件的质量和安全，也影响很大，蛀虫、老鼠等常咬坏一些线织布质配件、坐垫以及零部件包装物（含包装木箱、纸箱、纤维板箱等），而且还会毁坏建筑物上的木材部分以及木质垫板、枕垫等。

（2）各种配件的管理和养护 钢铁在汽车配件材质中占多数。它的主要特点是，在潮湿时容易氧化生锈，在表面形成一层淡红色或暗褐色的细状粉末（即氧化铁）。由于氧化铁结构疏松，容易继续吸湿，若不及时清除保养，则会促使金属进一步氧化锈蚀，出现麻点，破坏商品表面精度。根据实践经验，若零件上油（蜡）前清洗较好，油（蜡）配方合格，配件一般可储存 5 年左右不锈蚀。否则，一年内配件表面即呈现黑灰色或片状黑色污斑痕迹。

有色金属在汽车配件中，使用较多的是用钢和铝制造的活塞和各种衬套等。在储存中铜制产品与空气中的氧接触后，会生成绿锈，这就是铜制品的锈蚀表现。铝与空气中的氧接触后，会产生一层氧化铝，氧化铝薄膜也可起一定的阻止继续氧化的作用。但铝与空气中的酸及碱接触后，会产生白色粉末状的盐碱。

各种镀有防护层的零部件：镀铬的零部件呈青光，外表光亮，抗腐蚀性强，但若灰尘长期包围其表面，镀层会失去光泽，逐渐变暗；镀锡的零部件呈灰白色，有轻微光泽，但容易被坚硬物质划伤，若湿度过大，会从镀层内部生锈；镀铜的零部件呈淡红色，不宜久放，储存时间稍长，即变成白红色，特别是与二氧化碳及酸接触后，表面会产生绿斑，影响美观；有油漆防护层的零部件，表面坚韧而光亮，装饰性和耐蚀性均好，但受阳光辐射的影响，会发生褪色和脆裂，若遇油脂，也容易产生漆层脱落。

（3）防范措施 汽车配件养护的常用办法是防潮、控制温度、清洁、定期保养等。

1）配件加垫。汽车配件绝大部分都是金属制品，属忌潮物资，一般都应加垫，以防锈蚀。至于垫的高度，要从实际需要出发，一般应为 10～30cm。枕垫的作用是隔潮、通风。

2）加强库内温度、湿度的控制。可采取自然通风、机械通风或使用吸潮剂等措施来控制库内的温度、湿度。具体地说，就是根据不同季节、自然条件，采取必要的通风、降潮、降温措施。当库内湿度大于库外湿度时，可将门窗适当打开。当库内湿度降到与库外湿度基本平衡时，就将门窗关闭。如果库外湿度大于库内湿度，窗户不要打开。收货、发货必须开门时，作业完毕后，一定及时关门。有条件的仓库，除了上述自然通风外，还可以采取机械通风的办法，在库房的上部安装排风扇，下部安装送风扇，这样可以加速库内空气的流通，起到降温、降潮作用。

3）采取库内降潮办法。在雷雨季节或遇其他阴雨天气，库内和库外湿度都很高时，唯一的办法，就是使用吸潮剂吸潮。吸潮剂一般有生石灰、氯化钙、氯化锂。一般汽车配件采用氯化钙为宜。在使用吸潮剂吸潮时，必须关闭门窗和通风孔洞，才能保证吸潮效果。

4）建立零部件保养制度。可选派一些有零部件保养科学知识和保养经验的人员，对滞销积压及受损零部件进行必要的保养。

5）搞好库内外清洁卫生。搞好库内外清洁卫生，做到库房内外无垃圾、无杂草、杂物，加强环境绿化，以防尘土、脏物和虫害的滋生。经常检查库房内的孔洞、缝隙、零部件包装，建筑的木质结构等，发现虫害要及时采取措施捕灭。

6）保证汽车配件包装完好无损。凡是有包装的配件，一定要保持其内、外包装的完好，这对于仓库保管员来说，是一项重要的纪律，必须严格遵守。如果损坏了包装，从某种意义上讲，就等于损坏了零部件的质量。因为包装本身就是为了防潮、防尘、防磕碰，保护零部件质量而设计的。

（4）特殊汽车配件的存放和养护 一些特殊的汽车配件应采取不同的方法进行保管和养护，以保证其不变质。

1）不能沾油的汽车配件。存放轮胎、水管接头、V带等橡胶制品的配件时，特别怕沾上柴油、润滑脂、润滑油等，尤其是汽油。若常与这些油类接触，就会使上述配件中的橡胶质地膨胀，很快老化，加速损坏甚至报废。

干式纸质空气滤清器滤芯不能沾油。否则会有灰尘、砂土粘附在上面，将滤芯糊住。这样会增大气缸进气阻力，使气缸充气不足，影响发动机功率的发挥。

发电机、电起动机的电刷和转子沾上润滑脂、润滑油后，会造成电路断路，使其工作不正常，甚至造成汽车配件不能起动。风扇传动带、发电机传动带若沾上油，就会引起打滑，影响冷却和发电。干式离合器的各个摩擦片应保持清洁干燥，若沾上油就会出现打滑。同样，制动器的制动蹄片如沾上油，则会影响制动效果。散热器沾上润滑油、润滑脂后，尘砂粘附其上，不易脱落，会影响散热效果。

2）爆燃传感器的存放。爆燃传感器受到重击或从高处跌落后会损坏，为防止取放时失手跌落导致的损坏，这类零部件不应放在货架或货柜的上层，而应放在底层，且应分格存放，每格一个，下面还应铺上海绵等软物。

3）减振器的存放。减振器在车上是承受垂直载荷的，若长时间水平旋转，会使减振器失效。因此，在存放减振器时，应将其竖直放置。水平放置的减振器，在装上汽车配件之前，要在垂直方向上进行手动抽吸。

3. 卡物相符、服务便利

"卡物相符"的程度如何，是考核仓库保管员工作质量的一项具体内容。卡物相符率高，就证明保管员的工作质量好，反之，就证明其工作质量差。提高卡物相符率的关键是认真执行"五五堆码"和"有动必对"的原则。其中，最重要的是"**有动必对**"，**这是保证卡物相符的有力措施，每当发完一批货，必须将卡片的结存数量与库存实物结存数量，当时进行核对，一定要保持卡片的结存数与仓库的实物结存数相符**。如果发现卡片结存数与库存实物不符，必须在零部件出库之前查清楚，并进行妥善处理，否则不准出库。另外要把好"盘点关"。每月、每季度或每半年一次的定期盘点，一定要盘彻底、点清楚。平时，应加强动态管理，常动的零部件，要经常进行查对，发现问题要及时与业务部门联系，查明原因，及时处理，以保证卡物相符。

服务便利的基础工作是零部件堆码讲究科学性，不仅要把不同车型、品名、规格、单价、产地和含量的零部件分别归堆，商品标志一律朝外，堆与堆之间要保持一定距离，而且一定要遵循"五五堆码"的原则。大批量的零部件，可以设分堆，建分卡，力求整数，并分层标明细数，便于做到过目成数，使发货、核对方便。

五、典型的配件管理方法

为达到处处为用户着想，做到用户随到随发，尽量减少用户等候时间的目的，应采取科学便利的管理方法，改变保管员凭个人头脑记忆去执行存取工作的习惯。"靠个人头脑记忆"常出现保管员不在时，其余人员难以发货，甚至找不到、发不出货的问题。如果保管员本人也忘记了，就会造成更大的困难，用户取不到货，浪费了用户的时间，影响了企业的信誉，严重的会丢失客户，影响企业的经济效益。

（一）三维坐标法

这里介绍一种存取配件极为方便有效的方法，这种方法其实就是利用数学中的用三维坐标去确定空间中一点的方法。

1. 操作办法

1）划定货位，并编出小货位号。
2）在账页上写明该种配件存放位置的货位号。
3）在货架前悬挂有动态记录的货物卡片。

2. 确认配件存放位置的具体方法

1）把库内外将要存放配件的地方（即货位），都用交叉编号的方法命名，其做法是：对于平面货位，用交叉的两个号码来规定——纵横坐标定位法，如图5-4所示。现用这个仓库的平面布局示意图，简要说明一下。

库内纵向（排）编号为A、B、C、D、E、F、G、H、I、J、K、L。横向（位）编号为1、2、3、…、15、16。编号写在墙上或用字牌挂在空中。

从图5-4中可以看出各货所放的位置，其货位号分别是L6，CD11和F15。

对于用货架存放（立体堆放）的，用货架号、层号及格号来命名（或用单格号），如图5-5所示。

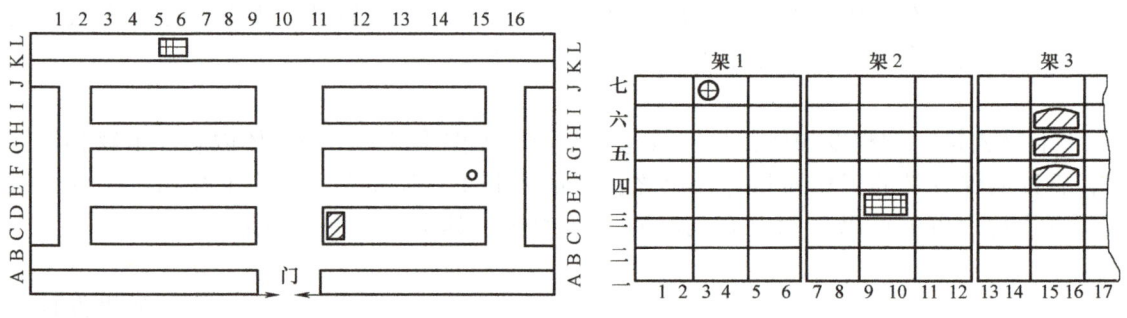

图5-4　仓库存放示意图　　图5-5　货架存放示意图

从图5-5中可以看出各货所放的位置，其货位号分别是架1七3，架2三9、10和架3四五六15、16。

如果有几个库房，还应编库房号，或按配件种类定名。但应注意，各种号码都应在明显位置标出。

2）收货人收货后，在账页上写明该配件存放位置的货位号，如果一种货放在几个货位上，应写明几个货位号，还可注明发出顺序。

3）为了更有效地防止差错，并随时掌握货量的动态，还应在货位上配件前悬挂记录着动态信息的货物卡片，如图 5-6 所示（货卡上有与账页相同的主要项目和收、发、存及经手人等栏目）。

3. 工作程序

（1）收货程序 核对进货票上与实物有关的品名、规格、单位、数量等，各项应完全相符。按进货票查对是否原来已有同种配件的账页。如果有，就只把票上的有关项目记入原账页，并确定进货的存放货位，若仍放在原货位，则不必另写货位号，并继续使用原货卡。若放

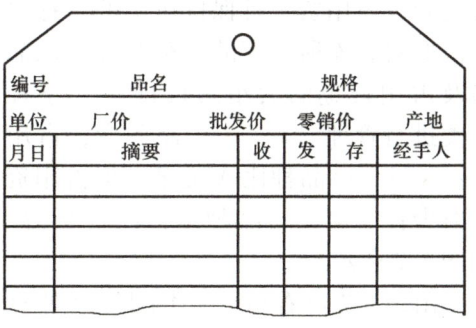

图 5-6　零部件动态记录卡

在其他货位，就必须写明进货的新货位号，再填写一个新的货卡，挂在货前。如果原来没有此货的账页，就要填写新账页，并在写明存放的货位号后加入账册，配件前应挂上新的货卡。

（2）发货程序 按提货票查出与它相符的账页，从账页上查出该货存放位置的货位号，按账页上写明的货位号到货位上核对货票与货卡，两者相符，即可发货。对货已发完的账页或货卡，都应保存起来，以便重新使用，一方面可以节约，另一方面也便于核查该货进出的历史情况。

上述存放方法的优点如下：

1）由于账页上有明确的零部件存放位置，货位上有明确的货位编号，所以无论谁都能立即进行收发货工作，不会因新手、不认识货或记不住等情况而影响收发货。

2）保管员的工作，因不受记忆力的影响，所以保管的物资品种是不受限制的。其工作能力只与工作量有关。

3）仓库再大，品种再多，也只需一个值班人员，依靠查账，就具有收发任何一种货物的能力。另外，也是实现仓库管理自动化的基础。

4）货位上的存量与品种是灵活的，可以按需变动（移动了的货，要修改账页上的货位标记），无需空出货位，专放某种货。这就使仓库的货位得到最充分的利用。

5）由于货卡上有收、发、存的动态记录，因此库存量的核对工作，就可以随时在货位上查清。检查人员也能直接了解到该货的动态等情况。

（二）ABC 管理法

ABC 管理法也称为重点管理法，它是现在世界上经济发达国家在经济活动中普遍采用的管理方法。在实行上述按部、系、品种或按车型系列的条理化管理的同时，也应采用 ABC 分析法进行管理。

ABC 分析法是经济活动中应用的一种基本方法，是改善企业经营管理的一项基础工作，是企业进行经营决策的必要依据。它是一种从错综复杂、名目繁多的事物中找出主要矛盾，抓住重点，兼顾一般的管理方法。ABC 分析法又称为重点管理法或分类管理法，广泛应用于商品的销售、采购、储备、库存控制等各个环节中，目的在于提高资金利用率和经济效益。

1. ABC 分析法原理

汽车配件经营品种规格繁多，如何做到库存商品既能及时保证销售的不间断，又尽

可能减少占用资金且保持适当的库存量，这就需要对仓库所储存的汽车配件，以品种规格及占用资金的大小进行排序，分为 ABC 三类进行管理。A 类配件品种少，占用资金大；B 类配件品种比 A 类多，但占用资金比 A 类少；C 类配件品种多，但资金占用少，如图 5-7 所示。

由图 5-7 可看出，A 类配件品种只占总品种的 10% 左右，资金却占总资金的 70% 左右；B 类配件品种占 20% 左右，其所占用的资金也为 20% 左右；C 类配件品种占 70% 左右，资金只占 10% 左右。从其重要程度看，A 类最重要，B 类次之，C 类再次之。根据上述情况，对各类配件采取不同的管理方法。

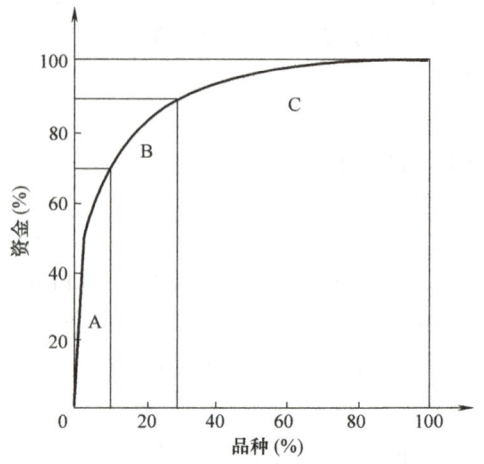

图 5-7　ABC 分析图

(1) A 类配件　A 类配件一般是常用易损易耗配件，维修用量大，换件频率高，库存周转快，用户广泛，购买力稳定，是经营的重点品种。对这类配件，一定要有较固定的进货渠道，订货批量较大，库存比例较高，在任何情况下，都不能断档脱销。决策者必须随时掌握其进、销、存的比例变化，使其占有优先地位。A 类配件的主要品种一般是活塞环、曲轴、气缸体、散热器、活塞、万向节、气缸垫、后制动片、钢圈、后半轴等几十个品种。在仓库管理上，对 A 类配件应采取重点措施，进行重点管理，选择最优进货批量，尽量缩短进货间隔时间，做到快进快出，加速周转。要随时登记库存变化，按品种控制进货数量和库存数量，在保证销售的前提下，将库存储备压缩到最低水平。

(2) B 类配件　对 B 类配件只进行一般管理，管理措施主要是做到进销平衡，避免积压。

(3) C 类配件　C 类配件，由于品种繁多，资金占用又小，如果订货次数过于频繁，不仅工作量大，经济效果也不好，一般可根据经营条件，规定该类配件的最大及最小储备量，当储备量降到最小时，一次订货达到最大量，以后订货也照此办理，不必重新计算，这样有利于集中力量抓 A、B 两类配件的管理工作。

2. ABC 分类

1）计算每种配件在一定时期内（例如一年内）所花费的资金总额，其计算方法是以配件单价乘以需求量，列出品种和资金一览表。

2）根据一览表，把每一配件品种资金数按大小顺序排列，计算出各品种占总金额的百分比。

3）根据配件品种数和资金额占全部品种数和总金额的百分比，将配件分成 A、B、C 三类。例如，某配件公司，每年销售汽车配件 3421 个品种，年销售总额为 8390 万元。通过计算每一种配件资金数及各品种占总金额的百分比，列出占销售总额 70% 和 75% 的配件各品种为 A 类，再划出占销售总金额 15%～20% 的配件品种为 B 类，其余为 C 类，见表 5-11。

表 5-11　汽车配件 A、B、C 分类

分类 （按单一品种销售金额）	品　种　数	占全部品种的比率 （%）	销售金额累计 /万元	占销售总额的比率 （%）
A（5 万元以上）	328	9	6300	75
B（1 万元以上）	672	20	1420	17
C（其余）	2421	71	670	8
累　　计	3421	100	8390	100

表 5-11 中所列 3421 种配件中，单一品种销售金额在 5 万元以上的有 328 种，占全部品种的 9%，其销售额累计约占销售总额的 75%，这 328 种配件划为 A 类；销售金额在 1 万元以上、5 万元以下的共 672 种，占全部品种数的 20%，其销售额累计占总销售额的 17%，这 672 种配件划为 B 类；其余 2421 种配件，其销售额仅占总销售额的 8%，而品种数却占总数的 71%，故划为 C 类。

对全部配件进行 ABC 分类是一项比较烦琐的工作。当前许多汽车配件销售企业实行了计算机管理，先将该企业经营的全部配件的品种、品名和其 1 年的销售额录入计算机数据库里，然后由微机汇总销售总额及各品种全年销售额，再计算每个品种年销售额占年销售总额的比率，由大到小排序。从而分析出 A、B、C 三类品种。如果销售部门用微机进行开票，整个部门的所有汽车配件品种每月每日销售额都已存入微机，这样用微机进行 ABC 分类就更为快速和准确，而且既可以让微机对全年的销售情况做 ABC 分类，又可对半年或近几个月的销售情况做 ABC 分类。微机只需几分钟即可完成 ABC 分类。最后由打印机输出 ABC 分类清单，效益较人工计算提高几百倍，既节省人力，又提高了信息反馈速度。

3. ABC 分析法的特点

ABC 分析法在零部件仓库的管理科学性、计划性、经济效益等方面已显示出了强大的优势，已被许多企业采用，它主要有以下作用：

1）可使配件库存管理有条理，储备有重点，供应有主次，订货易选择，核算有基础，统计好分析，为配件核算和计划编制工作奠定了基础。

2）可以对配件进行合理分类，较准确地确定订货批量和储备周期。能克服不分主次盲目储备的缺点，使储备从定性分析上升为定量分析，做到配件储备定额合理先进。

3）以资金大小依次分类，可以使管理人员自觉形成对资金管理的重视，并且管好 A 类配件，从而取得用好资金的主动权。可以改变管理人员"只管供，不管用，只管物，不管资金"的片面做法，提高配件仓库的微观经济效益。

4）对于占用资金不多的 C 类配件，可采用规定该类配件的最大及最小储备量的方法来保证供应，节省了大量的时间和保管费用，避免了人力、财力、物力的浪费，能更好地集中精力抓主要矛盾，管好 A 类及 B 类配件。

5）能有效地帮助仓库管理人员逐步摸索和分析配件进销及库存的数据和规律性，有助于避免配件库存积压，进行合理储备，有助于加速资金周转，便于仓库核算及企业经济效益的提高。

6）ABC 分类法不仅可使配件分类清楚，还可使合同管理更为严格，因为零部件一旦

缺货，就能及时反映出供需矛盾，所以还能增强执行合同的严肃性。

7）有助于企业进行库存结构分析。汽车配件销售企业的库存结构，是指适销对路的配件在整个库存中所占的比重。适销配件占的比重大，代表库存结构好；适销商品所占的比重小，代表库存结构差。库存结构是汽车配件销售企业的一项重要业务指标，它直接标志着企业商品资金占用是否合理，反映出企业经营管理的好坏，经济效益的高低。企业应该经常对其库存结构进行分析，不断通过扩大销售和调整进货等手段，调整库存结构，保持库存结构的最佳状态。

（三）广州本田汽车维修站的配件仓储管理

仓储工作是企业经营管理中的重要环节，其管理的好坏，将会直接影响到企业的经营、经济效益。因而企业在经营管理中，决不可忽视对仓储工作的管理。

要采用先进的管理方法、组织形式，科学地组织生产、销售和服务，就要使用PDCA循环法。在这里介绍一下如何将PDCA这一科学管理方法引入汽车配件行业的仓库管理工作中。

广州本田汽车维修站的配件管理采用的就是PDCA循环法，即PLAN（计划）、DO（实施）、CHECK（检查）、ACTION（处理）。**PDCA循环法把汽车配件管理工作分为四个阶段和八个步骤，并通过不断循环来达到提高管理水平的目的。**

1. 计划阶段

广义地讲就是具体制订企业质量计划，提出总的质量目标。狭义地讲就是对某一项具体工作制订计划，提出总的目标。具体来讲又分为以下四个步骤：

1）分析目前现状，找出存在的问题。分析仓储工作应从以下几方面着手，即库容、人员、库存结构、库存设置、通风条件等；然后从以上分析中找出存在的问题，以便为下一步工作提供条件。

2）分析产生问题的各种原因以及影响因素。作为仓储管理工作人员，应该注意的问题有：①进货时的验收关。作为配件行业的仓库进货，不光是点点数字、查查件数，还要防止劣质汽车配件进入仓库，把好验收的最后关头。②发货容易出现错误，给用户带来不必要的麻烦。③汽车配件入库的码放以及平时的管理、保养。而造成这些问题的因素，均来源于保管人员的素质以及管理得不够科学。

3）分析并找出管理中的主要问题。在上一步骤中，我们分析到管理中的主要问题是保管人员的素质。其次，管理措施的制定也要跟上。

4）制订管理计划，确定管理要点。根据以上分析，对查找出的问题，制定管理的措施、方案，明确管理的重点。制定管理方案时要注意整体的详尽性以及互相排斥性的原则。详尽性即方案尽可能多些，排斥性是指选择甲方案就不能选择乙方案。

2. 实施阶段

实施是指按照制订的方案去执行，即按在管理工作中全面执行制订的方案执行。

3. 检查阶段

检查实施计划的结果，这一阶段较为重要。它是对实施中方案是否合理，是否可行，有何不妥的检查。通过检查工作，调查实施效果，为下一阶段工作提供条件。

4. 处理阶段

处理阶段包括以下两个步骤：

1）加以标准化，即把已成功的可行的条文进行标准化，将这些纳入到制度、规定中，防止以后再发生错误的情况。

2）找出尚未解决的问题，转入到下一个循环中去，以便解决。

PDCA 循环法是一种科学的工作方式，将其用到汽车配件行业中的仓储工作中很有必要。目前，国内汽车配件行业中的仓储管理工作是比较落后的，存在的主要问题是保管人员的素质很低，一般只求能发货即可；零部件堆放不合理，货架摆放很随便，不能做到按统一体号、区号、架号、层号、位号来科学管理，使人进入仓库感到很乱；对库存货物的保养不及时，不认真，甚至常年不动，出现一些汽车配件零部件生锈，粘在一起，造成不必要的损失；此外还有入库验收不严，使得一些劣质零部件流入仓库，造成库存积压。

因此，在引入 PDCA 循环法之时，要针对行业问题制订计划，其重点是要解决保管人员的素质问题。同时，随着科学技术的进步，逐步向计算机化过渡，使仓储工作走上科学化轨道。

5. 广州本田汽车特约维修服务站配件仓库内的布局

（1）空间的利用 根据配件的大小及库存量，按照小型配件、中型配件、大型配件、长型配件来进行分类放置，以节省空间。

1）用配件纸盒来保存小型配件、中型配件。
2）使用适当尺寸的配件货架以及零部件纸盒。
3）将不常用的配件放在一起进行保管。
4）留出用于保存新车型配件的空间。
5）没有用的配件要及时废弃，扔掉。

（2）防差错的保障措施 为了防止配件入库时发生错误，采取了一系列的保障措施。

1）将配件号码完全相同的配件放在同一个配件纸盒内。
2）不要将配件号码完全相同的配件放在两个以上不同的地方。
3）不要将配件放在通道上或配件货架的顶上。
4）将货位号写在标签上。
5）地面、墙壁、配件货架、配件纸盒的颜色要明快。
6）提供适当亮度的照明。

（3）保证配件的质量 为了防止汽车配件变质，配件仓库内需注意以下事项：

1）仓库内要经常保持清洁。
2）避免高温、潮湿。
3）避免阳光直接照射。
4）仓库内要禁止吸烟，并放置灭火器。

（四）丰田汽车特约维修服务站配件库房管理

丰田公司针对汽车配件库房仓储管理总结出 7 种技术方法，具体内容如下：

1）垂直仓储。垂直仓储可防止由于堆积仓储的压力而损坏配件，节省空间，易于提货、装箱。例如将排气消声器垂直摆放于专用货架，而不是水平放置，避免由于配件过长突出到过道，危害工人，并难于提货，而且垂直摆放易于提货装箱，并能减少浪费空间。

2）按产品仓储。将汽车配件分类，例如分为金属产品、箱装零件、塑料零件等，并分类存放，避免零件装箱、提货时被损毁，减少浪费。

3）重型零件放在下部低位。出于安全和便于提货的角度考虑，应将重型零件放置在货架的下部低位，这样可在提货、装箱时减少上下运动，使仓储环境安全，便于安全操作。

4）按每个零件号分开放置。以配件号顺序仓储配件，减少了寻找配件的时间，平均每件配件的寻找时间可减少4s，并能减少制作货架标牌的位置数字位数，促进空位管理，方便盘点。

5）按容易拿取分放。每个货架都有一定的高度，但汽车配件货架的高度一般不超过 **1.8m**，按这个高度一般将货架分为3~4层，将周转速度快的零部件放置在货架中部为宜（伸手可及之处），方便装箱、提货时确认零部件，以减少时间。例如将丰田4500汽车配件离合器摩擦衬片放置在货架伸手可及之处。

6）非正规零件管理。例如将盘点时发现的损毁零件放置在货架顶部，便于检查，提醒库房管理人员处理这些零件，或在库房专辟一个存放报废零件的货区等。

7）按配件的周转速度仓储。将周转速度快的配件放置在离库房提货区近的位置，方便提货，减少提货时间。

在进行汽车配件零件库房零部件仓储设计时，随着汽车配件周期性的变化，例如春季和秋季以保养类零件需求多，应对其重点存储，而冬季由于冰雪路面易于出现突发性故障，外饰件需求多（风窗玻璃、翼子板、车灯等），需在库房对汽车配件的摆放进行调整等。当然，并不一定完全遵循上述7种仓储技术，因为汽车配件仓储的主要内容就是如何利用有限的空间存储更多的汽车配件零部件，但是一定要遵循以下**原则：安全、质量和效率**。

知识拓展

WMS仓储管理系统

WMS仓储管理系统是一个实时的计算机软件系统，它能够按照运作的业务规则和运算法则，对信息、资源、行为、存货和分销运作进行更完美的管理，使其最大程度地满足有效产出和精确性的要求。

这里所称的"仓储"包括生产和供应领域中各种类型的储存仓库和配送中心，当然包括普通仓库，物流仓库以及货代仓库。WMS仓储管理系统包括软件、硬件、管理经验。传统的仓储管理系统概念中忽略了管理经验和自动识别硬件的缺失。仓储管理系统中的软件指的是支持整个系统运作的软件部分，包括收货处理、上架管理、拣货作业、月台管理、补货管理、库内作业、越库操作、循环盘点、RF操作、加工管理、矩阵式收费等。仓储管理系统中的硬件指的是用于打破传统数据采集和上传的瓶颈问题，利用自动识别技术和无线传输提高数据的精度和传输的速度。管理经验指的是开发商根据其开发经验中客户的管理方式和理念整合的一套管理理念和流程，为企业做到真正的管理。

第三节 汽车配件储备量的确定

一、保本期管理法在仓库管理中的应用

经营汽车配件的资金约有 70% 以上被库存商品资金所占用，推行保本期管理是把库存的时间概念引入到物流管理的一种新理念，使经营工作由事后分析转向事前预测，有利于增强商品进、销、存的预见性，使商品资金加速周转，提高经济效益。它是在商品销售量、成本、利润分析的基础上，结合经营上的特点，进行利润、费用、储存时间的分析，从经营商品盈亏角度，对商品的保本储存期限进行预测，从而对商品进、销、存全过程进行系统的综合管理。

1. 保本期和保本量的计算方法

（1）保本期的计算方法 保本期是指商品从购进到实现销售不至于发生亏损的最长储存期限。在保本期截止之日销售出去的没有利润，但能保本。超保本期销售就要发生亏损，保本期天数的计算公式是

$$保本期天数 = \frac{(1+加成率)(1-管理费用率-利前税率)-1}{日息率}$$

式中，加成率是指商品进销差价与销售原价的百分比。

商品保本期在业务经营中起到"标尺"和"界限"的作用，增强了"时间就是效益"的观念，进、销、存不忘保本期，树立全面为销售服务的思想。

在测算中，管理费用和利前税率可用上年度实际数据，利息率用当年的，加成率是预测的。

（2）保本量的计算方法 保本期是指商品在库的最长期限。保本量是控制进货或库存的最高数量，其计算方法是

$$保本量 = \frac{预测期销售数量}{预测期天数} \times 保本期天数$$

一般保本量每年测算一次，将测出的数字记在主要车型经营品种动态分析台账上，作为衡量进货量和库存时的一把尺子。

2. 保本期的操作程序

1）收到商品发票和记收单据后，由物价员测定该商品的加成率，用保本期公式算出保本期天数，合同员在入库单上填写保本期界限日。

2）商品放进仓库后，保管员在填制商品保管卡片时，同时注明保本期界限日。当出现超保本期商品时，在保管卡片上印上显著标志，以示警告。

3）营业员收到商品入库单后，要按照单上的保本期界限日记在营业账或商品账上，当出现超保本期商品时，向主管业务部门或经理反馈，反馈表见表 5-12。

按保本期的要求，应当随时发生，随时反馈。

4）如果前批进货尚未销完，一般不应再进货，当前批进货剩余较少时，可视同后一批一卡保管，但是要先进先出。当前批商品剩余数量较多时，要分卡保管，对新进的商品执行新的保本期界限日。

表 5-12　月超保本期反馈表

车型：

商品编号	品　名	单　位	产　地	单价/元	超保本期数量	金　额

5）业务部门和经理收到反馈单后，要立即组织有关人员认真分析造成超保本期的原因，制定措施，堵塞漏洞，抓紧处理，把问题消灭在萌芽状态。

3. 商品保本期管理法的作用

1）利用库存商品保本期管理法，能把住进货关，防止"病从口入"。并且能够及时发现问题，及时调整结构，加速商品资金流转。

2）应用商品保本期管理法可以发动全体员工参与经营管理。商品进来后，各环节按保本期界限日进行监督。保管员发现了问题，可提出警告，营业员发现了问题，可给予反馈，问题提出来后，领导就必须研究解决，从而加强了各个环节员工的责任感。

3）用商品保本期管理法，增强了员工的时间价值观念。进、销、存都要考虑到保本期，以减少费用，提高经济效益。

二、汽车配件合理储备量的确定

汽车配件储备是汽配流通领域中的一个重要环节，在流通中应做到流而不断、储而不阻，使零部件储备真正起到"蓄水池"的作用，这对企业销售额、资金周转及经济效益的提高是非常重要的。

1. 合理储备量的概念

所谓合理储备量，应包括两个方面的内容：一是指库存储备的总金额趋于合理，二是指单一品种储备量与市场需求大致接近，即按车型、品种的库存结构合理。显然这二者是密切相关的，前者是总体需求，对于后者有指导性的约束，后者是前者的具体体现，是前者的基础。否则，总额合理，单一品种结构畸形，仍不利于资金周转，也将影响销售量。所以，确定合理储备量的原则应该是，满足用户需要，有利于资金周转。

2. 合理储备量的确定

一个企业库存储备总值大小的确定，其因素是多方面的。首先是所承担供应范围内所拥有的车型车数，这是基本依据，其供应范围大、涉及的车辆多，则储备总额就大，反之则少。其次是企业本身所拥有的流动资金有多少，所必须达到的资金周转次数是多少。如果资金少、资金周转天数少，则必须加速库存周转，在这种情况下，库存储备额就不能过大。同时，储备量也取决于该企业单车的年供应水平，单车供应水平高，储备总额就需要大一些。单车供应水平又与车辆技术状况、路面等级、车辆出车率及其运输性质有关，为了便于说明问题，用式（5-2）表示储备量值的确定，即

$$W = qg/f \tag{5-2}$$

式中　W——库存储备总额（元）；

　　　q——单车年供应平均水平（元/辆）；

　　　f——要达到的资金周转指标（次/年）；

　　　g——供应的车辆总数（辆）。

为使计算更为准确，现设 i 为任意一种车型，则式（5-2）还可表示为

$$W = \sum \frac{q_i g_i}{f_i} = \frac{q_1 g_1}{f_1} + \frac{q_2 g_2}{f_2} + \frac{q_3 g_3}{f_3} + \cdots + \frac{q_n g_n}{f_n} \tag{5-3}$$

由式（5-3）可知，企业库存合理储备总额等于其所供应的各种车型应储备的平均金额之和。现以实际数据举例，见表5-13。

表 5-13　各车型零部件供应水平及资金周转情况表

项目＼车型	桑塔纳	CA1091	EQ1091	BJ1022	BJ2020N
供应车辆数／辆	1802	2215	325	500	219
单车供应平均水平／（元/辆）	934	273	123	874	140
资金周转指标／（次/年）	1.6	1.2	1.2	1.5	1.2

将表5-13中的数据代入式（5-3），则有

$$W = \frac{934 \times 1802}{1.6}元 + \frac{273 \times 2215}{1.2}元 + \frac{123 \times 325}{1.2}元 + \frac{874 \times 500}{1.5}元 + \frac{140 \times 219}{1.2}元 = 1906025.8 元$$

但是，上式中各个量不是一成不变的，而是随市场形势的变化而不断变化的，因此，合理储备量应定期核定，以取得符合市场变化的最佳值。

关于单一品种合理储备量的确定，主要应以该品种历史同期（一般为上一年）销售水平为依据，但同样也要考虑市场流通的快慢，即库存周转的次数，一般可用式（5-4）表示，即

$$W = \overline{m}(1 + k/100)/f \tag{5-4}$$

式中　W——单一品种储备数；

　　　$\overline{m}$——单一品种历史销售平均数；

　　　f——其应达到的去存周转次数；

　　　k——该品种因各种因素而变化，所取的储备量增减系数。

在取 k 值时，如为发展车型零部件，取增值；如为淘汰品种，取减值。即具体品种具体分析，这样才能使单一品种库存储备趋于合理，从而使整个库存结构合理。

根据一汽大众汽车配件有限公司与服务站签订的意向协议书，为确保售后服务的正常进行，服务站、大用户、专卖店开始订货前，应制订出该站的储备定额及每种备件的

最低库存,并根据保有量的变化情况,每半年或一年修改一次。储备定额及最低库存量确定后,应成为服务站订货的主要依据。

已签订协议的服务站、大用户、专卖店,当地保有量在100辆以下时,备件的储备应不少于12~15万元;当地保有量达到100辆以上时,每增加一辆,备件的储备定额需要增加2000元。

已开业的服务站,当地保有量在250辆以下时,备件的储备应不少于30万元;当地保有量达到250辆以上时,每增加一辆,备件的储备定额需要增加2000元。

第四节 汽车配件的盘存

盘存是指仓库保管员定期对库存汽车配件的数量进行核对,清点实存数,查对账面数,判断账、物是否对应,有无差错;零部件有无变质、失效、残损和滞销等情况。通过盘存可以彻底清查库存零部件的情况,及时发现问题,及时处理,从而减少或避免经济损失。

一、盘存内容

1. 清点数量

对按件计的汽车配件应全部清点;对成批堆垛的零部件应按垛清点,对堆垛层次不清的货物,要翻垛整理并逐批清点。

2. 核对账与货

根据清点的汽车配件实数来核对保管账所列零部件的结存数,逐笔核对。查明实际库存量与账、卡上的数字是否相符;检查收发有无差错;查明有无超储积压、损坏、变质的汽车配件。

3. 账与账核对

汽车配件保管账应定期或在必要时与财务部门或相关业务部门的账核对。

仓库保管员盘查库存,一般每月一次,主要是检查汽车配件的数量、质量、保质期等,并做好记录;财务对账一般每半年或一年一次,特殊情况除外。

二、盘存方法

盘存的方法按时间和重要程度分类主要分为日常盘存、定期盘存和重点盘存。

1. 日常盘存

日常盘存是一种不定期的局部盘存。通常是对动态出入库的零部件进行清点和复核。这种核对花费的时间少,可以及时发现问题,有效提高账货相符率。

2. 定期盘存

定期盘存一般在月末、季末、年末进行,核对后一般要做出"已盘"标记。

3. 重点盘存

根据工作需要,为某种特定目而对仓库物资进行盘存和检查,如工作调动、意外事故、仓库搬迁等进行的盘存称为重点盘存。

进行定期盘存和重点盘存时均应有财务人员参加,盘存情况应及时登记,盘存结束后，填写处理意见，编写盘存报告。

三、盘存结果及处理

对盘存后出现的盈亏、损耗、规格串混、丢失等情况，应组织复查，分析产生的原因，及时处理。

1. 储耗

对易挥发、潮解、溶化、散失、风化的配件物品，允许有一定的储耗。凡在合理储耗标准以内的，由保管员填报"合理储耗单"，经批准后，即可转财务部门核销。实际储耗量超出合理储耗部分作盘亏处理，凡因人为原因造成物资丢失或损坏的，不得计入储耗内。

2. 盈亏调整

在盘存中发生盘盈或盘亏时，应查明原因，明确责任。由保管员填写报告单，经仓库负责人审核签字后，按规定上报审批。

3. 报废与削价

由于保管不当造成霉烂、变质、锈蚀的零部件，在收发、保管过程中损坏并已失去部分或全部使用价值的零部件，因技术淘汰需要报废的零部件，经有关部门鉴定确认不能使用的零部件等，经技术鉴定后需要削价处理的，由保管员填写相关报告单，报经审批后处理。

4. 事故

由于被盗、火灾、水灾、地震等原因，以及仓库人员失职，导致零部件数量和质量受到损失的，应作事故向有关部门报告。

本章小结

在社会化大生产和社会分工的条件下，物资在从生产领域向消费领域转移的过程中，一般都有储存阶段。仓库是用来储存和保管物资的场所，仓库管理就是对储存物资的合理保管和科学管理，在汽车配件采购管理中具有举足轻重的地位。本章首先介绍了汽车配件仓储的作用和任务，详细阐述了汽车配件仓储作业管理，并对汽车配件合理储备量的确定进行了讲解，最后分析了汽车配件的盘存。

复习题

1. 汽车配件仓储的作用和仓储的任务是什么？
2. 汽车配件销售企业的仓库作业管理是什么？具体包括哪些内容？
3. 汽车配件入库作业和出库作业有何要求？仓库单据如何管理？
4. 什么是考核仓库保管员工作质量的具体内容？提高它的关键是什么？
5. 典型的配件管理方法都有什么？并做简单介绍。
6. 自然因素对汽车配件养护的影响有哪些？
7. 具体说明PDCA循环法的四个阶段和八个步骤。

8. 如何计算保本期天数和保本量？它们之间有何联系？
9. 什么是汽车配件的合理储备量？合理储备量如何确定？
10. 何谓盘存？说明盘存的内容和方法以及如何使用和处理盘存的结果。

（扫一扫，查看参考答案）

思 考 题

1. 汽车配件存储分类管理办法有哪些？各自的保管分类特点是什么？
2. 为了避免汽车配件变质常采取哪些防范措施？处理理由是什么？
3. 什么是 ABC 分析法？绘出 ABC 分析图并根据图阐述方法原理。

（扫一扫，查看参考答案）

第六章

汽车配件营销组合

新田富夫所领导的日本东海精器公司就是把眼光瞄准了一次性打火机这种小商品，才做成了举世瞩目的大生意。他是怎样做到的呢？新田富夫将市场上各种品牌的一次性打火机都搜集回来进行研究，获取最先进的技术资料和知识。研究出用超声波熔接接头，使装液化气的机身高度密封，克服了以往一次性打火机漏气的通病，并将欧洲同类产品的金属机身改进为透明塑料的机身，这样，不仅降低了成本，而且使消费者随时可以看清液化气的剩余量，也消除了对漏气的不安。同时，新田富夫将大众消费者常去的香烟摊、杂货店、车站小店等公共场所的小店作为主要的销售渠道。另外，东海精器公司也展开了强大的广告攻势，最终使体尔提·米提尔成为日本家喻户晓的著名品牌。新田富夫的成功说明了销售需要进行调查和营销组合，那么如何做市场调查？营销组合又是什么？通过本章的学习，我们将得到答案。

第一节 市场调查与预测

一、市场调查及作用

1. 市场调查

汽车配件营销市场调查是指对汽车配件用户及其购买力、购买对象、购买习惯、未来购买动向和同行业的情况等方面进行全部或局部的了解，即以商品的购买人和市场营销组合各要素为对象，运用科学方法，收集、记录、整理和分析所有相关的信息情报资料，从而掌握市场的现状及其发展趋势的一种经营活动。

2. 市场调查的作用

市场调查主要有以下几个方面的作用：

1）有利于制订科学的营销规划。通过营销调查，分析市场，了解市场，根据市场需求及其变化、市场规模和竞争格局、消费者意见和购买行为、营销环境的基本特征等，科学地制订和调整企业营销规划。

2）有利于优化营销组合。企业根据调查结果，分析研究产品的生命周期，开发新产品，制订产品生命周期各阶段的营销组合策略。

3）有利于开拓新市场。通过市场调查，企业可以发现消费者尚未满足的需要，了解市场上现有产品及营销策略满足消费需求的程度，从而拓展新的市场领域。

二、汽车配件市场调查的主要内容

常见的市场调查内容有：汽车配件产品调查、顾客调查、销售调查、促销调查、竞争对象调查和汽车配件市场营销环境调查。市场调查的一般步骤如图6-1所示。

1. 汽车配件产品调查

汽车配件产品调查包括对汽车配件新产品的设计、开发和试销,对现有汽车配件产品进行改良,对目标顾客在产品款式、性能、质量、包装等方面的偏好趋势进行预测,以及对产品定价、供需形势及其他因素变化趋势进行调查。

2. 顾客调查

顾客调查包括对消费心理、消费行为的特征进行调查分析,研究社会、经济、文化等因素对购买决策的影响,及其影响的具体环节和领域,了解潜在顾客的需求情况和影响需求的各因素变化情况,消费者的品牌偏好及其对企业产品的满意程度等。

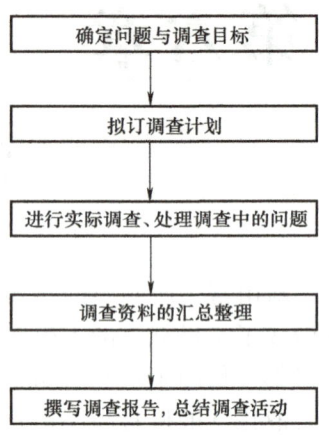

图6-1 市场调查的一般步骤

3. 销售调查

销售调查是对企业销售活动进行全面的审查,包括销售量、范围、分销渠道等方面的调查,顾客的需求情况,产品的市场潜量和销售潜量,市场占有率的变化情况等内容。

销售调查还应就本企业相对于主要竞争对手的优势、劣势进行评估。

4. 促销调查

促销调查主要是对企业在产品或服务的促销活动中所采用的各种促销方法的有效性进行测试和评价。例如:广告目标、设计效果和媒体影响力,公共关系的效果,企业形象设计和塑造等,都需要有目的的调查。

5. 竞争对手调查

竞争对手调查主要是对竞争对手的营销组合、产品的市场占有率和企业实力等进行调查,以了解竞争对手的情况。

6. 汽车配件市场营销环境调查

汽车配件市场营销环境调查主要是对汽车配件市场营销的宏观环境和微观环境因素进行调查,以掌握环境的变化对市场营销的影响,从而指导企业对市场营销策略的制订和调整。

(一)调查准备阶段

1. 确定问题与调查目标

为了保证市场营销调查的成功和有效,首先要明确所要调查的问题内容,既不可过于宽泛,也不宜过于狭窄,要有明确的界定,并充分考虑调查成果的实效性。其次,在确定问题的基础上,提出特定调查目标。

确定调查目标是调查中最重要的,也是较困难的任务。首先要明确调查的目的、意义和调查的项目、内容;其次必须清楚调查结果的用途。

2. 拟订调查计划

拟订调查计划是确定具体的调查内容和步骤,包括确定调查项目,确定信息来源,选择调查方式,估算调查费用,填制调查项目建议书和安排调查进度以及编写调查计划书等。

(1)确定调查项目 根据已确定的调查题目设置调查项目。调查项目越多,需要的人力、经费就越多,时间就越长。因此,要对诸多因素的重要程度进行比较和取舍,在不影响调查结果的前提下,应综合考虑费用的多少、统计能力的强弱等因素来确定调查项目。

(2) 确定信息来源 确定信息来源是指确定获取文字资料的渠道与获取实地调查资料的途径和方式。获取文字资料的途径很多,如通过企业的各种报表、原始凭证获取,以及通过图书馆、统计部门、情报机构等公共机构获取等。

(3) 选择调查方式 包括确定调查地点、对象。应根据调查项目选择具体的调查范围,调查对象的确定要以能客观、全面地反映消费者的看法和意见为宗旨。

(4) 估算调查费用 调查目标不同,调查方法不同,调查项目数不同,所需费用也不同。而调查的规模、方式对费用更具有直接的影响。这就要求调查部门对调查所需的各项费用做出估算,并做出详细费用估算单(见表6-1),以便于企业领导审阅和资金筹备。

表6-1 调查费用估算单

申请人: 调查地点:
调查项目: 调查时间:

项　　目	数　　量	单　　价	金　　额	备　　注
检索费				
资料费				
文件费				
交通费				
统计费				
交际费				
调查费				
劳务费				
杂　费				
其　他				
合　计				

(5) 填制调查项目建议书 调查项目建议书见表6-2。

表6-2 调查项目建议书

```
调查项目:
调查单位:
调查人员:
调查负责人:
日期:          年 月 日_____年 月 日
1. 问题及背景材料:
2. 调查内容:
3. 调查目的:
4. 调查方式:
5. 调查对象:
6. 调查地点:
7. 经费估算:

负责人审批意见:
财务审批意见:
                                      申请人:
                                      申请日期:    年 月 日
```

(6) **安排调查进度** 要按日程详细安排调查的内容、目标和负责人等。

(7) **编写调查计划书** 在正式调查前，把前几个步骤的内容编写成书面文件，以指导整个调查过程。

(二) 调查实施阶段

这一阶段包括收集、整理和分析信息资料等工作。此阶段是花费时间最多且又容易出错的阶段，要求调查人员应具备一定的素质，在整个信息搜集过程中能够在纷繁的信息资料中排除干扰，正确筛选，获得理想的信息资料。调查人员应协同销售人员利用计算机等现代数据处理系统，按照调查目标的要求，进行统计分析。

(三) 分析总结阶段

这一阶段的工作主要有汇总整理调查资料，撰写调查报告。

1. 汇总整理调查资料

首先应对资料进行校核，剔除不必要的，排除不可靠的资料，从而保证资料的可用性和准确性。校核后的资料要按内容分类、编码，编制每一类的统计表。在此基础上进行必要的分析，并提供给有关方面作为参考。

2. 调查误差分析

调查误差主要表现为由调查者的差错造成的误差，由被调查者的差错造成的误差，以及认识和人为误差等。

(1) **由调查者的差错造成的误差** 此类误差主要包括：

1) 代用信息误差。代用信息误差是指调查所需的信息与调查者所搜集的信息之间的误差。

2) 测量误差。测量误差是指所搜寻的信息与由调查者所采用的测量过程所生成的信息之间的偏差。

3) 总体定义误差。总体定义误差是指手中要研究的问题相关的真正总体与调查者所定义的总体之间的偏差。

4) 抽样框误差。抽样框误差是指由调查者定义的总体与所使用的抽样框隐含的总体之间的偏差。

5) 数据分析误差。数据分析误差是指由问卷中的原始数据转换成调查结果时产生的误差。例如，使用了一种不恰当的统计方法导致了不正确的解释和结果等。

6) 其他误差。其他误差包括问答误差，记录误差和欺骗误差（由调查员伪造的部分或全部答案而造成的误差）。

(2) **由被调查者的差错造成的误差** 此类误差主要包括不能正确回答误差和不愿意正确回答误差。

(3) **认识和人为误差** 某一类型的误差仅当其在总误差中占较大比例时才重要，但这一点却常被忽视。在有些情况下，调查者甚至不惜增加某一类误差，以达到通过减小其他误差的手段，来实现降低总误差的目的，结果反而使误差加大。

三、调查方法

1. 文案调查法

文案调查法是指通过搜集各种历史和现实的动态统计资料（第二手资料），从中摘取与市场调查课题有关的情报，在办公室内进行统计分析的调查方法。

这种方法是通过调查人员向有关方面索取资料，或从网络中搜寻，通过剪报、摘录等方式获得。其资料来源主要有：企业内部积累的各种资料，国家机关公布的国家经济发展计划、统计资料、政策、法规、法令，以及一些内部文件等。

这种调查方法的特点是花费时间少，费用低，但是难以得到第一手资料。

2. 访问法

访问法主要有面谈、电话调查、邮寄调查、置留问卷调查和计算机辅助电话访问等。

（1）**面谈调查**　面谈调查是指调查人员与被调查者面对面地询问有关问题，从而获得第一手资料的一种调查方法。

面谈调查的特点是回收率高，信息真实性强，搜集资料全面。但所需费用高，调查结果易受调查人员业务水平和态度的影响。面谈调查又分为：

1）入户访问。它是指调查员到被调查者家中或工作单位进行访问，直接与被调查者接触，逐个问题进行询问，并记录对方的回答，或将直接填写的问卷交给被调查者，讲明方法，待其填写完毕后收回的调查方式。

2）拦截式访问。它是指在某个场所（如商业区、商场、街道、医院、公园等），拦截在场的一些人进行面访调查。此方法适用于商业性的消费调查。

这种调查方法的特点是效率高，但所收集的数据对总体来说代表性不足。

（2）**电话调查**　电话调查是指选取一个被调查者的样本，然后拨通电话询问一系列的问题，调查员做问卷电话记录的调查方法。

这种调查方法的特点是可以在短时间内调查多数样本，成本低。其缺点是不易获得对方的合作，不能询问较为复杂的内容。

（3）**邮寄调查**　邮寄调查是指调查人员将预先设计好的问卷或表格邮寄给被调查者，请他们按照要求填好后再回寄的一种调查方法。

这种调查方法的特点是调查成本低，可以完全随机抽样提取样本，抽样误差低。其缺点是收回率通常偏低，影响调查的代表性。因为没有调查员在场，被调查者可能会误解问卷意义。

（4）**置留问卷调查**　置留问卷调查是指调查人员将设计好的问卷送交被调查者，待其填好后再由调查人员定期收回的一种调查方法。实际上相当于面谈调查和邮寄调查的结合。

（5）**计算机辅助电话访问**　计算机辅助电话访问是指使用一份按计算机设计方法设计的问卷，用电话向被调查者进行访问。这种方法可以利用大型机、微型机或个人用计算机来设计生成，调查人员坐在终端机的对面，并直接将被调查者的回答（用号码表示）输入计算机。在发达国家，集中在某一中心地点进行的计算机辅助电话访问比传统的电话访问更加普遍。

这种调查方法的特点是信息的收集过程自然、平稳，访问时间大大缩短，信息质量好，信息整理程序简化，可直接生成调查报告。

3. 观察法

观察法是由调查人员到现场观察和记录的一种调查方法。

运用观察法时，调查人员既可以耳闻目睹现场情况，也可以利用照相机、录音机、摄像机等设备对现场情况做间接观察，从而获取真实的信息。

适用范围：顾客动作调查，交通量调查，店铺调查。

4. 抽样问卷调查法

抽样问卷调查法是指利用从总体中抽取的一个样本，以及设计好的结构式（标准化）问卷，从被调查者中抽取所需要的信息的调查方法。调查的内容可涉及行为、要求、态度、知识、动机、人口状况和生活方式等方面。

这种调查方法的特点是问卷易于操作，所收集的数据比较可靠，数据编码、分析和解释都比较简单。其缺点是被调查者不愿意或不能够提供所需的信息，封闭性的问题限制了被调查者选择答案的范围，有可能使某些类型的数据有效性受损失。

5. 网上调查法

网上调查法是指在因特网上针对特定营销环境进行简单调查设计、收集资料和初步分析的活动。

这种调查方法的特点是可以充分利用因特网的开放性、自由性、平等性、广泛性和直接性的特点，使调查及时、便捷、费用低、可靠、客观、无时空、地域限制，具有可检验性、可控制性和共享性。

6. 实验法

实验法是指先在一定小的范围内进行实验，然后再研究是否大规模推广的市场调查方法。

对于汽车配件产品，在改变其品质、设计、价格、广告、陈列方法等因素时，可应用此方法先做小规模的实验性改变，以调查顾客的反应。

这种调查方法的特点是具有客观性、科学性。但是实验的时间较长，成本高。

四、市场需求预测

在实际工作中，汽车配件经营企业经常要对市场需求情况进行预测。市场预测是根据市场调查收集的信息资料、统计资料、会计资料或观察值，利用数学方法表达各种相关变量和因变量之间的关系，对未来市场需求进行预测。常用的市场需求预测方法有算术平均法、移动平均法、指数平滑法和线性回归法等。

1. 算术平均法

算术平均法是通过一组已知的统计资料或观察值求取平均数来进行预测的方法。其计算公式为

$$\bar{Y}_{n+1} = \frac{\sum_{i=1}^{n} Y_i}{n} = \frac{Y_1 + Y_2 + \cdots + Y_n}{n} \qquad (6-1)$$

式中 $\bar{Y}_{n+1}$——第 $n+1$ 期销售量预测值；

Y_i——第 i 期的实际销售量；

n——所选期数。

2. 移动平均法

移动平均法是趋势变动分析中的一种较为简单的常用方法。当时间序列的变动趋势为线性状态时，宜采用移动平均法进行描述和分析。

所谓移动平均,就是通过扩大原时间序列的时间间隔,并按一定的时间长度逐期移动,分别计算出一系列移动平均数,由这些平均数形成的新的时间序列对原时间序列的波动起到了一定的修匀作用,削弱了原时间序列中短期偶然因素的影响,从而呈现出现象发展的变动趋势。移动平均数序列计算公式为

$$\bar{Y} = \frac{Y_i + Y_{i+1} + \cdots + Y_{k+i-1}}{k} \tag{6-2}$$

式中 $\bar{Y}$——移动平均趋势值;

k——移动间隔长度,是大于 1 小于 n 的正整数。

移动平均法通常可分为一次移动平均法,二次移动平均法和加权移动平均法。二次移动平均法是在一次移动平均法的基础上,采用相同的 k 值再做一次平均和移动。加权移动平均法则是根据同一个移动段内不同时间的数据对预测值的影响程度,分别给出不同的权重系数,然后再进行平均和移动来预测未来值的方法。一般地,对近期数据赋予较大的权重,对远期数据赋予较小的权重,以弥补简单移动平均法的不足。

3. 指数平滑法

指数平滑法是从加权移动平均法基础上发展起来的,属于一种特殊的加权移动平均法。它把实际的统计资料分为近期和远期两大类,按不同的权重对各期的数据加以平均,来预测未来值。指数平滑法计算公式为

$$\hat{Y}_{n+1} = aY_n + (1-a)\hat{Y}_n \tag{6-3}$$

式中 $\hat{Y}_{n+1}$——第 $n+1$ 期的指数平滑预测值;

Y_n——第 n 期的实际观察值;

$\hat{Y}_n$——第 n 期的指数平滑预测值;

a——平滑系数,$0 < a < 1$。

平滑系数 a 相当于加权系数,a 值的大小体现了不同时期的实际观察值对预测的影响程度。一般来说,时间序列波动大时,a 值可取大些;反之,则可取小些,其取值范围一般在 0.05~0.5 之间。

有时为了使预测值更准确,可在一次平滑的基础上对时间序列再进行二次平滑。

4. 线性回归法

线性回归法可分为一元线性回归和多元线性回归。下面介绍一元线性回归。

一元线性回归模型的形式为

$$Y_i = a + bX_i + u_i \tag{6-4}$$

式中 Y_i,X_i——因变量和自变量的观察值或实际值;

a,b——待定参数,也称为回归系数;

u_i——随机扰动项,等于实际值(观察值)与理论值(估计值)之间的误差。

根据最小二乘法,回归系数 b_0 和 b_1 的计算公式为

$$a = \frac{\sum Y_i}{n} - b\frac{\sum X_i}{n} \tag{6-5}$$

$$b = \frac{\sum X_i Y_i - \sum X_i \sum Y_i}{\sum X_i^2 - \frac{(\sum X_i)^2}{n}} \tag{6-6}$$

式中　　n——观察值的个数。

第二节　汽车配件产品策略

一、汽车配件产品

1. 产品的概念

按照 **GB/T 19000—2008** 系列标准，**产品**的定义是**活动的结果**，即一组将输入转化为输出的相互关联或相互作用的活动的结果。该定义给出的产品概念，既可以是有形的，如各种实物，也可以是无形的，如服务、软件；还可以是有形与无形的组合，如实施一个由计算机控制的某种产品的生产过程。这是现代社会对产品概念的完整理解。

对汽车配件产品来讲，用户需要的是汽车配件能够满足自己运输或交通的需要，以及满足自己心理和精神上的需要，如身份、地位、富贵、舒适等，尤其是那些轿车用户更是如此。此外，汽车配件产品的用户还希望生产厂家能够提供优质的售后服务，如零部件充裕、维修网点多、上门服务、"三包"（即包修、包退、包换）等。

由此可见，现代市场营销中产品的概念，是一个包含多层次内容的整体概念，而不单是指某种具体的、有形的东西。一般来说，汽车配件产品也同样存在着实质产品、形式产品、期望产品、延伸产品和潜在产品的概念。

实质产品是核心。企业必须要在实质产品上下工夫，不断开发出适合顾客需要的新品种，并提高产品质量，这样才能更好地满足用户的需要。在抓实质产品的同时，也要抓好形式产品和其他扩增产品。形式产品与实质产品的外观质量紧密联系在一起，与企业的整体形象也紧密联系在一起，是顾客购买商品前和购买商品时首先获得的印象，对激发顾客购买欲望具有促进作用。

2. 产品的质量

产品质量是产品的生命，是竞争力的源泉。优良的质量对企业赢得信誉、树立形象、满足需要、占领市场和增加收益，都具有决定性意义。因此，国内外的成功企业，都毫不例外地重视自己产品的质量，并不断设法提高产品质量。

汽车配件产品的标准化、通用化、系列化，不仅是产品质量的重要内容，也是企业经营策略的重要内容之一，是提高产品水平和竞争能力的重要措施。就汽车配件工业企业来讲，产品质量的技术标准决策的内容主要有两部分：一是贯彻执行国家（国际）标准、机械工业及汽车配件工业的行业标准（部颁标准），以及企业内部制定的质量标准。总之，有标准规定的要执行标准规定，没有标准规定的，企业也要做好企业的标准工作。二是企业要结合其经营战略，做好企业产品型谱的标准工作，力求有一个符合企业经营战略、布局合理的产品型谱（车型系列）。总之，只有搞好产品的标准化，才能在市场上做到货流畅通。

二、汽车配件产品的保证与售后服务

1. 工作宗旨和方针的确立

企业都是期望通过售后服务工作来取悦客户，取信社会的。因此，所有企业都无一

例外地加重了它的售后服务宣传,并追求其宣传效果。通常都对自己的售后服务工作冠以醒目、响亮的广告语言。

中国东风汽车公司的售后服务工作正式始于1980年,并随即由公司领导集团集体讨论确定了东风汽车公司的售后服务宗旨、方针和目标。

东风汽车公司提出的售后服务宗旨是:质量第一、信誉第一、用户第一(简称"三个第一")。其售后服务工作方针是:热情、周到、方便、及时(简称"八字方针")。售后服务工作的目标是"哪里有东风汽车,哪里就有东风配件的售后服务"和"东风汽车公司对东风汽车从用户开始使用到报废,负责到底"。

日本各大汽车公司共同提出"用户是上帝"的口号。

日本丰田公司提出"车到山前必有路,有路就有丰田车"的口号。

美国福特汽车公司提出"质量第一"的口号。

德国奔驰公司提出"用户至上"的口号。

美国康明斯公司提出公司售后服务工作永恒的主题是:让用户以最低的成本享受到最佳的服务;让经销代理商得到最多的取得效益的机会;让康明斯公司得到最稳定的市场。

尽管提法、说法不一,却都可以清楚地看到用户是被放在第一位的,占有了用户就占有了市场,而产品质量都是公司活跃于市场的根本和基础。

因此法国雷诺公司提出"售后服务"是雷诺公司"开发市场、占有市场、保住市场、保住用户的最得力的工具和武器"的口号。

2. 汽车配件产品的保证

(1) 组织售后服务网络　汽车是大生产的产品,动辄以日产千辆计,很难设想靠汽车生产厂自身的力量,能够圆满完成"售后服务"的诸多工作内容。通常的做法,是在社会上组织一个十分庞大的服务网络,这个网络代表生产厂家完成为用户的全部技术服务的工作。

国外汽车生产企业的售后服务网络是和汽车经销网络结合在一起的,既经销汽车、汽车配件,又提供技术服务。通常由三个层次组成:汽车分配商、汽车代理商、汽车维修点。其中,汽车分配商往往是国际性的,同时兼营多国、多企业的产品,并进行汽车产品的批发和改装。其中,代理商往往是专一销售哪个厂家或哪类产品的代理,具有专业性和排他性。维修点,是分配商和代理商专门建立或委托建立的,处于车辆聚集区或处于高速路边的小维修专点。欧洲各汽车厂往往在自己国家分布4000~6000个维修点。通常,汽车生产厂的地区经理部在自己辖区统管着20~40个分配商,而每一个分配商将管辖20个左右的代理商,每个代理商将直接联络400个左右的直接用户。

汽车生产厂家十分关注售后服务网络的成败,它不会平白就丢失一个代理商,或听任一个代理商的倒闭,因为一个代理商的失去,将意味着失去400个用户。

在"售后服务"的工作圈内,有着这样一条不成文的工作经验,在受理用户的"售后服务"要求时,汽车制造厂本身永远不要把自己推到第一线直接面对用户。固然这是一种工作技巧,但考虑到汽车产品的大量化、大众化,只有靠建立覆盖面最广泛,服务功能最强、最完善的网络,才可能花费最小的精力,最迅速地满足用户的要求,圆满地实现服务。同时,考虑到用户"苦情"的复杂性、真实性和合理性,往往处于"第三者"

立场上的"售后服务"网点能够秉公做出容易为用户所接受的"调解"。

（2）提供充足的汽车配件供应　由于国内企业生产工艺水平和配套零件（电器、轴承、橡胶等零件）的技术水平与国外先进企业仍有差距，因而汽车配件供应显得格外重要。而且几十年来，国家早已制订了汽车配件的"低价值"原则，以及汽车不以经济寿命为使用期，而以能否修理作为寿命考核的原则，过于强调和追求"社会效益"目标，使企业敞开大门，把企业的图样、技术资料几乎拱手相送，给了全社会，企业则几乎不能在汽车配件上得到什么效益。而国外汽车厂家十分重视零部件的供应，它除了能最大限度地满足用户的需要，从而解除其后顾之忧外，零部件供应还是汽车生产企业取得效益的最主要来源。例如，国外大汽车厂家的利润有 1/4～1/3 来自于零部件经营，日本日柴公司的整体利润中，零部件所占份额最高曾达到过 3/4。因而，国际型的汽车企业一般都把零部件经营置于十分重要的位置。而中国几个最大的汽车企业，曾经其零部件经营额仅为企业经营额的 1/35～1/30。

但是中国汽车界人士已经认识到并提出：零部件供应是"售后服务"工作的"脊梁"，这表明它的重要性正在被企业界所认识和接受。

1）汽车配件供应必须考虑的几个条件如下：

① 图样、技术。从法律的角度看，图样、技术属于工业产权和知识产权的范畴。国际型企业十分注重对它们的控制。因为知识产权、工业产权最终体现的是本企业的效益。从售后服务的角度出发，零部件有两个作用，一方面，配件是汽车赖以维持运转的"粮草"，汽车要行驶（车轮要转动），除了消耗燃料之外，还存在着易损件和消耗件的更换，以及汽车配件正常磨损后的更换等，以维持汽车良好的技术性能。另一方面，汽车生产企业要以配件让利供应的形式，支持自己售后服务网络开展备品经营，以取得效益，维持服务站（企业）的运转。

② 实行配件的专控。唯有实行配件的专控，才能保证圆满实现备品的两个作用。"专控"可以保证备品的"量""质"和"价格"。

用"专控"约束量的发展，其实质是科学的布点和根据在用车的需求，安排生产能力和生产计划。发展生产能力，可以在生产企业内部培育，也可以在社会上择优选取有生产基础、有投入实力或原来已具备某些零件大生产传统的企业配套定点，但首先要取得在法律公证下的技术转让，以及零部件厂家对计划生产、统一销售的承诺。

"质"的专控就是质量的控制，严格实行采购件的质量鉴定（通常称为货源鉴定），鉴定不通过的，不发给生产许可证，也不发给采购订单。

对"价格"的专控，只能建立在上述"专控"基础之上，或是"量""质"专控的必然结果。无论国内、国外对配件供应商（零部件生产企业）的供货都采取价格的双轨制。因为从配件用途来区分，一是主机的装机零件，二是主机的配件。通常，配件价格都高于装机零部件，因为配件的包装、防锈要求更高。国际汽车公司常以配件占领市场，以配件巩固市场，在市场开拓期，配件常被作为牺牲品，而在市场巩固后，配件常常可以收回效益。零配件厂家没有理由不服从于主机厂家开拓市场、巩固市场的大局，主机厂家也没有理由不兼顾零部件厂家的效益。

我国一直采取扶植零部件生产的政策，2004 年 5 月，国家发展和改革委员会在《汽车产业发展政策》中指出"要培育一批有比较优势的零部件企业实现规模生产并进入国际汽车零部件采购体系,积极参与国际竞争。制定零部件专项发展规划,对汽车零部件产品进行分类指导和支持,引导社会资金投向汽车零部件生产领域,促使有比较优势的零部件企业形成专业化、大批量生产和模块化供货能力"。2011年发布的《国家重点支持的高新技术领域》中,支持"具有自主知识产权的新型汽车关键零部件,包括:传动系统、制动系统、转向系统、悬挂系统、车身附件、汽车电器、进排气系统等",政府有关部门将对符合条件的企业给予重点支持。

③ 配件需求的科学预测。一辆汽车由几千种、上万个零件组合装配而成,汽车在使用中,总会发生零部件的损坏,因此,都会有配件的需求。

通常按配件的使用性质将汽车配件分成以下几类。

a. 消耗件:在汽车运行中,一些零件自然老化、失效和到期必须更换的,如各种传动带、胶管、密封垫、电器零件(火花塞、传感器、继电器、白金、分火头、分电器盖)、滤芯、轮胎、蓄电池等。

b. 易损件:在汽车运行中,一些零件会因自然磨损而失效,如曲轴瓦、活塞环、活塞、凸轮轴瓦、缸套、气阀、导管、主销、主销衬套、轮毂、制动鼓、各种油封、销及套等。

c. 维修零件:在汽车一定的运行周期内,必须更换的零件。如各种轴、齿轮,各类运动件的紧固件,以及在一定使用寿命中必须更换的零件(如一些保安紧固件、万向节、半轴套管等)。

d. 基础件:基础件通常是组成汽车配件的一些主要总成零件,价值较高,原则上它们应当是全寿命零件,但可能会因使用条件问题而造成损坏,通常应予以修复,但也可以更换新件。如曲轴、气缸体、气缸盖、凸轮轴、车架、桥壳、变速器壳等。

e. 肇事件:汽车肇事通常损坏的零件,如前梁、车身覆盖件、驾驶室、传动轴、散热器等。这类零件通常按千分之二在用车数储备。

每一类零件的消耗量(供应量)的测算,从两个方面进行,其中一方面是考虑每一地区在用车数、汽车行驶平均里程、本地区使用特点(本地区零件的特殊消耗)等,对比较多地区的资料再综合取平均数,可以得出某种车型的某种零件100辆车的年消耗量,按此量和全社会该车型的在用车数安排年生产量计划。零件消耗量测算需要考虑的另一方面是配件部门的某种零件的实际供应量。大量积累每年的该种零件的市场需求量,取每三年的值相加除以3,得到年当量平均值,取所有当量平均值的总平均值,即为比较准确的年预测需求。由于资料越积越多,资料反映了历年的不同需求,综合考虑后的预测将会比较准确。这种预测需要积累10年左右的资料。

东风汽车公司曾对原襄樊市(现襄阳市)第一汽车运输公司在用近400辆东风EQ1090型汽车配件,从新车开始,连续统计了近6年的营运和800种主要零部件消耗情况,进行了东风EQ1090型汽车主要零部件的消耗测算,这一测算结果又经全国主要行政大区的技术服务中心协助在各自地区收集的实际消耗资料进行了补充,经过综合,编写了正式的备品消耗值。东风汽车公司将其作为配件年生产、经营计划的主要依据,售后服务网络各技术服务站也将其作为零部件经营的主要依据。

④ 汽车企业的零部件经营网络。我国国情决定了国内汽车用户的汽车保养维修不完全依靠生产企业的售后服务网络的特点。一般集体、国有企业(用户单位)都有自己的

专业汽车修理班组，并向社会采购零部件，来维系自己的修理作业。统计表明，东风汽车公司售后服务网络控制着市场东风汽车配件供应量的40%左右。汽车生产企业必须继续面对这一现实，依靠服务网络和汽车配件经销系统两个渠道把原厂零部件，以及生产企业控制和择优定点的零部件生产厂所提供的零部件供应给用户，而不能把市场拱手让给伪劣假冒产品和非法生产的零部件产品。

有的汽车生产企业强调"零部件主渠道"理论，其出发点是希望中国传统的国营零部件营销系统能走出单一的零部件商店的窄小业务范围，借助国营强大的经济实力作为后盾，走上依托大汽车生产企业汽车产品的维修、零部件、技术服务的综合售后服务的方向。能与售后服务联合在一起，形成垄断市场的零部件供应主渠道。

在汽车生产企业适应市场经济的发展，以多品种覆盖市场需求时，若汽车企业原售后服务网络经济实力不够，很难在零部件经营上同时兼顾所有品种的汽车配件时，依靠和利用好原零部件营销系统就十分重要。在现代汽车市场中，面对同行业、同品种汽车的激烈竞争，谁能利用并发挥好零部件供应渠道的供应作用，谁就必然能赢得用户的首肯，从而在赢得整车市场上占有优势。

2）关于配件仓储能力的建设。零部件中心是以配件储运为主要任务的，通常划分成区，每区完成和具备以下功能：

① **接收、检查区**。按合理物流布局，配件中心的第一区域为接收区。接收区将完成检查工作。检查将进行数量的清查，可检查件（无包装件）外观尺寸的抽查（按技术标准规定的比例）。一些国际型大企业，在实行零部件专控后，都会对外部社会协作、配套件的进库进行严格的质量检查、验收和重新更换统一包装。协作、配套件的质检将依据零件的重要程度，按标准，分别进行抽验和100%检验。如前所述，专控的配件视同完全符合原厂质量标准和等同原厂所出，因此必然采用原厂标志和标准。因此，外协、配套件应在检查后全部拆除原包装（或废除原包装）。

② **仓储区**。仓储区内往往按汽车配件的不同车型、不同总成、不同用途，或按周转速度来分区存放，以解决和合理安排物流及资金的周转。汽车制造企业以高位货架仓库来缓和占地面积的不足，而高位货架通常用高位铲车取货、放货，但管理也应采取现代化的计算机管理和程序控制等物流方式。一般国际上的大企业，早已采取高位、自动化仓库的管理方式。

③ **取货区**。仓库的通道称为取货区，按需在该区域内布置自走小车（轨道或智能识别）或铲车，或人力小车取货，但取货指令都是由计算机发出的。

④ **防锈包装区**。防锈处理通常指加工表面的涂敷处理。按习惯可采取集中处理（国际型企业通常采取在仓储中心设防锈工段集中处理的方式）和分散处理（中国各汽车配件生产企业采取由专业生产厂或车间按技术标准分别防锈处理，再交出）的方式进行。但无论什么方式都必须安排在仓储之前，以防止仓储期间出现锈蚀。包装，按性质可分为收货包装和发货包装。对本企业自己生产的零件的收货包装是进行最少合理数量的包装（如塑料、小纸盒、防锈纸包裹等）；对外协、配套产品的收货包装是更换标记，更换包装材料。发货包装是指仓库接收发货指令并收集完全部货物后，用较大的包装箱集中包裹处理。有采取完全自动化的方式进行，也有采取半自动化（加以人工）的方式进行，还有全人工的方式。

国际汽车公司目前都有成熟的包装箱（盒）尺寸系列标准，这个尺寸系列是以最有效利用集装箱空间为依据的（包括木箱、纸箱等）。包装中还必须考虑充填物（发泡塑料块、塑料海绵、布、垫等）。对海运件必须考虑用特种包装木箱，特种工艺（抽真空）包装，如可抽真空的全密封包装纸等，以防在漫长海运周期中出现锈蚀。

由于汽车所有零件、总成的外形不同，因此包装过程可分为从小包装到大包装，从每一种零件到总成，从每种零件分散包装到多种零件集中至一起并包装成标准的外包装（箱、盒）等，此外还必须考虑防磕碰保护性包装，集中性（绳、带）包装，添加生产标志（厂徽、厂标）、防伪标志、品种、数量标志等，近代更加以工艺装点和渲染来处理包装外表面，以衬托出企业文化。

⑤ 发货区。备品发货有铁路运送、公路运送及水路运送等方式。在仓储中心设立铁路站台的通常只有我国企业。国际上只有汽车配件运输站台，站台前台阶的高度为标准的汽车配件货箱高度，以有利于包装箱的堆垛（用铲车或小推车）。国际上通常在站台上排列着半挂车厢，配件中心每天按合同发货装车，装好的车辆，用拖车拉走，周而复始，目前越来越多地采用集装箱运输方式。在我国，散装方式发货的汽车配件较多。尽管铁路运输是汽车配件的主要运输方式，但由于铁路运输的计划性和列车编组花时间较多，因此铁路运输量正在逐渐减少。

⑥ 配件仓储网的建设。由于配件运输的困难，为保证售后服务和配件用户的需求能够及时得到满足，中国汽车生产企业已开始在全国交通、通信发达地区和自己企业产品集中销售地区建立配件分库，各分库的仓储、进出受总库指挥，各自在辖区内向所属大用户、配件经销网和服务站按合同供货。

3）汽车配件营销的现代化、计算机化管理。由于零部件品种极其复杂，近代汽车企业零部件营销已全部采用计算机管理。管理覆盖范围包括计划、合同、采购，进货、出库、发票、结算、市场分析、用户管理，总库与分库全部联网管理，否则便无法处理诸多繁杂的业务。与计算机管理同时具备的条件是必须具备现代化的通信（网络、计算机、程控电话、传真机、电传机等）设施。

① 计划及采购的科学化。如前已详述的市场需求分析，必须根据车辆的技术性能、可靠性、耐久性和使用条件，同时参考市场销售量的实际值，得出市场需求量。

市场占有率是商业利润的唯一来源。对于汽车企业，夺取汽车产品（整车）的市场占有率和原厂零部件的市场占有率是同样重要的，只是零部件市场更为复杂。因为，为了巩固整车市场占有，必须保证零部件供应，而汽车生产企业必然要在社会上择优扶植一批零部件生产企业，专门生产与其汽车产品配套的零部件，供应社会需求。汽车生产企业将面临一定的风险，所扶持的企业应当能围绕并服务于汽车生产企业的整车市场占有，否则，汽车配件企业很有可能成为汽车生产企业的竞争对手，反而造成汽车生产企业原厂零部件市场的丧失。

② 订货的规范化。中国汽车配件企业目前仅依据订货对象的不同，实行不同的价格政策。由于汽车配件明显的效益，社会各阶层、行业、系统或个体近年来都在设法和大企业或大企业的零部件定点厂家建立供销联系。而汽车配件的供应并不是越多越好，要考虑保护售后服务网络取得效益的机会，考虑科学的供应量和打击伪劣假冒产品，从而保护汽车生产厂自己的工业产权、知识产权，当然，还要考虑到用户的方便等。

因此，国际上采取每年1~2次公布公开的零部件价格本，按价格本规定的期限执行规定的价格。同时，对不同地区、车型、代理商，给予不同的折扣。折扣率是绝密的商业机密。同时，按营业额的多少，还将增加折扣百分点，以鼓励销售。

订货通常实行正常储存订货和紧急订货两种方式。正常储存订货，按商定的供货价格供货，供货周期为3个月。紧急订货则按商定的供货价2~3倍价格供货，但供货周期可以缩短，国内通常为24h，国际为48h。

例如，东风汽车公司已开始实行对所有直供单位执行一个统一的合同价的方针。但为体现对售后服务网络的支持，在合同价基础上实行定量以上销售额加大折扣率的政策，每半年结算兑现一次，以鼓励售后服务网络的配件经营积极性。

汽车生产企业自身不直接经营零部件，与汽车整车生产是工业大生产一样，汽车配件更是大批量生产的产品。汽车生产企业的任务是把握零部件经营的管理及营销策略的分析研究和营销政策的制订，并理顺从配件计划、订货、采购、接受、入库、质检、仓储、定价、合同，到按订单发货、运送、交货诸环节的关系，提高效率，降低成本，促进周转，方便用户，服务于整车市场的巩固和开拓。国际汽车配件行业普遍认为，汽车企业努力扩大自己门市配件经营，以求效益，是目光短浅的做法，是小效益。国际大型汽车企业自己本身不出售零部件，而是努力扩大零部件营销网络，让利给经销商，以鼓励它们最大限度地扩大零部件经营。当然，零部件营销网络是和售后服务网络相结合的。例如，国际发动机专业公司由于其产品必须与其他企业（汽车配件、工程机械、农用机械、发电机、船舶等）配套，因此，发动机专业公司建立的零部件营销系统有一部分是与配套企业的售后服务网络结合在一起的。此外还单独建立一个单机产品与零部件结合在一起的经销网络。

③ 质量保证（保修）。世界各大汽车配件公司，都积极做好产品质量保证工作。质量保证期又往往成为生产企业吸引用户购买产品的最具吸引力的条件。

首先，要有诚心和忍耐。质量保证面对的是企业的产品质量缺陷，是自身的工作失误，因此，无论用户如何愤慨、怨恨，售后服务人员应始终保持以真诚的态度面对用户，同时售后服务人员还应满怀信心，以便树立起客户用好汽车产品的信心。

其次，要牢记质量保障要点，即准确、快速、宽厚。

准确。对用户反映的情况，必须核实准确，唯有"准确"，才能正确地反馈和提供令人信服的质量信息以及修理服务信息，并且能及时改进产品。

快速。快速是缓和用户抱怨的钥匙，各大汽车厂几乎都在"快速"上做文章。这样既可达到宣传效果，又可实实在在地安定人心。国际大汽车公司目前都保证24h之内，把质量保修零件送到用户手中。

例如，法国雷诺公司向全世界公布了它的售后服务中心电话"3652424"。它的电话含意是，全年365天，每天24h，全面受理、接受用户的售后服务要求。凭借此电话号码可以在全世界范围内拨通雷诺公司售后服务总部。法国雪铁龙公司也向全世界公布了它的售后服务中心电话"05052424"。这个电话的含意为"05"是国际免费的代号，"24"是24h全天候受理和接受用户的售后服务要求。凭借此电话号码可以在全世界范围内拨通雪铁龙公司售后服务总部。

又如，我国东风汽车公司20世纪80年代末期注意到了我国通信事业的飞速发展，它向全国售后服务网络提出全面装设直拨电话的要求,这一目标于 1990 年基本实现,东风汽车公司即刻向全国东风汽车配件用户宣布:只要有用户要求,东风汽车配件公司售后服务队伍可以在 48h 之内到达用户身边。

宽厚。因为汽车制造厂的原因,产品留下的质量缺陷由用户承受,通常把这种情况称为"苦情"。"苦情"的实质是用户的损失,汽车企业有责任、有义务帮助用户把汽车产品的技术功能全面恢复。"宽厚"是企业风度、责任感的表现,同时也是向用户坦诚致意的方式,以最大限度地缓和用户的抱怨,保持住企业及产品的信誉。

3. 技术服务

售后服务本身属于技术服务的范畴。汽车产品的高度技术密集及知识密集,使汽车产品的售后服务工作必然包含对用户的技术指导、技术咨询和技术示范,同时也包含了汽车企业对自己售后服务网络的技术培训、技术示范、技术指导和技术咨询。通常的做法是,汽车企业的售后服务部门对售后服务网络,而售后服务网络对用户进行上述工作。

同时,汽车制造企业还将负责产品的更改、新产品的投放及技术要点的宣传等,凡是需要向社会、经销商、售后服务网络和用户宣传和交代的技术要点,通统由售后服务部门来完成。而售后服务网络有责任向用户提供维修技术服务和技术维护服务。当然,维修和维护技术是由汽车制造企业提供的。

鉴于汽车使用的复杂性,涉及诸多业务范围,如道路交通管理(国外为公路监理)、保险、税务、工商、银行等,售后服务网络必然要在这些领域开展广泛的公共关系活动,以保护自己的经营活动。如法国政府规定,凡在法国公路上行驶的车辆,其车速里程表每三个月必须经过法律指定单位的核查。法国雷诺公司首先就争取到了,凡雷诺公司生产的车辆,其技术服务站的鉴定在法律上有效。这极大地方便了雷诺车辆的用户,无疑也提高了雷诺服务网络的社会地位。

 **第三节 汽车配件定价策略**

价格是影响企业营销活动最活跃的因素。企业在充分考虑了各种定价的影响因素后,采用适当方法所确定的价格,还只是**产品的基本价格**。在实际营销过程中,企业还应围绕基本价格,根据不同情况,采取灵活多变的价格策略,以使企业能更有效地实现企业的营销目标。

一、定价策略

(一)新产品定价策略

1. 高价策略

高价策略即为新产品定一个较高的上市价格,以期在短期内获取高额利润,尽快收回投资。采用高价策略有下列前提条件:新产品生产能力有限,高价有利于控制市场需求量;产品成本较高,暂时难以立即降低价格,且索取高价存在好处;新产品较难仿制,竞争性小,需求价格弹性相对不高;高价不会使用户产生牟取暴利的感觉;产品的用途、质量、性能或款式等产品要素,与高价相符合。

采用高价策略有利有弊。好处是:利用了新产品上市时用户求新、好奇的心理,以及竞争和替代品都很少的有利时机，通过高价在短时间内收回投资；企业获得高额利润后，更能提高企业的竞争实力，进而可有效地抑制竞争者；为以后的降价留下利润空间。弊端在于：如果没有特殊的技术、资源等优势，高价格高利润会引来大量竞争对手，使高价格难以维持太久；当新产品尚未在用户中树立起相应的声誉时，高价格不利于市场开拓，甚至会引起公众的反感。

2. 低价策略

低价策略即为新产品定一个较低的上市价格，以期吸引大量用户，赢得较高的市场占有率。采用低价策略有一定的前提条件：新产品的价格需求弹性高；企业具有规模效应；新产品的潜在需求量大。

这种策略的利弊与高价策略刚好相反，是一种着眼于企业长期发展的策略。但在利用这种策略进入国际市场时，应注意不要让进口国指控为倾销，否则有可能遭到倾销指控。另外，还要注意不要引发市场价格大战。

比较现实的做法是：各自在被分割和相对垄断的市场中，采取中价策略，把竞争的重点放在汽车配件的质量性能、品种和服务上。

对于企业来说，究竟是采取高价还是低价策略，应综合考虑各种因素的影响（见表6-3）。

表6-3　定价因素

制约因素	高价	低价	制约因素	高价	低价
1. 促销手段	很多	很少	10. 商品用途	多	单一
2. 产品特性	特殊品	便利品	11. 售后服务	多	少
3. 生产方式	预定	标准化	12. 产品生命周期	短	长
4. 市场规模	小	大	13. 需求价格弹性	小	大
5. 技术变迁性	创新速度快	相对稳定	14. 生产周期	长	短
6. 生产要素	技术密集	劳动密集	15. 商品差异化	大	小
7. 市场占有率	低	高	16. 产品信誉	优良	一般
8. 市场开发程度	导入	成长	17. 质量	优	一般
9. 投资回收期	短	长	18. 供给量	小	大

（二）产品组合定价策略

对大型企业来说，其产品并不只有一个品种，而是某些产品的组合，这就需要企业制订一系列的产品价格，使产品组合取得整体的最大利润。这种情况的定价工作一般比较复杂，因为不同的产品，其需求量、成本和竞争程度等情况是不相同的。

产品组合定价策略有以下几种形式。

1. 产品线定价策略

在同一产品线中，各个产品项目都有着非常密切的关系和相似性，企业可以利用这些相似性来制订同一条产品线中不同产品项目的价格，以提高整条产品线的盈利。如企业同一产品线内有A、B、C三种产品，分别定价为A（高价）、B（中价）、C（低价）三种价格，则用户自然会把这三种价格的产品分为不同的三个"档次"，并按习惯去购买

第六章 汽车配件营销组合

自己期望的那一档次的产品。

运用这一价格策略，能形成本企业的价格差异和价格等级，使企业各类产品定位鲜明，且能服务于各种消费能力层次的用户，并能使用户确信本企业是按质论"档"定价，给市场一个"公平合理"的定价印象。这一策略比较适合于广大用户对企业，而不是对某个具体产品的印象较好的情况。

企业在采用产品线定价策略时，首先必须对产品线上推出的各个产品项目之间的特色、顾客对不同特色的评估以及对竞争对手的同类产品的价格等方面的因素进行全面考虑；其次，应以某一产品项目为基点定出基准价；然后，围绕这一基准价定出整个产品线的价格，使产品项目之间存在的差异能通过价格差鲜明地体现出来。

2. 选择品及非必需附带产品的定价策略

企业在提供汽车配件产品的同时，还可提供一些与汽车配件相关的非必需产品，如汽车配件收录机、暖风装置、车用电话等。一般而言，非必需附带品应另行计价，以让用户感到"合情合理"。

非必需附带产品的定价，可以适当定高价。如汽车配件厂商的销售展厅内摆放的通常都是有利于显示产品高贵品质的物品，在强烈的环境感染下，用户常常会忽视这些选择品的性价比。

3. 必需附带产品定价策略

必需附带产品又称为连带产品，是指必须与主机产品一同使用的产品，或主机产品在使用过程中必需的产品。一般来说，企业可以把汽车配件产品价格定得低些，而将附带产品如汽车配件零配件的价格定得高些，这种定价策略既有利于提高主机产品价格的竞争性，又不至于过分牺牲企业的利润。这是一种在国际汽车配件市场营销中比较流行的策略。我国有些轿车公司正在执行这一策略。

4. 产品群定价策略

为了促进产品组合中所有产品项目的销售，企业有时将有相关关系的产品组成一个产品群成套销售。用户有时可能并无意购买整套产品，但企业通过配套销售，使用户感到比单独购买便宜、方便，从而带动了整个产品群中某些不太畅销产品的销售。使用这一策略时，要注意搭配合理，避免硬性搭配（硬性搭配的销售行为是不合法的）。

（三）心理定价策略

1. 声望定价策略

声望定价策略是指利用用户仰慕名牌产品或企业声望的心理来定价的策略，往往把价格定得较高。这种方法尤其适用于成本、质量不易鉴别的产品。因为用户在不容易区分不同产品的成本、质量的情况下，往往以品牌及价格来决定取舍。此外，一些"炫耀"性产品也适合保持较高的价格水平，如凯迪拉克汽车配件。但需要说明的是，名牌车在各种产品档次中都存在，所以并不一定都适合定高价，如福特"T"型车、大众公司的"甲壳虫""高尔夫"等汽车配件，其知名度之高，显然属于名牌汽车配件，但它们都是以经济实惠而著称，都不属于高档车。因而企业对名牌产品进行价格定价时，应酌情考虑，不能一概定高价。

2. 尾数定价策略

尾数定价策略是指利用用户对数字认识上的某种心理，在价格的尾数上做文章。例

如，企业故意将产品的定价定出个尾数，让用户感到企业的定价比较公平合理或价格不贵，像39.99元往往给人一种不足40元的感觉。

（四）地区定价策略

企业要决定卖给不同地区客户的产品，是否要实行不同的价格，实行差别定价。概括地讲，地区定价策略包括以下几种：

1. 统一定价

统一定价是对全国各地的客户，实行相同的价格，客户不管去哪家经销商购买，产品的价格都是一样的。执行这种策略，有利于吸引各地的客户，规范市场和企业的营销管理。这种定价策略又可以分为两种情况，一种情况是用户自己去经销商处提车，并自付提车后的有关运输费用；或者收取合理的交付费用后，由厂家或经销商负责将商品车交付到用户家里，即非免费送货。另一种情况是厂家或经销商负责免费将商品车交付到用户家里，属免费送货。

2. 基点定价

企业选定某些城市作为基点，在这些基点城市实行统一的价格，客户或经销商在各个基点城市就近提货。如在制造厂商设在全国的地区分销中心或地区中转仓库提货，客户负担出库后至其家里的运送费用。

3. 分区定价

分区定价是将全国市场划分为几个市场销售区，各区之间的价格不一，但在区内实行统一定价。这种定价方法的主要缺点是价格不同的两个相邻区域，处于区域边界的用户对相同的商品，却要付出不同的价款，而且容易出现"串货"或商品的"倒卖"现象。

4. 产地定价

产地定价是按产地的价格销售，经销商或用户负责从产地到目的地的运输，负担相应的运费及相关风险费用。这种定价策略目前已经不大采用，除非在销售较为旺盛时，部分非合同销售才可能出现这种情况。

（五）折扣定价策略

折扣定价是应用较为广泛的定价策略。其主要的类型有以下几种：

1. 功能折扣

功能折扣又作贸易折扣，即厂商对功能不同的经销商给予不同折扣的定价策略，以促使它们执行各自的营销功能（推销、储存、服务等）。

2. 现金折扣

现金折扣即给予立即付清货款的客户或经销商的一种折扣。其折扣直接与客户或经销商的货款支付情况挂钩，当场立即付清时得到的折扣最多，而在超过一定付款期后付清货款，不仅得不到折扣，反而还可能要交付一定的滞纳金。

3. 数量折扣

数量折扣即与客户或经销商的购买数量挂钩的一种折扣策略，数量越多，享受的折扣越大。我国很多汽车配件企业均采取了这种策略。

4. 季节折扣

季节折扣即与时间有关的折扣，这种折扣多发生在销售淡季。客户或经销商在淡季购买时，可以得到季节性优惠，而这种优惠在销售旺季是没有的。

第六章 汽车配件营销组合

5. 价格折让

当客户或经销商为厂商带来其他价值时，厂商为回报这种价值而给予客户或经销商的一种利益实惠，即折让。如客户采取"以旧换新"方式购买新车时，客户只要付清新车价格与旧车价格间的差价，这就是以旧换新折让。又如，经销商配合厂商进行了促销活动，厂商在与经销商清算货款时则给予一定折扣，这种折扣就是促销折让。

（六）降价与提价策略

1. 降价策略

企业采用降价策略往往会造成同行的不满和报复，引发价格竞争。但当企业处于下列几种状况时，仍应采用降价策略，即产品严重积压，运用各种营销手段（价格策略除外），仍难以打开销路；价格竞争形势严峻，市场占有率下降；企业的产品成本比对手低，但销路不畅，只有通过降价来提高市场占有率；有时，有些实力雄厚的企业为了进一步提高市场占有率，也采用降价策略，一旦达到目的，价格就会上升。

采用直接降价策略，可以刺激用户的购买欲，提高产品销售量，但如果降价时机选择不好，降价方式不适当，宣传不够，也会产生不良影响。一般来说，降价时购买者可能的理解有：该产品可能被淘汰；产品有缺陷；产品已经停产，零配件供应将会有困难；降价还会持续，特别是小幅连续降价时，最易引起购买者持币待购；企业遇到了财务困难等。因此，降价策略必须谨慎使用。

间接降价（又作变相降价），可以缓解价格竞争，避免误导购买者，促进产品销售，是常用的降价方式。常见的间接降价方式有：

1）增加价外费用支出和服务项目。在欧、美、日等国家和地区，此种方法被大量采用，如对购买者提供低息贷款；赠送车辆保险；免费送货上门；增加质量保修内容，延长保修期限等。国内的汽车配件企业也大量采用这种方法。

2）赠送礼品和礼品券。

3）举办产品展销，展销期间价格优惠。例如，开展"销售优惠月"活动，优惠月内价格优惠。这种短期的降价活动有很强的促销作用。

4）提高产品质量，改进产品性能，提高产品附加值。在西方，企业对竞争者降价竞销，常采用的对策有：①保持原价。②维持原价，同时改进质量或增加服务项目。③降价。④提价，同时推出新品牌，以围攻对手的降价产品。⑤推出更廉价的产品进行反击。

5）给予各种价格折扣。

2. 提价策略

提价常常会引起购买者、经销商的不满，但成功的提价会为企业带来可观的利润。企业提价的原因通常有：产品在市场上严重供不应求；通货膨胀使企业的各项成本上升，企业被迫提价以维持利润水平。

产品提价通常会抑制需求，但有时会使用户将提价理解为：此产品为走俏产品，市场很快会脱销；该产品有新功能或特殊价值；产品可能还要涨价，迟买不如早买。所以，如果提价时机好、促销广告宣传有力，提价有时反而会激发增强购买欲望，增加产销量。但要注意，提价时一定要注意不能引起客户反感。有时，在需要提价的情况下，企业为了不招致客户的注意和反感，会采用间接提价的策略，例如：在签订大宗合同时，规定价格调整条款，即对价格不做最后限价，规定在一定时期内（一般为交货时），可以按当

149

时价格与供求行情对价格进行调整。

二、定价方法

企业在确定了定价目标，掌握了有关影响因素的资料后，就应开始对其产品进行具体定价。一般认为，基本定价方法有三种：成本导向定价法、需求导向定价法和竞争导向定价法。

（一）成本导向定价法

成本导向定价法是以产品的成本为中心定价的方法。这类定价法有许多具体形式，这里仅介绍两种常见形式。

1. 成本加成定价法

按产品成本加上一定比例的毛利定出产品的销售价格，这是成本导向定价法的基本形式。计算公式为

$$P = AC(1 + a) \tag{6-7}$$

式中　P——单位产品价格；

　　　AC——单位产品分摊的成本；

　　　a——加成率。

2. 目标利润定价法

这是根据企业所要实现的目标利润来定价的一种方法。一般可运用"盈亏平衡图"给产品定价。"盈亏平衡图"是一种反映总收益、总成本和总利润随着产销量的不同而变化的关系图，如图6-2所示。其解析公式为

$$R_s = (P - AC_v)Q - C_f \tag{6-8}$$

式中　R_s——总利润或总亏损；

　　　P——单位产品价格；

　　　Q——销售量；

　　　C_f——固定成本总额；

　　　AC_v——单位产品可变成本。

显然，如果企业总的目标利润为 R_s，则单位产品的价格为

$$P = AC_v + (R_s + C_f)/Q \tag{6-9}$$

在采用这种方法定价时，企业首先应明确统计期内所要实现的目标利润 R_s，然后再根据售量的预测，确定出统计期的产品成本 AC_v，以及统计期内应回收的固定成本总额 C_f，从而完成定价工作。

成本导向定价法反映了基本的价格原理，即只有当产品的平均价格水平高于总成本时，企业才能进行有效的再生产。其优点是：简便、实用；将本求利，一般不会诱发价格竞争。缺点是：①定价过程脱离市场，"闭门造车"，所定价格要么高于市场可接受的价格，面临滞销风险；要么低于市场可接受的价格，面临市场抢购和机会损失风险。②定价过程使得企业有

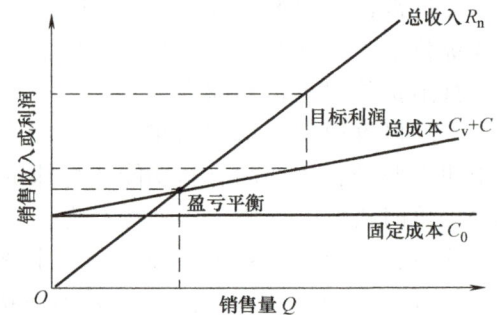

图 6-2　盈亏平衡图（量本利分析图）

利可图，企业缺乏技术革新、主动控制和降低成本的动力和压力。需要指出的是，成本加成定价法有时会被认为是生产观念指导下的产物。但是由于其具有简单易行，能有效抑制价格竞争的显著优点，至今在很多企业中仍然得到广泛的应用。

（二）需求导向定价法

需求导向定价法是企业通过广泛的市场调研，首先对企业的产品确定一个市场可以接受，并使企业获得较大利润，具有一定竞争力的价格作为目标价格。在此价格条件下，预测产品的市场销售量，据此推算出目标成本，然后在产品设计和生产过程中，做好成本控制，使得产品成本在目标成本之内，从而保证新产品具有较强的价格竞争力，所定价格能为市场所接受。这就是说，价格要定在成本之前，是价格决定成本。福特曾说过："我的政策是降低价格，我们从不认为成本是固定不变的。所以，一个方法是先定一个很低的价格，使所有的人不得不发挥最高效率，以创造出更多的利润，我们就用这种强迫的方法发现了更多制造和销售汽车配件的办法，这比任何无压力的调查研究有用得多。"

采用需求导向定价法，要做好以下两项关键的工作：

1）找到比较准确的顾客感受价值。所谓"顾客感受价值"，是指买方根据自己的经验、标准或观念对产品的认同价值。例如，顾客在看了产品后，营销者向顾客询问"您认为这一产品值多少钱"或者"此产品的售价为××元，您认为值这个价吗"。用户对这些问题的回答，反映的就是顾客感受价值。

在运用顾客感受价值定价时，如果所定价格高于用户的感受价值，产品就可能无人问津，企业销量就会减少；而若所定价格低于用户的感受价值，又会使企业损失获得更多盈利的机会。所以营销者要尽量将产品的价格定在与大多数用户感受价值相近的水平上，这样才可以获得定价的成功。要做到这一点，企业在定价前必须认真做好营销调研工作，对顾客的感受价值做出比较准确的估计。

2）准确预测不同价格下的销售量。运用量本利分析公式，根据预测的各种销量，测算各种价格相应的利润，以最大总利润对应的价格作为产品的定价，相应的需求量作为该种产品的生产量。这个过程见表6-4。

表6-4 需求导向定价法的基本过程

序号	价格	销售量	变动成本 C_v	固定成本 C_f	利润	
1	P_1	Q_1			R_1	
2	P_2	Q_2			R_2	
⋮	⋮	⋮			⋮	max
k	P_k	Q_k			R_k	
⋮	⋮	⋮			⋮	
n	P_n	Q_n			R_n	

注：$R_k = \max(R_1, R_2, \cdots, R_k, \cdots, R_n)$，所定价格 $P = P_k$。

需要说明的是，感受价值并非总是与产品的实际价值相一致。实际上，卖方可运用各种营销策略和手段去影响买方的感受，使之形成对卖方有利的价值观念。所以，感受

价值定价法如果运用得当，会给企业带来额外好处。例如，汽车配件生产企业可以生产质量优异、性能独特、内饰豪华的汽车的配件，以此来增加用户的感受价值，提高产品身价，从而带动本企业产品在用户心目中的地位。

需求导向定价法的优点有：考虑了市场需求对产品价格的接受程度；对企业有降低成本的压力和动力。因为顾客的感受价值一定，显然产品成本越低，实现的利润就越大。但同时也应该看到，需求导向定价法也有一些缺点，如定价过程复杂，特别是各种价格下的市场需求量，难以做到准确估计；由于技术等各种因素的限制，不一定总是能将产品成本降到用户的感受价值之下，所以此方法不一定总是具有可行性。可以看出，需求导向定价法与成本导向定价法的优缺点刚好相反。

（三）竞争导向定价法

竞争导向定价法是企业依据竞争产品的品质和价格来确定本企业产品价格的一种方法。其特点是：只要竞争产品的价格不变，即使本企业的产品成本或需求发生变化，价格也不变；反之亦然。这种方法简便易行，所定价格竞争力强，但价格比较死板，有时企业获利也较小。

竞争导向定价法比较适合市场竞争激烈的产品。营销者在运用这一方法时，应当强化用户的感受，使用户相信本企业产品的价格比竞争对手更符合用户的利益。在当今竞争激烈的国际汽车配件市场上，不少汽车配件公司采用此法。例如，日产汽车配件公司部分产品的定价，就是先充分研究丰田汽车配件公司相似产品的价格，然后再给自己的产品制定一个合适的价格。如果丰田相关产品的价格调整了，日产公司通常也要做出相应的反应。

在使用竞争导向定价法时，企业不仅应了解竞争者的价格水平，还应了解竞争者所能提供的产品及质量。这可通过以下几个方面实现：获得竞争者的价目表；派人员去比较用户对价格的态度，如询问购买者的感受价值和对每一个竞争者提供的产品质量感觉如何；购买竞争者提供的产品并与本企业产品进行比较，有必要的话可以将竞争者的产品分拆研究等。一旦企业知道了竞争者的价格和提供的产品，它就可以用这些信息作为自己制定价格的一个出发点。如果企业提供的产品与一个主要竞争者的产品类似，则企业应将自己的价格定得接近于竞争者，否则会失去销售额；若企业提供的产品不如竞争者，企业的定价就应低于竞争者；若企业提供的产品比竞争者的好，则企业定价就可以比竞争者高。

竞争导向定价法常见的具体方法有以下两种。

1）随行就市定价法。按行业近似产品的平均价格定价，是同质产品惯用的定价方法，也比较适合产品的成本难以估计，企业打算与竞争者和平共处，对购买者和竞争者的反应难以估计等场合。

2）投标定价法。利用公开的或行业的相关渠道发布采购信息，邀请供应商在规定的时间内投标（该过程称为招标）。有意参加招标的各供应商，各自保密地填写招标书内容，在规定的截止日期前将填写的招标书交给招标人（该过程称为投标）。然后由招标人根据各供应商填报的价格，并参考其他条件（供应商的产品质量、服务、交货期等）进行评议（评标），确定最终中标情况，宣布招标结果（结标）。事实上，投标者的报价就是在进行竞争性报价。

值得强调的是，企业在使用竞争导向定价法时，必须考虑竞争者可能针对企业的价格所做出的反应。从根本上来说，企业使用竞争导向定价法是为了利用价格来为本企业的产品适当定位，同竞争者抗争。

三、汽车配件定价程序

1. 确定定价目标

汽车配件企业要想确定出合理的价格，制订出有效的价格策略，在定价前，需要对目标市场进行深入研究，主要有以下几个方面：

1）目标市场的需求状况。

2）与产品定价有关的内外部环境。

3）产品在目标市场中的定位情况。

2. 估计产品的销售潜量

产品销售潜量的估算，关系到新产品市场开发和老产品市场拓展的能力。估算方法如下：

1）定预期价格。在决定产品价格之前，初步确定产品的各种可能预期价格，这种预期价格应既能为用户接受，又能为企业带来满意利润。预期销售价格的确定，除应认真征求用户的意见外，还应重视经验丰富的中间商的反应。预期价格确定后，应通过小批量的试销了解用户对这一价格的反应。

2）估计不同价格下的供给量与销售量。对不同价格下的供需量进行认真分析，计算各种售价的均衡点，确定产品的需求曲线。此外，还要分析、确定产品的需求弹性、供给弹性。企业可以通过市场调查、统计分析等手段达到上述目的，但要注意分清供给、需求的变动是否是由价格变动引起的。

3. 分析产品成本

分析产品成本，预测成本变化趋势。

4. 分析竞争对手

既要分析现实的竞争对手，又要分析潜在的竞争对手；既要将竞争对手的产品价格与本企业产品的价格相比较，又要将竞争对手的产品质量、性能、服务水准、信誉与本企业的进行对比。

5. 预测市场占有率

在估计了不同价格下的供需量及分析了竞争对手之后，企业就可以初步预测出在不同价格水平下，企业的产品在市场上所能占到的市场份额。

6. 选择定价方法

企业在明确了自己的定价目标，并分析和研究了产品的供求状况、产品成本及竞争对手的具体情况的基础上，就可以根据自己掌握的这些信息，选择定价方法。

7. 考虑与其他营销组合因素的配合

需要考虑的内容主要包括：

1）产品策略。要考虑到产品线、产品品种、品牌商标等综合产品因素。

2）分销策略。要考虑到不同的分销渠道、不同的中间商的具体情况、具体要求。

3）促销策略。要考虑促销费用对价格的影响，并尽可能地考虑到在具体的营销活动中可能出现的资金要求。

8. 确定产品价格

适当调整产品价格，在不同时期、不同的细分市场上，运用灵活的价格策略和技巧，对基础价格进行适当调整，并及时反馈与价格有关的市场信息，同时对企业的价格体系进行控制。

第四节 汽车配件销售渠道

一、汽车配件销售的特征

汽车配件销售与一般商品相比较，有以下特征：

(1) 较强的专业技术性 现代汽车配件是融合了多种高新技术的集合体，其每一个零部件都具有严格的型号、规格、工况标准。要在不同型号汽车的成千上万个零部件品种中为顾客精确、快速地查找出所需的配件，就必须有高度专业化的工作人员，并由计算机管理系统作为保障。从业人员既要掌握商品营销知识，又要掌握汽车专业知识、汽车配件材料知识、机械识图知识，学会识别各种汽车的车型、规格、性能、用途以及零部件的商品检验内容。

(2) 经营品种多样化 一辆汽车在整个运行周期中，约有3000种零部件存在损坏和更换的可能，所以经营某一种车型的零部件都要涉及许多品种和规格。即使同一品种规格的配件，国内也有许多厂家在生产，其质量、价格差别也很大，甚至还存在假冒伪劣产品，因此要为用户推荐货真价实的零部件，也不是一件很容易的事。

(3) 经营必须有相当数量的库存支持 由于汽车配件品种多样化以及汽车故障发生的随机性，经营者要将大部分资金用于库存储备和商品在途资金储备。

(4) 经营必须有服务相配套 汽车是许多高新技术和常规技术的载体，不同于一般生活用品，汽车配件经营必须有配套的服务相支撑，特别是技术服务至关重要。

(5) 配件销售的季节性 一年四季给汽车配件销售市场带来不同季节的需求。在春雨绵绵的季节里，为适应车辆在雨季行驶，对车上的雨布、各种风窗玻璃、车窗升降器、电气刮水器、刮水管及片、挡泥板、驾驶室等部件的需要就特别多。在热浪滚滚的夏季和早秋季节，因为气温高，发动机机件磨损大，对火花塞、白金（断电触点）、气缸垫、进排气门、风扇带及冷却系统部件等的需求特别多。在寒风凛冽的冬季，气温低，发动机难起动，对蓄电池、预热塞、起动机齿轮、飞轮齿环、防冻液、百叶窗、各种密封件等零部件的需求就增多。由此可见，自然规律给汽车配件市场带来非常明显的季节性需求趋势。调查资料显示，这种趋势所带来的销售额，占总销售额的30%~40%。

(6) 汽车配件销售的地域性 我国幅员辽阔，有山地、高原、平原等不同地形及乡村、城镇等不同行政区域，并且不少地区的海拔相差很大。这种地理环境，给汽车配件销售市场带来地域性的不同需求。在城镇，特别是大中城市，因人口稠密、物资较多、运输繁忙，汽车起动和停车次数较频繁，机件磨损较大，故对起动、离合、制动、电气设备等部件的需求量较多；一般大城市的公共汽车公司、运输公司的车辆，所需离合器摩擦片、离合器分离杠杆、前后制动片、起动机齿轮、飞轮齿环等部件也较多。在山地高原，因山路多、弯道急、坡度大、颠簸频繁，汽车钢板弹簧就容易折断或失去弹性，减振器部件易坏，变速扭件、传动部件也易损坏，故需要更换总成件较多。由此可见，地理环境给汽车配件销售市场带来的影响是比较明显的。

二、分销渠道的类型

1. 经销中间商

汽车配件的经销中间商为批发商、零售商和其他再售商等。他们承担着商品流通职能，是汽车配件流通的主体。

从当今汽车配件市场的发展趋势看，批发商和零售商的经营职能互相融合，形成批发兼零售的形式。

2. 代理中间商

代理中间商专门介绍客户或与客户磋商交易合同，但并不拥有商品的持有权。例如，代理中间商可以到各地去寻找零售商，根据取得订货单的多少获得佣金，但代理中国商自己并不购买商品，而由制造商直接向零售商发货。

代理中间商具有信息灵、联系面广、生产企业控制力强、专业性强等特点。但是，其也有灵活性差、委托者担负经营风险和资金风险等缺陷，而且，在现阶段要寻找到符合要求的代理中间商很困难。于是就产生了代理制的过渡形式——特约经销商。这种方式适用于远距离销售，在制造商影响力较弱，而产品又具有一定市场的地区最为适宜。

3. 超市连锁

超市连锁是新兴的汽车配件销售渠道。由于相对不成熟的汽车售后市场限制了中国汽车工业的发展和普及；缺乏统一的售后服务市场标准，汽车配件流通的环节过多，不透明的黑箱效应损害了消费者的利益；经营者不规范的经营行为所带来的假冒伪劣产品的泛滥，维修行业维修质量的低下，这些都影响了汽车潜在用户的购车热情。而在欧美等发达国家，成熟的售后服务市场的形成，为其汽车工业的发展打下了基础，并促进了零部件行业的发展。

超市连锁，无疑是发展我国汽车行业可以采用的一种模式，而先进的具有中国特色的汽车配件城的出现，又为中国汽车配件行业的发展开拓了新的思路。

如今，汽车配件市场规模化的潮流，使中国各地出现了一个又一个的汽车配件城。汽车配件城在形式上，将以前分散的汽车配件经销商聚集在一起进行交易，使汽车配件市场向标准化经营迈进了一步。其资源相对集中，为进行有组织的配送、培训等"一条龙"服务奠定了物质基础。另外，还可以利用其网络优势和信息优势，有利于采用电子商务手段作为汽配城的神经中枢系统，从而有效地将它们联系起来。电子商务可以提升汽配城的经营水准，进一步扩大汽配城的区域效应，更可有效地配置资源，使汽配城在原有功能基础上，成为全国范围内的地区性的配送中心和服务中心，更好地为商家和客户提供便利的标准化服务。

三、汽车配件的销售方式

1. 零售

相对整车而言，汽车配件的零售形式要丰富得多。从零售店经营的产品品种数目看，

有以下三种零售形式：

1）**专营店，又称为专卖店**。这种零部件销售店专门经营某一家汽车公司或某一种车型的汽车配件。国外多数汽车公司的配件都实行专卖。专卖店要么属于汽车公司，要么同汽车公司（或其他经销站、代理商）具有合同关系。

2）**混合店**。这种零部件销售店一般直接从各生产厂家或汽车公司进货，经营品种涉及各个汽车厂家各种车型的零部件。

3）**超级市场**。这种市场不仅规模大、品种全、价格合理、知名度高，而且还从事批发业务，这类市场的辐射力很强，容易形成以超级市场为中心的经营网络。例如上海汽车工业零部件总汇，堪称国内一流的汽车配件经销店。

从零售店的集中程度看，有两种零售形式：①分散式。这类汽车配件零售店一般分散在各个地方，周围可能只此一家汽车配件经销店。②汽车配件一条街。这种一条街在我国许多城市都存在，一般位于较有影响的零部件批发商附近，或处于汽车贸易公司、汽车企业销售机构附近的地区。

从零售店的综合程度来看，多数零售店只是经营汽车配件或摩托车配件以及相关五金工业品，但也有综合性很强的大型零售店，有些类似于超级市场。这类大型店提供的服务不仅是经营各类汽车配件，还向客户提供加油、娱乐等多种服务。

2. 门市连锁店

从零售店的经营权看，一般零售店都是独立的，但有一类称为"连锁店"。这类汽车配件经销店一般同汽车配件主渠道——汽车公司连锁，由汽车公司对其进行规划、管理、技术指导、提供信息，并优惠供应配件。**连锁店可以挂汽车公司的牌子，但必须只向汽车公司进货**。

一个较大的汽车配件销售企业往往在一个地区设立几个门市部，或跨地区、跨城市设立门市部。在有多个门市部时，相互间的分工至关重要。有的按车型分工，如经营解放、东风或桑塔纳、捷达、奥迪配件等；有的则是各个门市部实行综合经营，不分车型；也有的二者兼有，即以综合经营为基础，各自又有一两个特色车型。

(1) 门市销售的柜组分工方式　在一个门市部内部，各柜组的经营分工一般有两种方式，一是按品种系列分柜组，二是按车型分柜组。

1）按品种系列分柜组。经营的所有配件，不分车型，而是按部、系、品名分柜组经营，如经营发动机系配件的柜组，称为发动机柜组；经营通用工具及通用电器的柜组，称为通用柜组；经营化油器等配件的，称为化杂件柜组等。

这种柜组分工方式的优点是比较适合专业化分工的要求。因为汽车配件的系统是按照配件在一部整车的几个构成部分来划分的，如发动机系统、离合变速系统、传动轮轴系统等，比较能够结合商品的本质特点。而金属机械配件归为一类，电器产品归为一类，这种划分方式有利于经营人员深入了解商品的性能特点、材质、工艺等商品知识。汽车配件品种繁多，对于营业员来说，学会本人经营的那部分配件品种的商品知识，比学会某一车型全部配件的商品知识要容易得多，这样能较快地掌握所经营品种的品名、质量、价格及通用互换常识。尤其在进口维修配件的经营中，由于车型繁杂，而每种车型的保有量又不太大，因此按品种系列分柜组比较好。再就是某些配件的通用互换性，哪些品种可以与国产车型的配件通用，往往需要用户提供，有的则需要从实物的对比中得出结论。如果不按品种系列，而按车型经营，遇到上述情况，就有许多不便。

2）按车型分柜组。按不同车型分柜组，如分成桑塔纳、富康、捷达、奥迪、东风、解放柜组等。每个柜组经营一个或两个车型的全部品种。

改革开放以来，由于在一些专业运输单位及厂矿企业实行了承包责任制，每一个承包单位拥有的车型种类不多；中小型企业及个体用户，大多拥有一种或几种车型；所以目前的汽车配件用户，以中小型用户为主。这些中小型用户的配件采购计划，往往是按车型划分的，所以一份采购单，只要在一个柜组便可全部备齐，无须分别到若干个柜台开票，而只集中到一个柜组的1～2个柜台，便可解决全部需要。

另外，按车型分工还可与整车厂编印的配件样本目录相一致，当向汽车配件厂提出要货时，经营企业可以很便利地编制按车型划分的进货计划。

按车型分柜组，也有利于进行经济核算，便于管理。若孤立地经营不同车型的部分品种，难以考核经济效益。按车型分工经营，根据社会车型保有量统计数据，把进货、销量库存、资金占用、费用、资金周转几项经济指标落实到柜组，在此基础上实行利润包干形式的经济责任制，有利于企业管理的规范化。

但这种方法也有缺点，那就是每个柜组经营品种繁多，对营业员的要求高，营业员需要熟悉所经营车型每种商品的性能、特点、材质、价格及产地等情况，这不是一件很容易的事，而且当一种配件可以通用几个车型时，往往容易造成重复进货、重复经营。

两种柜组分工方式各有利弊，可根据具体条件决定。

(2) 门市橱窗陈列和柜台货架摆放　对汽车配件门市部来讲，陈列商品十分重要。通过陈列摆样品，可以加深顾客对配件的了解，以便选购。**尤其对一些新产品和通用产品，更能通过样品陈列起到极大的宣传作用**。

门市的商品陈列，包括橱窗商品陈列，柜台、货架商品陈列，架顶陈列，壁挂陈列和平地陈列等。

橱窗商品陈列，是利用商店临街的橱窗专门展示样品，是商业广告的一种主要形式。橱窗陈列商品一要有代表性，体现出企业的特色，如主营汽车配件轮胎的商店，不仅要将不同规格、不同形状的轮胎巧妙地摆出来，同时又要美观大方，引人注目。

柜台、货架商品陈列，也称为商品摆布，它有既陈列又销售、更换频繁的特点。柜台、货架陈列是营业员的经常性工作，也是商店中最主要的陈列汽车配件中的小件商品，如火花塞、皮碗、修理包、各类油封等所适合的陈列方式。

架顶陈列是在货架的顶部陈列商品，特点是占用上部空间位置，商品陈列的视野范围较高，顾客容易观看。这种方式一般适合相关产品，如润滑油、美容清洗剂等商品的陈列。

壁挂陈列一般是在墙壁上设置悬挂陈列架来陈列商品，适用于质量较小的配件，如轮辋、传动带等。

平地陈列是将体积大而笨重、无法摆上货架或柜台的商品，在营业场地的地面上陈列，如蓄电池、发动机总成、离合器总成等。

商品陈列的注意事项有：

1）易于顾客辨认，满足顾客要求。要将商品摆得成行成列、整齐、有条理，多而不乱，易于辨认。

2）库有柜有、明码标价。陈列的商品要明码标价，有货有价。商品随销随补，不断档、不空架，把所有待销售的商品展示在顾客面前。

3）定位定量摆放。摆放商品要定位定量，不要随便移动，以利于营业员取放、盘点，提高工作效率。

4）分类、分等摆放。应按商品的品种、系列、质量等级等有规律地摆放，以使用户挑选。

5）连带商品摆放。把使用上有联系的商品，摆放在一起陈列，这样能引起顾客的联想，具有销售上的连带效应。

第五节　汽车配件促销策略

市场以变化为特征，尤其在市场竞争日趋激烈和市场疲软之时，促销手段是否得力，对企业长期稳定地发展和渡过难关有着重要意义。企业的促销能力是企业市场营销能力的重要组成部分。

一、促销与促销组合的概念及作用

1. 促销与促销组合的概念

所谓**促销，是指企业营销部门通过一定的方式，将企业的产品信息及购买途径传递给目标用户，从而激发用户的购买兴趣，强化购买欲望，甚至创造需求，从而促进企业产品销售的一系列活动。促销的实质是传播与沟通信息，其目的是要促进销售，提高企业的市场占有率及增加企业的收益**。为了沟通市场信息，企业可以采取两种方式：一是单向沟通，即要么是由"卖方—买方"的沟通，如广告、陈列、说明书、宣传报道等；要么是由"买方—卖方"的沟通，如用户意见书、评议等。二是双向沟通，如上门推销、现场销售等方式，即是买卖双方相互沟通信息和意见的形式。

现代市场营销将上述促销方式归纳为四种类型：人员推销、广告、营业推广和公共关系，这四种方式的运用搭配称为促销组合。促销组合策略就是对这四种促销方式组合搭配和如何运用的决策。对汽车配件市场营销而言，促销手段还应包括一种重要的促销方式，即销售技术服务（含售后服务）。可以说，**在现代汽车配件市场上，没有销售技术服务，尤其是没有售后服务，企业就没有市场**；服务不能满足用户要求，企业也将失去市场，这一促销方式对汽车配件产品销售而言，具有更为重要的意义。所以，汽车配件产品的促销组合即是以上四种方式和技术服务的组合与搭配，相应的决策即为汽车配件产品的促销组合策略。

2. 促销组合的作用

促销活动对企业的生产经营意义重大，是企业市场营销的重要内容，促销的作用不仅对不知名的产品和新产品意义深远，而且对名牌产品同样重要，"酒香不怕巷子深"的观念已经越来越不能适应现代市场竞争的需要，是应当摒弃的落后观念。在现代社会中，促销活动至少有以下重要作用：

1）**提供商业信息**。通过促销宣传，可以使用户知道企业生产经营什么产品，有什么特点，到什么地方购买，购买的条件是什么等，从而引起顾客注意，激发并强化其购买

第六章　汽车配件营销组合

欲望，为实现和扩大销售做好舆论准备。

2）**突出产品特点，提高竞争能力**。促销活动通过宣传企业的产品特点，提高产品和企业的知名度，加深顾客的了解和喜爱，增强信任感，也就提高了企业和产品的竞争力。

3）**强化企业的形象，巩固市场地位**。恰当的促销活动可以树立良好的企业形象和商品形象，能使顾客对企业及其产品产生好感，从而培养和提高用户的忠诚度，形成稳定的用户群，进而不断地巩固和扩大市场占有率。

4）**刺激需求，影响用户的购买倾向，开拓市场**。这种作用尤其对企业新产品推向市场，效果更为明显一些。企业通过促销活动诱导需求，有利于新产品打入市场和建立声誉。促销也有利于培育潜在需要，为企业持久地挖掘潜在市场提供了可能性。

总之，**促销的作用就是花钱买市场**。但企业在进行促销组合决策时，应有针对性地选择好各种促销方式的搭配，兼顾促销效果与促销成本的关系。

二、促销组合策略

促销组合策略实质上就是对促销预算如何在各种方式之间进行合理分配的决策。企业在做这些决策时，除了要考虑各种方式的特点与效果外，还要考虑如下因素：

（1）产品的种类和市场类型　汽车配件产品的种类繁多，因此所采取的促销方式和策略应根据市场的不同而灵活变化。例如：重型汽车配件因使用上的相对集中，市场也比较集中，因而人员推销对促进重型汽车配件的销售效果较好；而轻型、微型汽车配件由于市场分散，所以广告对促进这类汽车配件销售的效果就更好。总之，**市场比较集中的汽车配件产品，人员推销的效果最好，营业推广和广告次之。反之，市场的需求越分散，广告效果越好**。

（2）促销的思路　企业促销活动的思路有"推动"与"拉引"之别。所谓"推动"就是以中间商为主要促销对象，将产品推向销售渠道，进而推向用户；"拉引"则是以最终用户为主要促销对象，引起并强化购买者的兴趣和欲望，吸引用户购买。显然，在"推动"思路指导下，企业便会采用人员推销方式向中间商促销，而"拉引"则会广泛采用广告等策略，以吸引最终用户。

（3）产品生命周期的阶段　当产品处于导入期时，需要进行广泛的宣传，以提高其知名度，因而广告的效果最佳，营业推广也有相当作用。当产品处于成长期时，广告和公共关系仍需加强，营业推广则可相对减少。产品进入成熟期时，应增加营业推广，削弱广告，因为此时大多数用户已经了解这一产品，在此阶段应大力进行人员推销，以便与竞争对手争夺客户。产品进入衰退期时，某些营业推广措施仍可适当保持，广告则可以停止。

总之，企业在充分了解各种促销方式的特点，并考虑影响汽车配件促销方式各种因素的前提下，才能做出最佳的促销组合决策。

 本章小结

本章主要介绍了汽车配件的营销组合。首先，叙述了市场调查的三个阶段和市场调查的方法，随后介绍了四种市场需求预测方法；其次，从汽车配件产品的保证与售后方面阐述了汽车配件产品策略,从定价策略、定价方法、定价程序阐述了汽车配件定价策略;最后,分析了汽车配件销售渠道中的销售特征、分销渠道类型及销售方式和汽车配件促销策略。

复习题

1. 汽车配件市场调查的作用及主要内容是什么?
2. 汽车配件供应必须考虑哪些条件?
3. 按产品线定价、产品群定价和折扣定价应采取哪些策略?
4. 新产品定价主要采取哪些策略?
5. 何谓统一定价、基点定价、分区定价和产地定价?
6. 汽车配件的主要定价方法有哪些?
7. 汽车配件销售有何特征?常见销售方式有哪些?
8. 分销渠道有哪些主要类型?
9. 汽车配件市场调查的步骤和调查方法是什么?
10. 汽车配件定价程序包括哪些内容?

(扫一扫,查看参考答案)

思考题

1. 某汽车公司新产品上市,定价目标为短期追求最大利润,试问:应采取哪种定价策略?为什么?
2. 某汽车配件公司新产品问世时,该公司为了了解消费者的心理,采取了一种独特的试销方法:先把100件产品无偿地送给100位客户试用8周。8周后,公司派人登门通知客户收回产品,若想留下,每件支付50美元。

其实,公司老板并非真想收回产品,而是想知道50美元一件是否有人愿意购买。结果,绝大多数尝试者都把产品留下了。

得到这个消息,该公司便大张旗鼓地开始生产、推销该产品。结果,以每件75美元的价格售出,并且非常畅销。

试问:该公司采取的是哪种定价方法?使用该定价方法有何利弊?
3. 你认为哪种销售方式会成为中国未来汽车配件市场的主要流通形式?为什么?

(扫一扫,查看参考答案)

第七章

汽车配件销售技能

Global Sourcing Solutions & Commerce LLC 公司总裁 Jamal Sadoun 先生在接受采访时，讲述了一个关于他的美国同事访问中国一家公司时发生的有趣经历。他的同事去拜访这家公司，目的是想评估该厂家。该同事衣冠楚楚，等待厂长来接他。后来老厂长开了一辆破旧的皮卡车过来，既没有西装也没有领带，衣服比较脏。到了工厂发现，生产现场比宣传册上面的相差甚远。一位英语较好的职员带领该同事参观了工厂。回到办公室时，发现厂长正在座位上鼾声如雷。于是这位同事拿出随身携带的数码相机拍下了厂长睡觉的情景。结果谈判告吹。那么在这个案例中，厂长有哪些地方做得不恰当？他应注意哪些问题？与客户沟通时他应该怎样做？通过本章的学习，这些问题将会一一得到解决。

第一节 客户关系与沟通

一、接待

1. 社交礼仪

销售人员在接待与拜访客户时，要做到形象得体、举止适度、尊重客户，能够使双方关系有一个良好的开端，并且能突出企业形象。

（1） 形象得体 要做到形象得体，销售人员必须注意以下四个方面的问题：

1) 衣着。着装要合体、合时，做到自然、整洁、庄重和协调。

着装应与体形相协调。胖人穿衣，质地不宜太厚，也不能太薄；忌穿大花纹、横条纹、大方格图案的服装；色彩上应用收缩色；应力求服装线条简洁明快。高而瘦的人，面料图案不宜选用竖条纹的，料子也不应过薄，稍硬一点的料子会使瘦人看上去更精神。身材矮小者，可利用颜色创出高度，让衣服鞋袜连成一色，看上去会有修长感；选用小块图案比选用大块图案为佳。腰部过粗的人，不宜穿紧身衣。

着装应与脸型相协调，衣领必须同着装者的脸型相配。圆脸型的人不宜配长型领，方脸型配小圆角领或双翻领为宜，尖型脸选配衣领的范围比较大，尤以配大翻领为宜。

着装应与肤色相协调。面色红润的人，宜穿茶绿或墨绿色的衣服；肤色较黑的人，最好不要穿粉红、淡绿色的服装；肤色黄白的人，适宜穿粉红、橘红等柔和的暖色调衣服；面色偏黄的人，适宜穿蓝色或浅蓝色上装；白肤色者，宜选择的颜色范围较广，但忌穿近似于皮肤色彩的服装，宜穿颜色较深的服装。

着装应与年龄相符。年轻人应尽量避免穿过于华丽的服装，可选择一些款式比较新颖的服装以突出朝气；中、老年人着装应体现出高雅、冷静、成熟的气度。

除上述内容外，还应注意全套服装的款式协调。深色西装，最好配白衬衣、黑皮鞋

和黑袜子；杂色西装可配相同色调的衬衣。

总之，销售人员的着装既要与自身特点相符，又要符合销售人员的身份，从促进销售的角度来考虑自身的着装以适应不同场合。

2) 装饰。适当的装饰虽是小小的点缀，但有时却能给客户留下深刻的印象。饰品应与服装、个体、环境相协调，同时还要注意饰品之间的协调；佩戴饰品，一般不宜过多。男士还应该注意工作箱、钱包、钢笔等细节之美。

3) 化妆。作为女销售人员，恰到好处的化妆既可增添女性的风采，又可表现出对客户的尊重。化妆要讲求适度，只有参加晚会、晚宴时，化妆才能奢华艳丽一些，平日则宜淡妆。化妆应力求自然，扬长避短，力求形成独特的魅力和风格，且要考虑与发型、服饰的协调，以构成得体大方的总体形象。

4) 整洁。勤洗澡，常刷牙。皮鞋要经常打油擦亮，穿凉鞋的要穿上袜子，戴手套要保持手套清洁美观。指甲应留心保护，经常修剪，不宜留过长指甲。头发应时常梳理修剪，保持发型不零乱；常洗头，除去头皮屑；男士头发不宜过长，女士头发以线条自然、流畅、明快为好。根据头型、脸型及各人的发质特点选择发式以巧妙利用发型弥补自身不足。

总之，销售人员的总体形象应该得体，尽量给人一种积极、精力充沛、诚恳友善的印象。

（2）举止适度 在接待与拜访客户的过程中，不仅要注意形象得体，还要注意举止适度。

1) 举止有度。要做到举止适度，首先必须做到举止有度，即"站有站相，坐有坐相"。

站立的要领可概括为挺胸、收腹、梗颈，又可总结为上提下压（下肢、躯干肌肉线条伸长为上提，下压指双肩保持水平、放松），前后相夹（指臀部向前发力，同时腹部肌肉收缩向后发力），左右向中（指人体两侧对称的器官向正中线用力）。嘴微闭，面带笑容，双臂自然下垂或在体前交叉于腰间，不可抱在胸前。女子站立时，双脚呈"V"字形，膝和脚后跟要靠紧，两脚张开的距离约为两拳。另一种是把双脚并拢或是把重心放在一只脚上，另一只脚超过前脚斜立而略弯曲。上半身挺直，下巴内放，肩膀要平，腹部要收，臀部不能翘起。男子站立时，双脚与肩同宽，身体不东倒西歪；站累时，脚可向后撤半步，但上体仍须保持正直，不可把脚向前或向后伸得太多，甚至叉开很大。站立切忌歪脖、斜腰、挺腹、屈腿等。同别人站着交谈时，可将双手在体前交叉，右手放在左手上。如果自己身上背着皮包，可利用皮包摆出优美姿势，一只手插口袋，另一只手则轻推皮包或者挟着皮包的肩带。向客户问候或作介绍时，不论握手或鞠躬，双足应当并立，相距约10cm，膝盖要挺直。

坐也有讲究，应从椅子的左边入座、站立。入座要轻盈、和缓、从容自如；落座后，保持上身正直。身后无依靠时，身体可稍微前倾；头平正，不东摇西晃。歪斜肩膀，含胸驼背，半躺半坐等姿势应戒除。双臂可弯曲放于桌上或椅子和沙发的扶手上，也可搁在双膝上；双腿间距和肩宽大致相等，两脚自然着地。背后有依靠时，在正式场合也不能随意把头向后仰靠，以免显出很懒散的样子。就座以后，不能两臂交叉在胸前或摊开在桌上，不能摆弄手指头，也不能把手中的茶杯转来转去，或一会儿拉拉衣服，一会儿整整头发。无论男女,坐时都不宜把腿分得很开或两腿摇晃。女性在穿裙子时,可能侧坐比正坐姿势优美,但在答礼时必须正坐。

走路的姿势对于销售人员也很重要。男销售人员走路的姿势应该是:昂首、闭口、双眼平视前方、挺胸、收腹、直腰,行走间上身不动,双肩不摇,步伐稳健,以显出刚强、雄健、英武、豪迈的男子汉风度。女销售人员走路的姿势应该是:头部端正,不宜抬得过高;目光平和,直视前方;行走间上身自然挺直、收腹,双手前后摆的幅度要小,两腿尽量用力向上伸直舒展,使自己显得下肢修长,有挺拔感;小步前进,走成直线,步态自如、匀称、轻柔,以显示出端庄、文静、温柔、典雅的女性窈窕美。

2)举止得当。要做到举止适度,还应做到举止得当,即能根据各种举止的特殊意义来正确运用。例如,良好的打招呼方式是推销成功的首张通行证,销售人员要经常用点头与他人打招呼。点头者应两眼看对方,面部略带微笑,等对方有表示时再转向其他方向,也可把点头和握手配合使用。当与对方距离较远或交臂而过时,可以用举手打招呼的形式在短时间里、远距离内表达对对方的敬意。一般来说,礼节性的打招呼应注意以下几点:视场合表现有礼的举止;先主动向对方问候;声音要有精神,给人以精力充沛的印象;称呼对方名字,让对方感到亲切;面带笑容,消除对方的紧张情绪。在较正式场合里,有长者、尊者到来或离去时,在场者应起立示敬,等到来者落座或离去后才可坐下。

3)举止文明。要做到举止适度,也应注意举止文明,不抖动腿脚、挠头摸脑、揉鼻挖耳。与客户交往时,还应保持适当的距离。当与客户交谈时,合适距离应是1m以外、3m以内,这样既能正常交流信息,又能使对方感到一种亲切的气氛,同时又保持了一定的社交距离。

(3)尊重客户 在接待与拜访客户的过程中,应该做到尊重客户,尊重客户是做好销售工作的首要前提。销售人员只有尊重客户才能赢得客户对自己的尊重。

要做到尊重客户,就必须做到以上所说的形象得体、举止适度,同时注意在交往过程中做到文雅谦逊,多使用礼貌用语,注意礼节,不随意打听客户隐私。特别要注意根据"女士优先"的原则,尊重女客户。

2. 社交语言

合理使用社交语言,既能使自己敞开美好心灵,给对方以亲切感,又能增进双方的了解和感情,为交谈创造出和谐融洽的气氛,使双方都留下一个美好的印象,即用语言塑造了一个美好的自我形象。

合理使用社交语言应注意以下几点:

1)运用正确恰当的称呼。

2)掌握适当的寒暄方式。例如:问候式,"工作很忙吗?""生意好吗?"。也可使用赞扬式,观察对方的精神状态和容颜后,说:"今天真神气!""您老越活越年轻,能否请教一下您的养生秘诀?";或留心对方的衣着发式,说:"穿上这衣服你显得更年轻!""这发型真让人眼前一亮!"等。也可采用言他式,陌生人见面时,可以谈谈天气、交通、最近上映的电影等。寒暄时要积极、精力集中,善选话题,注意场合,讲究方式,避开避讳的话题。

3)善于运用真诚的赞美。赞美要明确具体,选准时机,注意场合。

4）学会以适当的方式，运用适当的语言拒绝别人。

5）能够运用一些幽默的语言调节气氛，但语言必须纯洁、文雅。

3. 发现潜在客户

我国汽车配件市场按用户类型，可以分为生产型企业、非生产型组织、个体运输户等细分市场，还可分为民用、军用两个市场。 军用汽车要求质量绝对可靠、供货及时，但对价格却不太在意；民用汽车则要求质量良好，服务周到，价格适中。按用户规模，可将汽车配件市场分为大、中、小三类客户。一般来说，**大客户**数目少但购买额大，对企业的销售市场有着举足轻重的作用，**企业应特别重视**，注意保持与大客户的业务关系；而对于**小客户**，生产企业一般不应直接供应，而是**通过中间商销售**。

潜在客户是指目前还没有购买某种商品，但有购买可能性的客户。

在现代商品销售中，销售人员必须尽可能多地掌握信息，通过多种信息渠道，发现潜在客户。汽车配件销售人员是企业与市场之间、企业与顾客之间的桥梁和纽带，必须善于发现潜在客户。下面介绍几种发现潜在客户的方法：

(1) 利用本地区车型、车数信息发现潜在客户 公安交通管理部门是依法对全国和各地区机关、企（事）业单位及其他社会组织和公民正在使用的机动车辆进行登记、检验、发牌、发证以及对车辆保修单位进行技术监督的部门，在这里储存着大量车辆资料信息，这些信息对汽车配件销售人员十分有用。通过这些车型、车数信息可以估算出本地区每年汽车配件需求总量，而且可以较准确地找到目标市场，这是发现潜在客户的一个最快捷有效的办法。

(2) 通过老客户发现潜在客户 汽车配件的老客户一般对产品的质量、价格等情况比较了解，从用户的角度来考虑，他们更容易赢得顾客的信任。而且他们对需求情况、用户情况比较熟悉，可以发挥他们的宣传作用或者聘请他们作为销售人员，通过他们发现潜在客户。

(3) 通过各种信息渠道发现潜在客户 收集信息的渠道主要有：

1）**人际关系渠道**。通过广交朋友、多参加社交活动来获取信息。

2）**竞争对手渠道**。即利用合法的、正当的方式，收集竞争对手的信息，如利用机会参加竞争对手的展销活动，同竞争对手的用户或代理商交谈等。

3）**行文渠道**。即通过下发的文件、简报、通知、总结材料等来收集销售信息。

4）**流通渠道**。即通过购买查阅各类报纸、杂志或其他商情信息、供求信息来获取所需信息，也可通过市场交易部门、物资交流中心之间的交换资料以及科研机构与企业之间的交换资料获取信息。

二、会面与拜访

1. 确定访问目标和访问方法

选择有购买潜力的客户，确定访问目标和访问内容。销售人员可从现在顾客卡、过去顾客卡及新开发顾客卡中，了解负责人和采购人的姓名、性别、家庭地址、工作单位、性格、嗜好以及与销售人员的交情，将所有潜在客户排序，根据其重要程度，决定分批次的拜访目标。当然，也可利用其他信息渠道确定访问目标和访问内容。

可根据客户的具体情况，采用电话访问，通信访问，直接登门访问和在推销的公共

第七章 汽车配件销售技能

场所（如展览会、订货会或公共娱乐场所）进行访问。

2. 适时拜访客户

一般应选在客户具有一定的消费意向和消费能力，且工作不太繁忙，心情比较舒适时拜访。如客户刚搬了新家，可在晚上客户在家休息时登门拜访，既恭贺乔迁之喜，又可借机开展自己的销售业务。

如果是去客户的公司（单位）登门拜访，则一般来说，星期一或其他法定休息日的第二天及月底，公司（单位）工作都很忙，销售人员不宜前往访问。在具体时间上，应回避在早晨刚上班时登门访问，因早晨有碰头会、准备工作等，比较忙，因此在上班一个小时之后再去比较好。但若销售人员数次都很难找到要访问的客户，也可故意在刚上班的时间去。吃午饭或到吃午饭时间最好不要去，特别是初次访问，如果因种种原因在午饭前三十分钟到达对方公司，那就应自己想办法在外面吃午饭，不要给对方造成想蹭午餐的印象。在这种情况下，最好到下午上班时间再登门拜访，不过若与对方关系特别密切或准备邀请对方到外面吃饭除外。快要下班时也不要去访问，到了下班时间最好立即告辞。当然也有特意选在下班前访问客户的，这主要是想宴请对方，边吃边谈。若恰好在下班前几分钟去也不好，因为周围的人一眼就看出来了，而且只请该客户不请其他人，影响不太好。最好选择下班前一小时进入办公室为宜。

如果是和客户事先约定时间，可由销售人员提出见面时间。经验表明：当销售人员泛泛地问客户何时有空时，客户总觉得他的时间表安排得满满的。当然，销售人员建议的时间应有选择的余地。如问客户何时去拜访他合适，是星期五上午十点半还是星期二下午？给客户提出两个时间供他选择，其中一个时间比较灵活。如建议某一天的一个具体时间，另一个时间的期限则更长一些。提出一个具体时间，使客户感觉到销售人员业务繁忙，是个业绩很好的销售人员，同时也很有时间观念，而且这次拜访也许不会占用太多时间。

在拜访客户时要注意两点：一是先以某种方式，与客户约好会面时间、地点，这样做为的是不影响客户正常工作的安排，也显得有礼貌；二是在约定了与客户的会面时间、地点后，推销员应及时赶到，不得迟到，万一延误，应向客户道歉并说明迟到理由，而且一旦确定了约定时间，不得随便更改。

3. 发现客户关键人员

销售人员要做到发现客户关键人员，必须了解目标市场的购买行为。要研究购买行为，应该识别是谁参与购买，购买中心由哪些角色构成。购买中心一般由以下角色构成：

（1）**发起者** 发起者是指首先提出或有意向购买某一产品或服务的人。

（2）**影响者** 影响者是指其看法或建议对最终决策具有一定影响的人。

（3）**决策者** 决策者是指在是否买、为何买、如何买、哪里买等方面的购买决策做出完全或部分最后决定的人。

（4）**购买者** 购买者是指实际购买人。

（5）**使用者** 使用者是指实际消费或使用产品或服务的人。

客户的关键人员主要指客户购买中心中有权做出是否买、为何买、如何买、哪里买等方面的购买决策的决策者，也指对最终决策有一定影响的影响者、使用者、购买者等人。

销售人员善于发现客户关键人员，就可以针对关键客户开展行之有效的促销工作。这样既能对购买决策起到重要的作用，又能减少人力、物力、财力的无效花费，可谓"好钢用在刀刃上"。销售人员想要发现客户关键人员，要做到以下几点：

（1）注意观察 销售人员可以进行观察、分析，判断出客户中的关键人员。这种观察法比较实用，而且能获得较为准确的信息。观察法一般有亲身经历法和行为记录法等。

1）亲身经历法。从自己做客户的经验角度来观察、分析和判断出客户的关键人员。

2）行为记录法。通过对客户的言语、行为做记录，分析所做记录而得出谁是客户的关键人员。

（2）善于收集有关目标客户的信息 收集信息的渠道有多条。其中，人际关系渠道是一条重要的渠道。一个精明的销售人员要善于利用人际交往这一手段，主动与别人会晤，听他们谈话，在交谈中，针对自己想要知道的客户信息请教别人，以获得必要的销售信息。销售人员要想通过人际关系的渠道收集到有价值的客户信息，重要的是真诚待人、广交朋友和积极参加各种社会活动。

第二节 销售技巧

一、汽车配件的推销模式

推销模式是根据推销活动的特点以及对消费者购买行为各阶段的心理演变应采取的策略，总结出一套程序化的标准推销形式。国外一些著名的推销大师总结了许多成功的推销程序与步骤，这里介绍以下四种模式：

1. 埃达（AIDA）模式

埃达模式是指将推销活动分为四个步骤，即引起消费者注意→唤起消费者兴趣→激起消费者购买欲望→促成消费者购买行为。

（1）引起消费者注意 其方法主要有：形象吸引法，如可通过仪表形象、特殊形象、神态形象吸引消费者；语言口才吸引法，如可通过出奇言、奇事、奇怪问题或推销开始后的第一句话就指出消费者的主要需求而吸引消费者；动作吸引法；产品吸引法，如利用产品特殊功能、一目了然的优势吸引消费者；此外还有广告吸引法等。

（2）唤起消费者兴趣 其方法大致可分为示范类和情感类。示范类方法有：展示法，要求坚持用实体由浅入深地展示出汽车配件的关键部位和特点；表演法，指借助于事先准备好的背景材料与舞台道具、戏剧性的情节和台词向消费者示范汽车配件；道具示范法，指用图画、图片、模型、相片等作为道具，将一些不便携带的汽车配件向消费者介绍并唤起消费者兴趣的方法，事先印制好的促销小册子、产品目录、广告宣传材料、产品使用说明书，以及纸和笔都可用作道具；示范参与法，指由消费者自己操作示范而唤起其注意的方法；实地参观法，即把消费者请到汽车配件生产及经营的现场，通过让消费者亲自观察了解来唤起消费者兴趣。情感类方法有：为消费者着想，通情达理；为消费者当购买参谋；讲真话；投其所好，晓之以理；学会聆听，尊重消费者。

（3）激起消费者购买欲望 这是推销过程中的一个关键性阶段，主要方法有：在示范并吸引顾客对推销的配件产生兴趣后，通过询问顾客是否有不明白、不理解的地方等，及时检验顾客对其所推销的汽车配件的认识程度，如果有需进一步示范及说明的地方，销售人员应立即进行再示范、再说明，直至客户表示明白并形成整体良好印象为止；针对客户的担忧与忧虑反复解释，并重点示范；消除客户情感上的消极心态、对抗情绪，使客户完全接受推销；通过大说特说来引导客户从汽车配件的优点联想汽车配件的使用价值和拥有后的喜悦和愉快；通过提供充分的证据、例证，用理智去唤起消费者的欲望。

（4）促成客户购买行为　其方法有以下几种：

1）**直接成交法**，即销售人员看准时机，主动、明确、直接地要求客户购买汽车配件的成交方法。

2）**假定成交法**，指销售人员通过客户的成交信号准确判断出客户必定购买时，假定客户已同意购买，通过讨论一些具体问题而促成交易的方法。

3）**有效选择成交法**，即销售人员为客户设计出一个有效成交的选择范围，使客户只在有效成交范围内进行成交方案选择的方法。

4）**次要问题成交法**，即先在次要问题上与客户达成购买协议后再逐步促进交易的方法。

5）**优惠成交法**，即销售人员通过向客户提供进一步的优惠条件而促使成交的方法。

6）**分段成交法**，指把一个重大的推销恰谈成交过程分为多个阶段，通过实现分段目标达到最后成交的方法。

7）**试用成交法**，指销售人员想办法把作为实体的汽车配件留给客户，使客户拥有其一段时间的使用权，从而促成客户购买的方法。

8）**异议成交法**，指利用处理完客户异议，尤其是重要异议的机会成交的方法。

9）**最后机会成交法**，指销售人员直接向客户提示最后成交机会而促使客户立即实施购买的一种成交促进方法。

埃达模式适用于店堂的推销，如柜台推销、展销会推销等；适用于一些易于携带的生活用品与办公用品的推销；也适用于新销售人员以及面对的是陌生推销对象的推销。

2. 迪伯达（DIPADA）模式

迪伯达模式分为六个步骤：准确地发现客户的需求与愿望→把要销售的汽车配件与客户的需要及愿望结合起来→证实所销售的汽车配件符合客户需求→促进客户接受所销售的汽车配件→刺激客户的购买欲望→促使客户做出购买成交的决定。

（1）把要销售的汽车配件与客户的需要及愿望结合起来　如何把客户的需求及愿望与所销售的汽车配件结合起来，有以下方法可以参考：

首先，从"结合"的内容上看结合的方法，可分为：物的结合，指从所销售汽车配件具备的满足客户需求的优点、功能等实体特征出发，进行汽车配件与需求的结合；汽车配件整体概念的结合，指销售人员从汽车配件的整体概念出发实现汽车配件与客户需求的结合；观念结合法，指销售人员与客户首先在观念上，尤其是价值观念上达到认同而实现汽车配件与客户需求的结合；信息结合法，指销售人员通过及时地传达有用的信息给客户，从而引发客户对销售汽车配件需求的方法；关系结合法，指销售人员利用社会关系把汽车配件与客户需求相结合的方法。

其次，从生产的社会化流程看，有几种结合思路：上行关系结合法，即销售人员寻找与目标客户在社会化生产流程中属于上道工序的、对客户的生产经营活动有影响的单

位与个人，运用这些单位与个人的影响使销售汽车配件与客户需求相结合的方法。客户的上行关系主要有为客户融资贷款的银行信用单位，给客户下达指令性计划的上级主管部门，为客户的生产经营提供原辅材料、动力、设备等方面的资源供应者，客户生产的设计单位、批准单位等；下行关系结合法，客户的下行关系主要有客户经营的汽车配件和服务的买家及与之有关系的单位和个人，销售人员可利用这些下行关系的影响，达到销售汽车配件与客户需求的结合；平行关系结合法，指销售人员利用可能对客户生产与经营活动产生影响的单位与个人的平行关系影响，达到销售汽车配件与客户需求相结合的方法。

最后，从对需求的管理方法上看，有如下结合方法：适合需求结合法，指销售人员通过企业整体营销活动，迎合客户需求，从而把汽车配件与客户需求结合起来的方法；调整需求结合法，指销售人员通过说服客户调整明显不合理、不现实的需求，并使需求可以与汽车配件结合的方法；教育与引导需求结合法，指销售人员主动教育与引导客户的需求，从而达到与所销售汽车配件结合的方法，这种方法可在客户因各种原因而缺乏对所销售汽车配件的需求时使用。

(2) 证实所销售的汽车配件符合客户需求　证实所销售的汽车配件符合客户需求的关键是收集和应用证据。

按证据的提供者分类，证据主要有以下类型：人证，即真实的且知名度高的人士对所销售汽车配件在购买与消费后所提供的证据；物证，主要是指有关职能与权威部门出具的证据及表明使用后果的实物性证据，如有关方面的化验单、鉴定测试报告、使用测试报告、获奖证书奖章、图片、报刊文章、电台的录音录像、购买者的亲笔信等；例证，是指可以作为证据的典型事例与方案，如果购买所销售汽车配件并取得较好效果的组织有名的大企业或有名的事件与人物，则应作为主要例证，使用例证时应注意其内容的全面性，如企业名称、地址与位置、性质、汽车配件类型与用途、生产规模与地位、法人代表、使用所销售汽车配件的情况及评价等。如是事例，应对何人、何时、何地、何事、为何发生、怎样发生、结果如何等情况有全面的了解。

按证据的获取渠道，可分为：生产现场证据，销售人员将客户带到汽车配件的生产现场考察参观，同时有针对性地介绍关于企业管理与企业文化建设等方面的深层内容；销售与使用现场证据，销售人员可把客户带到所销售汽车配件的使用现场，通过客户的亲自考察验证以及与正在使用所销售的汽车配件的老客户交流，取得胜于雄辩的事实例证，也可让客户观看汽车配件畅销的销售现象及录音录像；客户自我经验所提供的证据，即通过客户本人对汽车配件的试消费及心得体会的总结所进行的证实方法，如销售人员在销售时让客户参与演示并引导总结体会，让客户进行消费对比，对使用汽车配件的客户进行对比实验并记录证据等。

按证据的载体，可分为：文字证据，如上级文件、鉴定材料、客户表扬书信、订单、书报文章等所形成的证据；图片证据，即用真人、真事、真物拍摄照片以及用图形表格制成的图片所形成的证据；光电证据，主要是指用光电等科技手法获取的证据，如录音录像盒带、电影拷贝、计算机网络储存的资料等。

(3) 促进顾客接受所销售的汽车配件　其方法有：

1) 询问促进法，即销售人员在介绍汽车配件，证实汽车配件符合客户需求的过程中，不断询问客户是否认同或理解销售人员的讲解及演示，借以促进客户接受汽车配件。

2）**总结促进法**，即销售人员在销售谈话中不断对前段的销售活动及进展情况进行总结，以促使客户接受汽车配件的方法。一方面总结汽车配件对客户需求的满足程度，另一方面总结已被证实的汽车配件优点及特色，同时强调总结客户与销售人员之间取得的共识等。

3）**确认书促进法**，要求销售人员一边总结与客户在认识上的共同点，一边把客户认同的内容通过记事板、打字显示荧屏或备忘录等工具记录下来，并放在显眼的地方，时刻提醒客户他已表态接受的各个方面。

4）**诱导促进法**，是指销售人员通过向客户提出一系列问题，并请求客户回答而诱使客户逐步接受所推销的汽车配件的办法。所提问题是销售人员事先经过深思熟虑后准备好的，后一个问题的回答总是以前一个问题为基础的，而客户对每一问题的回答又是肯定的，于是由浅入深地引导客户进行积极的思维与逻辑推理而接受所推销的汽车配件。

5）**示范检查促进法**，是指销售人员通过检查示范效果而促使客户接受汽车配件的方法。销售人员在示范前、中、后，不停地向客户提出一些带有检查性的问题，从而试探客户的接受程度以及是否有购买意图，如果客户在关键性问题上并没有接受，则可立即纠正补充。

6）**等待接受法**，有时受多种因素影响，客户无法立即接受汽车配件。例如，有的客户无法对是否接受所推销的汽车配件立即表态。销售人员无法见到所有对购买活动有影响和决策权力的人士，这时，销售人员应学会等待，但在等待过程中，销售人员应不断地与客户接触，经常确认与总结双方的共识及前段销售活动取得的进展，将长时间的等待与积极的销售相结合。

7）**客户试用促进法**，即销售人员把已介绍并初步证实的汽车配件留给顾客试用，从而促使顾客接受汽车配件的方法。

由于迪伯达模式的第五个步骤及第六个步骤分别与埃达模式的第三及第四个步骤相同，此处不再重述。

迪伯达模式适用于生产资料市场汽车配件的销售，对老客户及熟悉客户的销售，以及客户属于有组织购买即单位购买者的销售。

3. 埃德伯（IDEPA）模式

埃德伯模式分为五个阶段：把所销售的汽车配件与客户的愿望结合起来→示范阶段→淘汰不合格的汽车配件→证实客户的选择是正确的→促使客户接受汽车配件。

埃德伯模式多适用于向熟悉的中间商销售，或向主动上门购买的客户销售。只要客户主动与销售人员接触，并带有明确的需求而来，就适宜使用埃德伯模式。

（1）把所销售的汽车配件与客户的愿望结合起来 应注意无论在汽车配件畅销还是滞销时，都应对上门主动求购的客户热情接待，同时应尽量满足客户需求。对上门求购的客户，销售人员应按照客户提供的需求标准，尽量提供更多货源供客户选择，不怕麻烦。对客户原来没有打算购买的汽车配件，销售人员应揣摩客户的愿望与要求，并把所销售的汽车配件与这些愿望结合起来。

（2）示范阶段 向客户示范汽车配件时应注意按客户的需要示范汽车配件。如果客户拿着进货清单，那么清单上所列汽车配件都应加以示范。销售人员如能按照客户的需

要，向客户销售进货清单上没有的汽车配件，客户也会很高兴，如刚出厂的新汽车配件，即将成为畅销货的汽车配件，进销差价大的汽车配件等。销售人员最好多示范几种汽车配件，并在汽车配件的示范中了解客户具体的购买需求。

（3）**淘汰不合格的汽车配件**　作为埃德伯模式的第三个阶段，需要把销售人员示范的较多汽车配件中不合适的汽车配件筛选掉。销售人员应了解客户压缩购买的原因是什么。对于老客户，销售人员应准确地掌握客户每次的进货额。对于新客户，销售人员应尽量了解客户进货的档次、数量。如能通过与客户的谈话了解目标市场消费者的特点，就能有把握地提供与淘汰汽车配件。只要不是货款问题，就可鼓励客户多进货。

（4）**证实客户的选择是正确的**　顾客选择汽车配件后，证实与赞扬顾客的挑选正确这一环节不可缺少，主要采用案例的方式证明。如某个汽车配件在某个市场或由某个商人销售得很好，年利不少等，以便促进中间商人接受汽车配件。

（5）**促使客户接受汽车配件**　销售人员应针对顾客的具体特点开展工作，如有的应帮助他们尽快办好进货手续；有的要解决运输，以致他们尽快把货物摆到货架上；有的需在货款的结算上给予方便；有的则要求退货赔偿及降低赔偿等。销售人员应尽力给予解决。

4. 费比（FABE）模式

费比模式的销售步骤是：把汽车配件的特征详细地介绍给客户→充分分析汽车配件的优点→尽数汽车配件给客户带来的利益→以"证据"说服客户。

销售人员在见到客户后，要以准确的语言把汽车配件的特征详细地介绍给客户。特征的内容有汽车配件性能、构造、作用、使用的简易及方便程度、耐久性、经济性、外观优点及价格等。如果有新汽车配件则应更为详细地介绍；如果汽车配件在用料或加工工艺方面有所改进，也应介绍清楚；如果上述内容多而难记，销售人员应事先打印成广告式的宣传材料与卡片，以便在向客户介绍时将材料或卡片交给客户。因此，如何制作好广告材料或卡片将成为费比模式的主要特色。

二、汽车配件销售的谈判

（一）谈判前的准备工作

谈判是一项非常复杂的工作，谈判形势多变，令人难以应付。要适应这种局势并在错综复杂的局势变化中左右谈判的发展，使己方处于有利地位，谈判人员就要"打有准备之仗"。只有做好最深入细致的准备工作，才能获得谈判的成功。在谈判前，谈判人员主要应做好两个方面的准备工作：一是尽量详细地收集有关资料；二是根据这些资料、信息，分析谈判中可能出现的各种情况，准备应对方案，即信息准备和决策准备两个方面，其中信息准备是关键。下面介绍信息准备工作的主要内容。

1. 知己知彼

古人云：知己知彼，百战不殆。在谈判前，应做到"知己知彼"。

（1）**知己才能知人**

1）充分了解己方的经济实力，如财务状况、销售情况、经营场地、服务项目等，掌握这些资料，才能有备无患。当对方在谈判中提出有关问题时，能做到心中有数，从容应对。

2）充分理解己方谈判的目标。这包括己方最大让步限度、最高目标及为实现最高目标的方案等。

3）及时了解己方谈判的准备情况。这其中包括对谈判资料的搜集、整理、分析和必须携带的谈判资料的准备情况，比如商品价格目录及商品样本等。

（2）了解谈判对手的情况 对谈判对手情况的了解可以说是最有价值的资料，只有摸清对手的实际情况，才能对症下药，相应制订己方的谈判策略。应了解的对手情况如下：

1）了解对手的经济实力和信用，包括对手的经营状况、财务状况、盈利总评价、信誉情况、付款方式、其竞争对手和竞争方式等。只有认真了解了对方的经济实力与信用情况，才能确定交易的可能与规模，并判定可否与对方建立长期的贸易关系。

2）了解对手的真正需求，比如对手此次谈判的实际目的，对手最低可能接受的条件等。不过这方面的资料很难获得，一般依靠分析对手近阶段经营情况资料、财务状况资料和在谈判中小心试探获得。

除此之外，还应了解对手的谈判诚意、谈判人员决策权限和谈判风格等方面的情况资料。

2. 了解商品市场情况及其竞争情况

对拟销售商品的市场情况、竞争情况应做全面了解，这是因为市场因素及竞争对手情况与谈判成功与否有密切的联系。

（1）市场商品需求情况 这类情况主要包括与谈判有关配件的汽车保有量，保有量变化趋势，用户对该配件及其服务的要求等。

（2）市场商品供应情况 这类情况主要包括与谈判有关的商品生产状况，可供市场销售的商品量，商品库存状况，运输能力及其变化，进出口情况，替代品情况等。

（3）市场商品销售情况 这类情况主要包括与谈判有关的商品的市场销售量，己方企业与同行业市场销售情况，销售价格，商品市场生命周期，经销路线，促销措施及效果等。

（4）市场竞争情况 这类情况主要包括同类配件经销商数量及其销售配件的品种，质量情况，市场占有率，价格策略情况（包括折扣、分期付款），销售渠道，信用情况等方面。

3. 了解相关环境情况资料

与谈判及交易相关的环境资料主要包括：当地政府政策法规、交通运输能力情况、社会文化背景、商业习惯等。

（二）制订谈判方案

所谓谈判方案就是有关谈判应达到的谈判目标、应遵循的原则及为达到谈判目标而确定采取的步骤等的总和。它是从全局出发制定的谈判行动的总方针、总谋划、总体布局。谈判方案是谈判的指南，谈判成功与否，与谈判人员所采用的谈判方案有直接关系，决策正确才能促进谈判成功。

1. 制定谈判方案的方法

（1）明确谈判目标 谈判目标是指制定谈判方案时，对所要达到结果的设定，是指导谈判的核心。谈判中最重要的阶段，即报价阶段和磋商阶段都是以谈判目标为依据的，

策略的选择也与谈判目标紧密相关。谈判目标一般包括下列内容：谈判性质及谈判对象；对商品价格、质量、品种、规格等要素的要求；交货日期和付款方式；在情况变动的条件下，上述各要素必须达到的目标；与谈判目标相关的事实和问题，为解决这些问题需要提出的要求或期望等。**谈判目标是一种目标体系，按照可实现的程度可分为以下四个层次**：

1）**最优期望目标**。最优期望目标是指对谈判某方最有利的理想目标，即在满足某方实际需求利益之外，还有一个增加值。

2）**实际需求目标**。实际需求目标是指谈判各方根据主、客观因素，考虑到各方面情况，经过科学论证、预测及核算后，纳入谈判计划的目标。

实际需求目标有这样一些特点：它是秘而不宣的内部机密，一般只在谈判过程的某个微妙阶段才提出；它是谈判者死死坚守的最后防线，如果达不到这一目标，谈判就可能陷入僵局或暂停；一般由谈判对手挑明，而己方则"见好就收"或"给台阶就下"；关系到谈判某方主要或全部经济利益。这一目标对谈判者有着强烈的驱动力。

3）**可接受目标**。可接受目标是指能满足谈判某方部分需求，实现部分经济利益的目标。

4）**最低目标**。最低目标是指谈判各方对交易内容的最低要求，它是谈判必须达到的目标。最低目标与最优目标有着必然的内在联系。在谈判中，表面上似乎一开始要价很高，往往提出最优目标，实际上这是一种策略，这样做的实际效果则往往超出谈判者的最低目标。最低目标的确定，不仅可以创造良好的应变心理环境，而且也为谈判双方提供了可供选择的契机。

以上四个谈判目标层次，各有各的作用，须遵循实用性、合理性、合法性的原则认真规划设计，即应把自己的需要、经济重要程度和可能性结合起来。同时，谈判目标应尽量明确、具体、可行，并尽可能的数量化。

与谈判目标有关的一个重要问题是确定最初报价水平。因为不能有把握地预测所做的选择能否取得满意的结果，故这就成为一个技巧性的难题。根据经验，报价取高是一条金科玉律，即如果是卖方，应提出最高的可行价；如果是买方，应提出最低的可行价。

（2）**规定谈判策略** 谈判策略是谈判者在洽谈过程中，为了达到某个预定的近期目标或长期目标所采取的一些行动和方法。它包含两重含义：一是指关于谈判的原则的、整体的、方针性的方法和措施；二是指针对具体时机、场合和状况所采用的手段和对策。

谈判策略的选择和运用，取决于谈判对象的状况、谈判的焦点、谈判所处的阶段和谈判的组织方式等因素。

1）谈判对象的状况。谈判对象的状况具体来说就是指买方、卖方的具体条件及状态。具体条件是指地位、经验、态度、性格。谈判对手的具体条件如何，通常将影响谈判策略的选择。

2）谈判的焦点。双方谈判的焦点包括两层含义：什么性质的买卖及属于该买卖的哪部分内容。是小批量成交还是大批量成交，是价格上的谈判还是支付方式或售后服务等条款的谈判，策略也要区别选择。

3）谈判所处的阶段。谈判所处的阶段可分为开局阶段、摸底阶段、报价阶段、磋商阶段、成交阶段和签约阶段。各个阶段需要采取不同的策略，并要根据不同阶段对最终达成交易的影响程度来制订策略并加以灵活运用。例如，报价阶段和磋商阶段谈判比较激烈，使用的策略也适应风云多变的特点，运用的策略也比较密集。而在谈判的成交阶段，主要策略则是在意图的表达及判断的基础上，采取多种促成成交的策略，相对比较平稳。

4）谈判的组织方式。商贸谈判的对方是一家还是几家，分别谈还是联合谈，所运用策略各异。

（3）**确定谈判期限** 确定谈判期限即对谈判所需时间的估计，需要注意的是，在相互对立的谈判中，千万别向对方暴露自己的实际截止日期，否则的话，对方可能会利用这点施加压力。

（4）**预计将会发生的问题和成交的可能** 在谈判之前，应把困难估计得充分些，把谈判中可能会出现的问题设想得仔细些，并预先多设想几套应对方案，以便在谈判过程中根据不同情况择优选用，这样就能做到临变不惊，应付自如。对于有利于实现己方谈判目标的机会要有清醒的认识，并抓住不放。

应注意的是，在谈判开始之前制订的谈判方案有可能随谈判的深入或了解掌握的情报资料的变化而改变。

2. 制订谈判方案应注意的问题

（1）**是否要同对方保持长期的业务往来** 如果打算与对方长期合作，就必须与其建立良好的、持久的关系，谈判人员之间也应有私人交情。如果是"一锤子"买卖，双方今后不会再发生联系，就不一定像进行经常性交易那样重视建立和维持双方良好的关系了。

（2）**双方在谈判中的实力及地位** 谈判双方的实力主要取决于各自在市场上所处的地位。如己方居于优势地位，则可确定较高的谈判目标和采取较强硬的谈判原则。反之，则要确定弹性较大的谈判目标和多变的战术，给己方留有余地。

（3）**对方的谈判风格和主谈者的性格特点** 针对不同的谈判风格和性格特点，可以设计出不同的策略。例如，在某一特定条件下，可以采取拖延、长期施加压力的策略；而在另一特定条件下，又可采用速战速决的闪电策略。

（4）**交易的重要性** 交易额巨大或关系到本企业长远利益或全局利益的谈判，要认真对待，在时间、程序和组织上都要慎重决策。战术技巧上要稳扎稳打，必要时可做适当的让步。

（5）**谈判时间的限度** 谈判时间的限度对谈判战略的影响主要表现在：

1）影响谈判的方针。如果谈判时间长，谈判方针可更加灵活。

2）影响谈判目标的弹性。较长时间的谈判，谈判目标的弹性较大；较短时间的谈判，谈判目标的弹性较小。

（6）**谈判能力** 如果己方合格称职的谈判人员不够，而同时又有许多项目要谈，那么己方谈判人员就不能在一个项目上花费太多的时间。

当然，实际情况是很复杂的，谈判人员应结合实际情况进行周密研究，考虑其他的一些特殊因素。

（三）谈判的基本方法与技巧

客户种类很多，形形色色。在销售过程中只有了解客户心理，投其所"好"，投其所

"需",才有可能促成交易。但如何才能摸清客户心理呢？实践中主要通过观察和交谈弄清客户意图并引导其购买商品。

1. 洞悉客户心理

（1）观察 一般来说，汽车配件经销店的客户进店来是特意购买某种配件，并对拟购配件的数量、规格、质量等心中早有打算。他们进店后目光集中，脚步很快，有的径直向柜台走来，有的则在店内东瞧西望寻找他所需购买的配件。他们临近柜台，一般直接表明来意，提出要求。对待这样的客户，销售人员要主动招呼，先行接待，即使当时手中有交易，来不及立即接待，也要做到人未到话先到，不能让他们久等。当然，也有的客户进店后犹豫不决，拿不定主意，这种客户进店时脚步比较缓慢，目光比较集中，观看商品时比较仔细，看到某种商品后好像感兴趣，但当接近商品时，却若有所思显出犹豫的神色。引起这种心理的原因一般有以下几种可能：一是对商品质量、价格有疑虑；二是受别人委托购买，恐怕买得不理想；三是在几家商店之间比较选择而举棋不定。对这类客户，销售人员不要急于与之讨论成交，而应热情地进一步了解他们的需要，设身处地为客户着想，当好客户的参谋。

（2）交谈 除了观察外，还要通过与其交谈揣摩客户心理，从言谈中了解他们的购买动机、性格和购买心理。

销售人员在接待客户时，经常遇到有的客户坦率直言，寻求商品非常具体，而也有的客户寻求的商品不是很具体。在购买过程中，坦率直言的客户，通常购买动机明确，问话简单，寥寥数语就结束了全部交谈，完成交易；而寻求商品不是很具体的客户，常常用不同的口吻问话，有时打听，有时疑虑，有时征询，销售人员要仔细观察客户的情绪，从客户的问话和与客户的交谈中，推测和弄清客户需要什么商品，以向其介绍推荐最合适的商品。

客户的脾气、性格容易在语言中表露出来。一般来说，说话比较明确、干脆的客户，其性格是豪爽明快的，接待时应向其迅速推荐介绍商品。快言快语的客户，其性情多数急躁，接待时注意帮助其查看商品质量，既不让他久等，又使他能买到满意的商品。

在接待客户时，销售人员通过询问、交谈可判断客户的购买心理。如借助适当的问候，可了解客户的需求；从问购商品价格的神态，可判断其是想立即购买，还是准备经过比较后再购买；听其口音能辨明是本地顾客还是外地顾客等。销售人员要根据客户不同心理状态，采取不同的接待方法。

2. 营造和谐的谈判气氛

无论是在店堂接待顾客，还是上门去推销商品，都会不可避免地要与客户交谈，如果交谈气氛融洽，则成交可能性就大，因此，应营造和谐的谈判或交谈气氛。在店堂接待顾客或上门推销等非正式场合，首先要精神饱满，面带微笑，眼迎顾客，点头致意；与顾客交谈时，语言文雅、谦虚、礼貌，应尽量避免与顾客争论，更不能争吵。如能设身处地为顾客着想，认真倾听顾客要求，为顾客提供热情服务，则交谈将是一个愉快的过程。当与客户举行较正式的谈判时，为创造一个良好的、合作的谈判气氛，在谈判开始前，首先应以开诚布公、友好的姿态出现。如肩膀放松，伸出右手与对方毫不迟疑地相握。如果是本方迎接对方来谈判，一般以接待、让座、端茶和互致问候的礼仪进行，其次行动和说话要轻松自如，要表现出自信与可信，而不是慌慌张张、吞吞吐吐。有时可适当讨论些非业务性问题，这对调节谈判气氛的紧张尤其有效。如果谈判持续时间较长，则可在谈判前请对方吃顿饭，这样会获得亲近的效果。

（四）克服谈判障碍，引导谈判走势

谈判中出现异议、争论，以至发展到僵局，这种僵局就是谈判障碍，也就是指谈判各方在促成具体交易、进行意见交换过程中出现的阻碍谈判继续进行的因素。

谈判双方力求在谈判中避免僵局的主观愿望，有时很难实现。由于双方对所谈问题认识的角度不同，差距较大，又各抒己见，互不相让，很容易出现僵局。

在讨价还价过程中，不管争论多么激烈，只要谈判能继续下去，总有成交的希望。谈判出现僵局，会使双方无谓地浪费大量的时间、精力、资金，各自又一筹莫展，成交的希望又难以预料和实现。因此，谈判者应学会克服谈判障碍，并引导谈判向有利于己方的方向发展。

1. 克服谈判障碍应遵循的原则

实践证明，克服谈判障碍应注意以下基本原则：

（1）对事不对人 真正的僵局形成后，谈判气氛随之紧张，这时双方都不可失去理智，任意冲动。必须明确冲突的实质是双方利益的矛盾，而不是谈判者个人之间的矛盾，因此，要把人与事严格区分开来，不可夹杂个人情绪的对立，以致影响谈判气氛。

（2）努力保全双方的面子 有面子就是得到尊重，人皆重面子。在谈判中没有绝对的胜利者和失败者，谈判的结果都是在各有所得和各有所给的条件下共同努力取得的。因此，任何一方都必须尊重对方的人格，在调整双方利益取向的前提下，使双方的基本需求得到满足，不可让任何一方下不了台，否则会造成丢面子、伤感情的局面，不利于谈判的进行。

（3）尽可能实现双方的真正意图 僵局的解决，最终表现为双方各自利益的实现，实际上是实现了双方的真正意图。做不到这点，对方利益没得到保证，就不会有僵持局面的结束。

2. 克服谈判障碍的方法

谈判出现僵局的原因，有因意见分歧引起对立和因感情上的伤害而引起对立两大类。意见性对立，由于只因对某些具体问题的不同认识所引起，所以不管分歧多大，通过新的方法或者寻求双方妥协，创造性地解决意见对立的希望还是很大的。如果属于感情上的伤害，即情绪性的对立，解决的困难就要大得多。这主要是因为人在遭受屈辱之后，言行很容易走向极端。

（1）感情缓解法 人是有感情的动物，而谈判是在人与人之间进行的，人在不同场合会扮演不同的角色。谈判专家总是注意在不同的场合中了解对手、理解对手，在谈判桌上，剑拔弩张、寸土不让的情况并不鲜见。为了把对手变为朋友，人们总是把谈判过程与其他过程交织进行。在遇到僵局时，如果双方以前有一定交往和感情基础，可以采取以下行动：

1）临时安排短暂的休会和调整，以缓和紧张的气氛。特别对于谈判中的主谈者，在调整时间内更要有亲近者为之疏通关系。

2）进一步增进人际关系。先衡量一下己方与对方之间的熟悉程度与亲善程度。如果关系熟悉，相互信任，往往可被己方说服。通常一种说法就是"看在你的面子上，我如

何如何"等。

3）以对方为说服对象，注意以情动情。人的感情是可以互相传递和感染的。人们常说："喜悦产生喜悦""假如你想从别人的眼中引出泪来，你自己应当先表示悲楚"。

（2）期限缓解法 在谈判中规定洽谈结束时间是很有必要的，它会一反以往的拖沓，造成一种紧张的气氛，引起人们的心理反应，促使双方集中精力灵活地、创造性地解决问题。规定谈判期限一般采取委婉地提出的方法较好，如"我们能否在今天结束会谈，达成交易，明天我就要出差了"，这就提得恰到好处。不过在设立期限时应注意：

1）采用有利于己方的方式。因为期限是对谈判双方的时间限制，因此应采用有利于己方的方式为对方设立期限。

2）不要泄露自己与要约相关的期限，亦即别让对手了解你真的是非在哪一个时间之前完成谈判不可。

3）细心地研究对方设立期限的动机以及不遵守该期限招致的后果。

4）绝大多数的期限都要留有谈判余地。

（3）改变话题缓解法 当谈判双方在主要交易条件上没有原则分歧，只是在某些方面相持不下的时候，可以运用横向铺开的方式打破僵局，先把僵持不下的问题放下，转而就双方易于通融的其他问题交换意见。事情往往会这样发展，当另一些交易条件的谈判取得进展之后，再回到原来的内容上进行协商时，双方都已从态度上、方法上发生根本性的改变，谈判中互相谅解的气氛也随之浓厚起来。一般情况下，人们碰到僵局时，常会迟疑不决，这个时候，采取主动的一方会大有好处，如果僵下去只会给双方带来更大的压力。一方主动这样做，另一方私下里是会欢迎的，因为许多僵局并不是交易条件差距太大，而是双方谈判人员人格的差异，害怕失去面子，包括己方自身内部的问题和上司的关系不佳，或者因为个人没有权力做出决定等。这些问题需要考虑的不是做什么，而是如何去做，改变一下方式，不失为一种好的策略。

（4）休会缓解法 在谈判中，若双方的观点产生差异，情感上出现裂痕，情绪上发生对立时，双方又各抒己见、互不妥协，洽谈难免陷入僵局。这时再继续洽谈，结果往往是徒劳无益，有时甚至是适得其反，甚至导致以前的成果也付诸东流。

因此，有一种明智的做法是休会。当然，休会并不是自己真的去休息，主要应利用休会期冷静下来，做一些思考，例如：自己的立场能否有所松动，或能否提出一些新方案；另外也是让对方冷静下来。双方对立时，暂时休会，让己方有思考时间，再重新谈判时，一般会取得新进展。

（5）换将缓解法 在谈判出现僵局时，究其原因又与双方谈判人员的情绪对立有关，甚至是个别人员持有偏见与成见，在争论问题时，伤害了一方乃至双方人员的自尊心。为了顾及双方人员的面子，再次建立融洽的合作气氛，通常采用更换谈判人员的办法，以沟通情况，缓和气氛，促成谈判达成互利成交的合理协议。

在商品经济中，走马换将，这也是商战策略。有的谈判一方的上级指示下属在谈判时提出强硬要求，绝不让步，甚至不惜使谈判陷入低潮；当双方都精疲力竭，快要形成僵局时，再另派人交战，转变气氛，乘机向对方要求较低的价格和较多的服务，此时被搞得晕头转向的一方很可能就会做出某些让步。

上面介绍的是克服谈判障碍的几种常用方法。前三种方法是在克服因意见分歧引起的谈判障碍时采用的，后两种方法则是在克服由于谈判时双方产生感情上的伤害而引起的谈判障碍时采用。当然，在实践中还有其他一些方法也会有助于克服谈判障碍，引导谈判走势。例如，做出与其他第三方洽谈的姿态；"一人唱红脸，另一人唱白脸"的方法；给对方"最后通牒"的方法等。在运用这些方法时还应注意场合和情况的变化。

以上所有方法，都有其适用的情况。作为汽车配件销售人员，在进行谈判时，应努力做到两点：一是要冷静；二是要灵活。所谓冷静，就是不被对方的一些表面现象所迷惑，要认清藏在表面现象之后的对方的真实意图，并施以相应对策。所谓灵活，就是根据不同对手、不同情况灵活运用各种方法，以促成于己有利而又不损害对方利益的交易。

（五）灵活运用谈判技巧

对双方都有利可图的交易合同，才是未来交易成功的可靠保证。但是，双方的利益又往往是交错的，甚至是矛盾的，这就需要通过谈判来寻找协调、解决矛盾的办法。如何才能得到一个既于己有利又能使对方接受的合同？这既不是在谈判中坚持修正对方立场的所有观点，也不是简单的退让可以获得的结果，这需要谈判人员在谈判过程中对谈判技巧加以具体而灵活的运用。在谈判中常用的技巧有以下几种：

1. 提问与聆听

在谈判过程中善于提问和聆听对方的发言，才能弄清对方的真实意图和根本利益所在，发现对手的需要，发现其在谈判中可以退让的程度。同时，对疑问点提出问题，有助于发展新的想法，找到解决这些问题的办法。

2. 不轻易亮底牌

尽可能了解对方的动机、权限以及最后期限，但让对方知道己方这方面的资料越少越好，即使对方是所谈汽车配件的独家供应商，仍可以告诉对方，己方可以在该配件与其他替代配件之间选择，或在买与不买之间选择。反之，对于买方，己方也可以采用相同的办法。总之，要造成这样一种竞争姿态，使对方感到不是非他不可，使己方处于有利的地位。

3. 报价的艺术

提出比预期能达到的目标稍高一点的要求，就等于给自己留下妥协的余地。所以，通常谈判者在谈判开始的时候，总要提出一个较高的初始报价。较高的初始报价提供了"谈判余地"，并且能使对方希望得到的利益在谈判过程中变得明显。较高的初始报价的目的是想最终达到一个合理的妥协方案。经过几天的谈判后，必须提出最后报价并提到谈判桌上去做出决定。最后报价必须考虑到对方提出的所有正当的论点、要求，必须注意，有些谈判者会使用"第一次"最后报价，而保留"最终"最后报价，以备用来打破任何遗留下来的僵局。

4. 时间期限战术

谈判通常是按预先订好的议事日程进行的，缺乏时间和期限的概念将会使谈判者陷入时间的压力之中，有时还会得到于己不利的结果。有些谈判者，把时间看得很宝贵，急于早日达到协议，拖延越长，费用越大。所以，在谈判时，可以利用对方的这种心理，适当采用拖延战术。但要注意，过分拖延有时会适得其反。

5. 伺机喊"暂停"

如果谈判即将陷入僵局，不妨喊"暂停"。一个方便的台阶是告诉对方："我必须请示我的上级，看他的意见如何。"在谈判过程中有这样一个短暂的暂停，至少能给谈判双方提供额外的时间重新考虑自己的立场和估计对方的立场。这样就有机会重新肯定自己的谈判立场，或以微小的让步，重回谈判桌。

在谈判中要适时地说，"如果由我做主的话……"，便能占据主动地位。告诉对方，自己无权做最后决定；或能做的最后决定有限，这样能让自己有时间思考，充分了解对方的底牌。这样做的另一个好处是为对方提供了一个不失面子的让步方式，使对方能接受自己的观点，而又不显得是一个失败的谈判者。

6. 适当使用威胁手段

酌量情势，表现出一点过激的情绪化行为。必要时，可以提高嗓门，逼视对手，或大胆威胁，扬言立即中断谈判等，看对方反应如何。这一手段有冒险性，但如果时机掌握得好，运用适当，在碰到僵局时，往往会取得意想不到的效果。不过，不恰当的威胁可能导致自己并不希望的谈判破裂。

7. 出其不意

在谈判过程中，突然改变方法、论点或步骤，以让对方折服、陷入混乱或迫使对方让步。这种策略可以简单到突然改变说话的声调、语气或戏剧性地突然生气等，都可能使对方措手不及而软化立场。日本人在谈判中常采用这种策略，西方谈判者对付这种策略的办法则是威胁要退出谈判。

8. 额外奉送

在谈判过程中，准备一些附加的刺激条件，即给对方一些有价值的"额外奉送"。奉送的时机选择是至关重要的，恰当的时间选择往往能化解某些问题上出现的僵局。

9. 沉默与耐心

不要期望对方立即接受新的构想，坚持，忍耐，对方或许会接受己方的意见。在这种情况下，"沉默"有时是一种有力的武器。在一段时间内保持沉默，会使对方感到不自在，甚至茫然，不知所措。在这样的气氛下，对方往往会沉不住气而极力想说些什么，有时甚至说些不适当的话，改变态度。

在谈判过程中，即使对方小小的让步，也值得争取。有时，小小的让步就对方而言或许算不了什么，但对己方可能非常重要，说不定对方举手之劳，就能省下己方不少的金钱和时间。

10. 折中调和战术

谈判总要留有余地，顾及对方的面子。成功的谈判，应该是双方愉快地离开谈判桌。在谈判中，对价格和其他交易条件都可以采用折中调和的战术。如一方要价100元，另一方只给50元，折中后可以75元达成协议。当然，还可以多次折中。在谈交易条件时，虽然可以让步之处很多，但每次只能让一步，而且步子应越让越小，称为"切香肠战术"，可让步条件就如一段香肠，每次只切下一片，而且越切越薄。

11. 谈判中权力的运用

权力是指谈判一方对另一方所能施加的约束力或财力物力的总和。拒绝运用权力意味着谈判中的自杀。然而，运用权力是很复杂的，权力也不可轻率地或过分地运用，这样就变成滥用了。如果运用不慎，就会危及谈判的成功。

以上所列是在谈判中常用的几种技巧，而在实际谈判过程中，它们绝不是孤立的，只有巧妙地利用各种技巧，才能成功。至关重要的是要掌握运用各种技巧的时机和分寸，不恰当的运用或过分地运用这些技巧，往往会适得其反。

（六）妥善处理客户意见分歧

1. 处理客户意见分歧的原则

在店堂接待顾客和上门推销商品时，不可避免地会与客户发生意见上的分歧或异议。**作为销售人员必须正确地对待这种意见分歧，应本着为客户利益着想、不回避意见分歧、尊重客户意见、永不争辩等原则来对待或处理与客户的意见分歧。**

1）销售人员应从客户的立场出发，了解客户的问题，为客户提供帮助，满足客户的要求，充分说明客户所能获得的利益及其程度，设身处地为客户着想，才能缩小与客户的心理距离，才有利于处理与客户的意见分歧。

2）不要回避与客户的意见分歧，因为在消除这些分歧之前，是不可能成交的。在交易过程中，客户的眼睛总是盯着商品的缺点，以使自己处于有利的交易地位，争取有利的交易条件。销售人员必须了解自己商品的优点，并恰当地让客户认识到这些优点。

3）与客户存在意见分歧并不可怕，关键是对这种分歧做出满意的答复，只有尊重客户意见，听清客户意见，才能有针对性地处理客户意见。

4）销售人员对客户的尊重，也是对自己的尊重，如果能认真倾听客户的不同意见，客户会感到受尊重，也比较容易接受销售人员的观点，乐于听销售人员的解说。

5）在与客户洽谈过程中，销售人员应尽量避免与客户争论，更不能争吵。当然，不与客户争辩不是不敢否定客户的异议，在某些情况下，直接地否定客户异议，往往可以有效地吸引客户倾听，收到良好效果。不争辩的原则需要把握一个合适的度，既要使对方注意到销售人员的意见正确，又不使对方难堪而产生对立情绪。

2. 处理价格分歧的方法

价格问题直接涉及客户的实际利益，是影响交易的最重要因素之一，也是销售人员经常与客户产生分歧之处。能否妥善处理价格异议，直接关系到交易的成败。

有些客户出于目前尚无需求，已有购进渠道，或资金不足、支付能力有限等原因，以价格异议为借口，拒绝购买；还有一些客户却是认真地讨价还价，甚至进行比较激烈的争论。客户行为的动机主要有以下几个方面：客户只想买到便宜产品；客户想超过他的竞争对手或其他客户以更低的价格购买产品；客户想在讨价还价中击败销售人员，以显示他的谈判能力；客户想利用这种策略达到其他目的；客户想向众人露一手，证明他有才能；客户怕吃亏；客户把销售人员的让步看做是自己身份的显示和提高；客户根据自己的经验，知道讨价还价有好处；客户不了解商品的价值；客户想了解商品的真正价格；客户想从另一个供应商那里买到更便宜的产品；客户还有其他重要的意图等。这些意图与价格没什么联系，他只是把价格作为一种掩饰。

正确地分析、把握顾客在讨价还价的背后究竟是哪一种或哪几种动机在起作用，对于销售人员妥善地处理与客户的价格分歧是非常重要的。

价格分歧处理的基本方法有：

（1）强调相对价格 相对价格是与产品价值对应的价格。价格代表产品的货币价值，是商品价值的外在表现，商品的价格与其价值是相对应的。除非和商品价值相比较，否则价格本身没有意义。因此，在推销过程中，销售人员不能单纯地与客户讨论价格的高

低，而必须把价格与商品的价值联系在一起谈。从推销学的意义上说，商品的价值就是商品的特性、优点和带给客户的利益。事实上，"便宜"和"昂贵"的含义并不确切，而是带有浓厚的主观色彩的，在很大程度上，是人们的一种心理感觉，所以销售人员不要与客户单纯讨论价格问题，而是要把客户的注意力引向商品的相对价格，即商品的价值上来，把商品的特点、优点和带给客户的利益全部展示出来。销售人员要通过介绍商品的性能、特点、优点以及客户购买之后将获得的利益和好处，使客户最终认识到商品实用价值是高的，相对价格是低的。

（2）**先谈价值，后说价格** 如果客户购买了商品，就意味着他同时也要付出一定量的货币。客户在交易过程中，始终在衡量这种交换是否于自己有利。因此销售人员要先让客户充分认识到产品的价值，购买该产品能带给他的利益、方便和好处，激发起客户强烈的购买欲望，才能分散客户对价格问题的看法。在这之前，销售人员不应该提及价格，而应采取"不问价不报价，问价才报价"的策略。同时，客户问价，如果时机不成熟，就尽量往后拖，如假装没听见或告诉客户"一会儿再谈"等，或采用反问客户等方式，不引起客户对价格的讨论。如果客户坚持要马上答复，也要讲清楚价格相对性的道理，然后把话题马上转移到商品本身的质量、特性、优点上来。另外还应注意报出价格后，不要向客户征询对价格的看法，也不要附加评论，因为这无疑是在提示客户注意价格。

（3）**强调优势** 客户在购买或订货时，往往首先在价格上与同类产品进行比较，提出价格异议，诸如"你们的商品太贵了，某某的要比你们的便宜"等，这时销售人员要引导客户正确看待价格差别，通过强调本企业商品的优势来化解客户的异议，可以从商品的使用寿命、使用成本、性能、维修、收益等方面对比分析，使客户认识到购买这种商品是明智的，相对于商品的价值，价格并不高。

（4）**让步策略** 在交易过程中双方的讨价还价是免不了的，双方在讨价还价的问题上保持一定的弹性，是讨价还价得以进行的基本条件。价格上让步，对于销售人员来说是常有的事，这也是消除与客户价格分歧的方法之一，因此，销售人员应该掌握让步的原则和方法，主要是：

1）不要做无谓的让步，让步应体现我方的原则和立场。

2）让步要恰到好处，使较小的让步能给对方较大的心理满足。

3）大问题力争让对方让步，小问题我方可考虑先让步。

4）不要承诺同等幅度的让步。

5）不要轻易让步，因为让步等于减少了利润，即使决定让步，也要使对方觉得得到让步不容易；一次让步幅度不宜过大，让步节奏也不宜太快，否则会使对方更加自信，得寸进尺。

在有些情况下可采取以退为进的方法，报价可以比实际定价高，以防备客户讨价还价，这样当客户提出价格异议时，回旋余地较大，既可使客户有物美价廉的感觉，企业也可以获得正常利润。

在价格异议处理过程中，当双方意见相差太大时，销售人员不宜越权直接做主，应向上一级销售人员汇报请示。

3. 产品质量、交货时间、售后服务分歧的处理

即客户对销售人员及其企业在交货时间、产品质量、规格、售后服务等方面提出不满，表示要中断双方的业务关系或暂停采购时的对策。

这类分歧比较难处理，产生的原因也比较微妙，可能确实是由这些方面的原因造成的，也可能是由于竞争对手的竞争造成的。对于确属本企业造成的原因，可以采取以下方法：

1）**实事求是，不强调客观**。如果用户提出的问题确实存在，过多的辩解和反驳，强调客观理由，不仅不会使对方接受，反而会使客户感到本方没有继续合作的诚意而不再维持双方关系。而此时实事求是地承认，并说明出现问题的原因以及可以采取的措施，反而会让对方感到我方是可信赖的，这是取得客户谅解的关键。

2）**不轻易许诺**。当客户提出这类异议时，为了保住客户，某些销售人员往往用许诺的方法进行处理，一旦许诺不能实现，客户必然会产生失望的感觉，矛盾将进一步加深，也就失去了作用。所以，在这种情况下，一定要慎用许诺，要多做实际工作，只有以实际工作而非许诺来满足客户时，友谊才会得到长久的保持。当然，不轻易许诺并不是绝对不许诺，而是少许诺多做实事，一旦给了客户许诺，则必须要兑现。

3）**有效地类比**。就是采用适当的比喻和类推的方法，将出现问题的原因向客户委婉地说明，以求得客户的谅解与合作；或运用幽默的口语技巧，避其锋芒，待对方冷静之后，再解释说明。

对由于竞争对手造成的原因，应首先摸清对方采用了什么策略使客户的合作意向发生动摇，以便有针对性地加以处理。同时，向客户强调珍惜传统友谊的重要性，以及失去这种合作的损失，以保持与客户的现有关系。

4）**收集、反馈产品质量信息**。近年来，市场上流行一种说法，即"谁最先掌握了信息，谁就抓住了商机"，对于汽车配件行业也不例外。销售人员应从多种渠道收集产品质量信息，如维修企业的配件故障报告以及供货厂家售后部门的质量保修分析资料等就是不错的信息来源。通过收集整理这些信息，就能对配件的质量有较全面的了解，明确不同品牌和厂家配件产品的优缺点，从而在销售时能够有的放矢，突出产品的卖点。这些信息不仅要进行收集整理，还要及时地将其反馈给供货厂家，使供货厂家了解市场对其产品质量的需求，从而有针对性地加以改良，提高产品的质量。与供货厂家建立起良好的互利合作关系，是在配件经营中获得双赢的基础。

 知识拓展

市场营销学的发展

市场营销学于 20 世纪初期在美国诞生。市场营销思想最初的产生是自发的，是人们在解决各种市场问题的过程中逐渐形成的。从传统市场营销学演变为现代市场营销学，其应用从营利组织扩展到非营利组织，从国内扩展到国外。西方市场营销学的产生与发展同商品经济的发展、企业经营哲学的演变是密切相关的。美国市场营销学自 20 世纪初诞生以来，其发展经历了以下六个阶段。

(1) 萌芽阶段（1900～1920年） 这一阶段，各主要资本主义国家经过工业革命，生产力迅速提高，城市经济迅猛发展，商品需求量也迅速增多，出现了需过于供的卖方市场，企业产品价值实现不成问题。与此相适应的是市场营销学开始创立。早在1902年，美国密歇根大学、加州大学和伊利诺伊大学的经济系开设了市场学课程。哈佛大学教授赫杰特齐走访了大企业主，了解他们如何进行市场营销活动，并于1912年出版了第一本销售学教科书，它是市场营销学作为一门独立学科出现的里程碑。

(2) 功能研究阶段（1921～1945年） 这一阶段以营销功能研究为其特点。此阶段非常著名的代表者有：克拉克，韦尔达，亚历山大（Alexander），瑟菲斯（Sarfare），埃尔德及奥尔德逊（Alderson）。1942年，克拉克出版的《市场营销学原理》一书，在功能研究上有所创新，他把功能归结为交换功能，实体分配功能，辅助功能等，并提出了推销是创造需求的观点，实际上是市场营销的雏形。

(3) 形成和巩固时期（1946～1955年） 这一时期的代表人物有范利（Vaile），格雷特（Grether），考克斯（Cox），梅纳德（Maynard）及贝克曼（Beckman）。1952年，范利、格雷斯和考克斯合作出版了《美国经济中的市场营销》一书，全面地阐述了市场营销如何分配资源，指导资源的使用，尤其是指导稀缺资源的使用；市场营销如何影响个人分配，而个人收入又如何制约营销；市场营销还包括为市场提供适销对路的产品。同年，梅纳德和贝克曼在出版的《市场营销学原理》一书中，提出了市场营销的定义，认为它是"影响商品交换或商品所有权转移，以及为商品实体分配服务的一切必要的企业活动"。梅纳德归纳了研究市场营销学的5种方法，即商品研究法，机构研究法，历史研究法，成本研究法和功能研究法。由此可见，这一时期已形成市场营销的原理及研究方法，传统市场营销学已形成。

(4) 市场营销管理导向时期（1956～1965年） 这一时期的代表人物主要有罗·奥尔德逊（Wraoe Alderson），约翰·霍华德及尤金尼·麦卡锡。奥尔德逊在1957年出版的《市场营销活动和经济行动》一书中，提出了"功能主义"。霍华德在出版的《市场营销管理：分析和决策》一书中，率先提出从营销管理角度论述市场营销理论和应用，从企业环境与营销策略二者的关系来研究营销管理问题，强调企业必须适应外部环境。麦卡锡在1960年出版的《基础市场营销学》一书中，对市场营销管理提出了新的见解。他把消费者视为一个特定的群体，即目标市场，企业制定市场营销组合策略，适应外部环境，满足目标顾客的需求，实现企业经营目标。

(5) 协同和发展时期（1966～1980年） 这一时期，市场营销学逐渐从经济学中独立出来，与管理科学、行为科学、心理学、社会心理学等理论相结合，使市场营销学理论更加成熟。

(6) 分化和扩展时期（1981年至今） 在此期间，市场营销领域又出现了大量丰富的新概念，使得市场营销这门学科出现了变形和分化的趋势，其应用范围也在不断地扩展。

第七章　汽车配件销售技能

第三节　配件交付

一、汽车配件的提货与交货

1. 正确填写提货单

销售人员在售货业务结束后，要给客户填写提货单。填写提货单时应注意以下几点：

1）字迹端正、清楚，不能涂改。
2）填写栏目，不得颠倒或漏填。
3）价格计算要准确。
4）要全面复核，尤其销售数额大的，可由另一销售人员复核。
5）填写前垫好复写纸，一次写透，不得一联一联分开填写。

2. 交货

交货时一定要注意核对提货单，核对项目有提货仓库名称、必要的印章、提货单上的各项内容和字迹以及提货的有效日期，以确保提取的配件是客户所购买的配件。

二、汽车配件货款结算

1. 计算货款

计算货款的基本要求是"一准、二快、三清"。也就是说，销售人员在计算货款时要准确、迅速，并将计算结果清晰地报给顾客。客户一次购买几种汽车配件或者论米、论个、论质量的汽车配件，需要销售人员用心算或珠算或计算器准确地计算货款。为了避免误会，计价的整个过程都要当着客户的面进行。如果客户对货款计价有疑问，销售人员要耐心地重算一遍，并有礼貌地做好必要的说明和解释。

为了加快计算货款的速度，减少顾客的等待时间，防止算错账，对于一些特殊情况，如某种汽车配件销量大，交易又比较频繁，或经营论米、论重量的商品，销售业务又比较繁忙的情况下，可应用根据单价、米数或质量预先计算好的数据制成的价格速算表（卡），帮助计价计算。

2. 正确填写发票

销售人员在售货业务结束后（或销售人员开售小票的同时），要填写发票。发票一般有三种：一种是属于集团购买，可作为报销凭证的增值税专用发票；另一种是商业统一专用发票，也可作为报销凭证；还有一种是不能作为报销凭证的信用发票，一般适用于不能报销的汽车配件商品或作为顾客的购货证明。销售人员可根据业务的实际需要选用。

填写发票应注意以下几点：

1）字迹端正、清楚，不能涂改。
2）填写栏目不得颠倒或漏填。
3）价格计算要准确。
4）要全面复核，尤其销售数额大的，可由另一销售人员复核。
5）填写前垫好复写纸，一次写透，不得一联一联分开填写。

发票必须按顺序号使用，妥善保存，严防丢失。

3. 识别现金及支票真伪

(1) 识别现金真伪 现金真伪最简便的鉴别方法是观察法，即用眼识别现金的颜色、图案，检查是否有印鉴（水印）；用手摸现金的质感、厚薄；用耳朵听抖动现金的声音。这主要是凭销售人员的观察力、判断力和丰富的经验来识别现金真伪，此外，也可用验钞机识别。

(2) 识别支票真伪 现行经常使用的支票有转账支票和现金支票两种。要识别支票的真伪，必须注意以下几点：

1）检查支票号码，是否是丢失单位挂失的（销售人员应随时注意当地报纸有关挂失的声明或上网查询挂失信息）支票。

2）检验支票是否有效，要防止购货单位填写空头支票、过期支票或借入支票等。使用大额支票最好由购货单位到所在银行办理签字手续。

3）了解购货用途是否正常。

4）检查支票上的印鉴是否齐全、清晰。对于转账支票，要检查开户行、账号、印章、签字和号码是否清晰齐全，是否有涂改，凡有涂改，均作废。

5）必要时，可要求购货单位的经办人出具身份证、介绍信等。

三、介绍汽车配件使用注意事项

客户在选购汽车配件过程中，比较关心有关配件使用方面的知识。汽车配件销售人员掌握的配件使用知识越全面，就越能使客户满意。掌握配件使用知识是对汽车配件销售人员的基本要求。汽车配件使用知识涉及面广，主要包括以下内容：

配件名——正式的配件名称如何称呼？有无偏名？有无学名？

用途——谁是主要使用者？有何用途？是否有其他特殊用途？

使用方法——如何使用此配件？

养护——如何储藏？如何维护？特别注意事项是什么？

材料——使用何种材料？材料有何特点？

质量——品质如何？强度、耐久性如何？有无试验结果？

时尚——有无使用这种配件的名人或公司？总的市场销售情况如何？

汽车配件销售人员不仅自己要熟练掌握配件使用知识，还应针对客户的询问，把汽车配件的有用性、功能及使用方法详细地向客户介绍；有时还需做示范，或让客户亲自试用，并可给客户分发一些有关产品使用方面的小册子、说明书或宣传碟片。如果汽车配件的使用过程比较复杂，还可开办专门的培训课程。

四、介绍汽车配件的质量保修规定

客户购买汽车配件，一般对汽车配件质量有一定要求，因此，销售人员应对汽车配件的产地、质量、特点等有较深的了解，主动如实地向顾客介绍，以满足客户的要求。同时，有关质量保修的规定，也是客户十分关心的问题，销售人员也应向客户做详细介绍，如质量保修的年限、承保范围、费用分担等问题，还需向客户发送质量保修卡。

每辆车都有保修期，也称为质量担保期，这是由各个厂家规定的，一般会给出两个数据（时间和行驶里程，以先到者为准），例如伊兰特的保修期为从购车之日起 24 个月或车辆行驶 6 万 km。在保修期内，用户在规定的使用条件下使用，若车辆由于制造、装配及材料质量问题所造成的各类故障或零部件损坏（丧失使用功能），经厂家授权的维修站检验并确认后，均由厂家提供无偿维修或更换相应配件。

在保修期内，各个厂家都有不同的保修规定，保修规定中一般明确地写出了零部件的保修范围和相关注意事项。

例如：一汽-大众汽车三包（包修、包退、包换）政策，客户可享有 3 年或 10 万公里（以先到者为准）的产品质量问题免费车辆修理服务，以及 2 年或 5 万公里（以先到者为准）的有条件车辆更换或退货保障。自 2013 年 9 月 2 日起售出的所有一汽-大众品牌家用汽车将享受该三包政策。三包政策的起始日期以经销商开具的新车购车发票日期为准。

另外，有些情况下，**厂家的维修站是不会进行质量担保的**，归结起来大概有以下几个方面：

1) **未按规定到服务店进行新车走合保养或定期例行保养的车辆**。购买新车后，厂家都会给用户一次"免费强制保养"，这次保养中的机油、机油滤芯等及相应的工时费由汽车公司支付。所谓"强制"，指的是如果用户不按照规定的时间进行强制保养的话，就会被视为自动放弃保修权利。以一汽马自达6汽车来说，用户的免费保养里程为5000km，在这之后，每隔 5000km 必须要到指定的销售服务店接受一次保养维护服务（此皆为有偿服务），如果不按要求定期做保养维护的话，也将视为自动放弃质量担保服务权利。

2) **自行加装、改装、拆装、用作特殊用途（如赛车等），使用不当或因交通事故造成的损坏**。如伊兰特的保修规定中还要求，如果用户擅自改变车辆的用途，整车产品用于出租、租赁或者其他经营项目的，也会视为自动放弃保修权利。

3) **用户私自拆卸更换里程表、更改里程表读数的车辆；自然灾害、战争、暴乱等不可抗拒因素造成的损坏**。

4) **在发生故障后，没有及时到维修店维修而继续使用所导致的故障扩大，厂家只会酌情赔偿引发原事故的原零部件，而扩大部分的损失由车主自己负责**。

5) **对于服务站维修操作不当造成的损坏，各厂家也有各自的规定**。有的车辆的质量担保条例中规定，这种损坏不属于质量担保范围，服务站应当承担由此产生的责任并进行修复；因车辆故障引起的附加费损失均不属于质量担保范围。

随着我国汽车制造水平的提高，配件质量和总装工艺的提升，维修行业也有了长足的进步。交通运输部制定的《机动车维修管理规定》中给出了出厂质保期、配件明码标价等相关规定。新的《机动车维修管理规定》中明确写明，机动车维修竣工质量检验合格的，维修质量检验人员应当签发《机动车维修竣工出厂合格证》；未签发合格证的机动车，不得交付使用，车主可以拒绝交费或接车。此合格证由省级道路运输管理机构统一印制和编号。

修车时更换的零配件基本都有保质期，但同样的零件在不同的修理厂可能有不同的保质期。在新的规定中，机动车维修实行竣工出厂质量保证期制度。不同类型的车辆，不同的维修程度，保修期限不同，其中，乘用汽车整车修理或者总成修理质量保证期为汽车行驶 2 万 km 或者 120 天内；二级维护质量保证期为汽车行驶 6000km 或者 35 天内；一级维护、小修及零件修理质量保证期为汽车行驶 2000km 或者 10 天内。此外，商用车、摩托车及其他机动车均享有不同时段的维修质量保证期。质量保证期中行驶里程和日期指标，以先达到者为准。机动车维修质量保证期，从维修竣工出厂之日起计算。质量保证期内，机动车因维修质量原因造成机动车无法正常使用，修理方在3日内又不能或无法证明车辆故障尚有他因的，机动车维修经营者应当及时无偿返修。若因同一故障或维修项目经两次修理仍不能正常使用的，机动车维修经营者应替车主另寻维修机构，并负责承担相关费用。

其实，原厂配件在4S店都有保质期，而且保质期时间及公里数额度都要比新《机动车维修管理规定》里列出的高一些，但规模较小的社会修理厂中，副厂件保质期参差不齐，因此新《机动车维修管理规定》的实施对小修理厂有了很好的约束。而且有关故障维修厂方负责到底的规定，还明确了厂方举证的原则。

第四节 售后服务

一、售后服务的作用

1）**汽车配件经营企业为客户提供及时、周到、可靠的服务可以保证客户所购汽车配件的正常使用，最大限度地发挥汽车配件的使用价值。**

2）**争取客户，增强企业的竞争力。** 除了产品性能、质量、价格之外，优质的售后服务可以增加客户对产品的好感。增加产品的好口碑，提高企业的声誉，迎来更多的客户，从而增强企业的竞争能力。

3）**收集客户和市场的反馈信息，为企业正确决策提供依据。** 售后服务不仅可以使企业掌握客户的信息资料，还可以广泛收集客户意见和市场需求信息，为企业经营决策提供依据，使企业能按照客户意见和市场需求的变化进行决策，从而提高决策的科学性、正确性，减少风险和失误。

无论对于汽车配件经营企业还是对于客户，售后服务都是很重要的。汽车配件经营企业也大都认识到，汽车配件卖出去以后，不是销售的结束，而是占领市场的开始。

二、售后服务的内容

售后服务是经营人员在配件售出，到达客户手里后，继续提供的各项服务。良好的售后服务，不仅可以巩固已争取到的客户，还可以通过这些客户的宣传，树立良好的企业形象，争取到新的客户，开拓新的市场。**售后服务主要包括下列内容**：

(1) 建立客户档案 客户的档案管理是对客户的有关材料以及其他技术资料加以收集、整理、保管和对变动情况进行记载的一项专门工作。建立客户档案直接关系到售后服务的正确组织和实施。

档案管理必须做到以下几点：

1）档案内容必须完整、准确。

2）档案内容的变动必须及时。

3）档案的查阅、改动必须遵循有关规章制度。

4）要确保某些档案及资料的保密性。

客户档案可采用卡片的形式，主要内容包括：客户名称、详细地址、邮政编码、联系电话、法定代表人姓名、注册资金、生产经营范围、经营状况、信用状况、供销联系人、银行账号、何时与其建立交易关系、历年交易记录、联系记录、配件消耗和配件来源情况等。

（2）对客户进行分类 在建立客户档案，并对客户进行调查分析的基础上，对客户进行分类。

1）A类客户：资信状况好，经营作风好，经济实力强，长期往来成交次数多，成交额较大，关系比较牢固的基本往来户。

2）B类客户：资信状况好，经济实力不太强，但也能进行一般的交易，完成一定购买额的一般往来户。

3）C类客户：资信状况一般，业务成交量较少，可作为普通联系户。

对于不同类别的客户，要采取不同的经营策略，优先与A类客户成交，在资源分配和定价上给以适当优惠；对B类客户要"保持"和"培养"；对C类客户则应积极争取，加强联系。

（3）保持与客户的联系 建立客户档案和客户分类的目的在于及时与客户联系，了解客户的要求，并对客户的要求做出答复。应经常查阅最近的客户档案，了解客户汽车配件的使用情况以及存在的问题。与客户进行联系时应遵循以下准则：

1）了解客户的需求。应了解客户在汽车配件使用中有什么问题，或者客户还有哪些需求。

2）专心听取客户的要求并作出答复。

3）多提问题，确保完全理解客户的要求。

4）总结客户的要求。在完全理解了客户的要求以后，还要归纳一下，并填写"汽车配件客户满意度调查表"。

5）对于A、B两类客户，可定期或不定期召开用户座谈会或邀请他们参加本企业的一些庆典或文化娱乐活动，加深与他们的感情。

（4）送货上门和质量"三包" 送货服务可大大地方便顾客，目前在汽配经营行业应用较为普遍。对售出的配件实行质量"三包"（包退、包换、包修），既维护了客户的权益，降低了客户的风险，而且也提高了企业的信誉，从而可以刺激经营。

（5）了解配件使用信息 要积极主动向大客户，如汽车修理企业、汽车运输公司、租赁公司、出租公司的修理厂等，了解车辆状况，按配件消耗规律，找出客户的需求规律性，以便及时协助客户合理储备配件。其具体内容如下：

1）了解客户车辆状况，主要了解客户拥有的车型、车数、购买时间和使用状况。

2）找出客户配件消耗的规律。汽车的使用寿命周期由初期使用—正常使用—大中修理—后期使用—逐渐报废这样一个全过程所组成。对于专业运输企业和工、矿企业所使用的专业运输车辆，配件消耗在这个全过程中有以下规律性：

① 初期——正常运行期。保养用配件处于正常消耗阶段。

② 二期——使用故障期。在此期间事故件消耗上升。

③ 三期——中修期。在此期间，以磨损消耗的配件为主。例如发动机高速运动部位的零部件。

④ 四期——大修期。在此期间，仍是以磨损消耗的配件为主。例如发动机、离合器、

变速器等部位的零部件。

⑤ 五期——混合期。在此期间，主要是定期保养用配件和磨损消耗的配件，以及由于大、中修质量影响造成返修所消耗的配件。

⑥ 六期——二次大修期。在此期间，除消耗第一次大修用配件外，底盘要全部检修，更换部分零部件。这部分零部件一般不属于正常磨损，而是由于检查、调整不及时造成的，主要是滚动轴承损坏，导致齿轮损坏。因此，必须在第一次大修时对底盘各部总成进行全面检查和调整。

⑦ 后期——逐渐报废期。在此期间配件消耗下降，配件储备处于紧缩阶段。

根据以上分析可以看出，配件消耗是以不同使用时期的不同消耗为重点的动态增减规律，它反映了配件消耗规律的普遍性，这是一种函数关系，它是符合车辆使用寿命周期规律的。配件储备定额应与上述函数关系建立对应关系，加上一定的安全储备量，这就是动态储备定额。按这个定额储备配件，就能满足车辆在不同使用时期配件消耗的需要。这样既保证了维修车辆配件消耗的需要，又相对节省了储备资金，同时避免了配件积压和报废损失。

3）协助客户合理储备配件：

① 配件储备要建立在消耗的基础上，以耗定存，加强分析配件的消耗规律，为制订维修配件储存计划提供依据。

② 根据车辆技术性能和使用条件，制订车辆在整个使用寿命周期内配件消耗分期计划，确定不同时期配件消耗重点，进而确定库存量和库存结构。

③ 认清总成和零件的存量关系，使存量合理化。**总成可以分为大总成、小总成和事故总成，它们应分别采取不同方法储备。**

大总成，如发动机、变速器等。这类总成损坏率小，主要部件损坏时才需更换，储备不应过多，甚至可以在需要时，临时采购。主要原因是其价格较高，这样做可以节省储备资金。

小总成，如供油泵、发电机等。它们占用全车总成的 2/3 左右，这类总成一般易损，修理时占用工时较长，影响车辆完好率，且一般总成比它的成套零件价格便宜。这类总成中的零件往往只有若干件易损，全部备齐也不经济。当前随着人们时间观念的增强，一般要求更换小总成，将原小总成收下，待修理好后，作为以后再次损坏时的备用品。可以根据实际使用情况，多备小总成。在摸清其内部损坏零件后再有目的地储备零件。

事故总成，如车架、保险杠、前后桥等。这类总成多由事故造成损坏，故不应提前储备，在接到事故车后，及时向预先约定的关系单位购买，较为经济。

对保有量极少的车型，要采取特殊管理方法，以防急需时因配件待料，会直接影响生产，例如油罐车和牵引车等，因此必须想方设法保证供应。除加强与有车单位的横向联系外，对易损配件要储备充足，保证正常维修需要。大、中修配件集中在发动机、离合器、变速器等部位，可考虑备用总成，供修理时更换，换下的旧总成可在充足时间内修理，未储备的配件也可以在此时间内采购。旧总成修复后可作备用，这样就减少了大量库存配件。底盘配件可在第一次大修时检修调整，并有目的地进行储备。

第七章 汽车配件销售技能

  本章小结

　　本章主要论述了汽车配件销售技能中的四个关键因素：客户关系与沟通、销售技巧、配件交付和售后服务。客户关系与沟通主要阐述销售人员要懂得如何接待、会面及拜访客户，销售人员在接待与拜访客户时，应做到形象得体、举止适度、尊重客户，从而使双方关系有一个良好的开端，并且能突出企业形象；销售人员要会合理使用社交语言，能发现潜在客户。销售技巧中介绍了推销模式概念和四种常用推销模式（埃达模式、迪伯达模式、埃德伯模式、费比模式）。销售人员在汽车配件销售的谈判中需做好谈判前的准备工作、制定谈判方案、了解谈判的基本方法与技巧、克服谈判障碍引导谈判走势、灵活运用谈判技巧、妥善处理客户意见分歧。配件交付中阐述了销售人员要掌握汽车配件提货与交货的注意事项，货款结算的基本要求、正确填写发票、识别现金及支票真伪，了解汽车配件使用的注意事项及汽车配件的质量保修规定。售后服务中主要介绍了售后服务的作用和售后服务的内容（建立客户档案、对客户进行分类、保持与客户的联系、送货上门和质量"三包"、了解配件使用信息）。

  复 习 题

1. 要做到形象得体，销售人员必须注意哪四个方面的问题？
2. 引起消费者注意的方法有哪些？
3. 汽车配件销售谈判有哪些基本方法和技巧？如何灵活运用谈判技巧？
4. 克服谈判障碍应遵循哪些原则？
5. 汽车配件的提货与交货应注意哪些事项？
6. 介绍汽车配件使用注意事项时应注意哪些问题？
7. 合理使用社交语言应注意什么？
8. 购买中心由哪些角色构成？
9. 制定谈判方案时应注意哪些问题？
10. 厂家的维修站不进行质量担保的情况有哪些？

（扫一扫，查看参考答案）

  思 考 题

1. 销售人员在接待和拜访客户时需注重哪些问题？为什么？
2. 汽车配件的推销模式主要有哪些？在哪些环境下得以体现？
3. 关于汽车配件的质量担保规定销售人员需要了解哪些内容？为什么？

（扫一扫，查看参考答案）

第八章

汽车配件商务策划

商务策划是新兴学科，处于发展阶段，来源于生活。从图 8-1 中你能说出包含哪些商务策划的理论吗？

图 8-1　汽车配件商务策划图例

什么是商务策划？做好商务策划有什么意义？如何才能做好汽车配件商务策划？通过本章的学习，我们将会得到答案。

商务策划是从事商务活动的策略。根据首部企业经营创新人才测评标准——《商务策划师资质认证标准》（试行本）的定义，商务策划是创新型的、更加获益的经营决策方式，是发现并应用规律，整合有限资源，实现最小投入最大产出，把虚构变成现实的商务过程。商务策划具有四大特性：一是可以持续性吸收人类各种创新知识成果的开放性；二是按企业发展全过程设置知识体系的全面性；三是把策划的艺术性寓于科学技术性之中的科学性，使个性策划经验尽可能地纳入共性经验轨道；四是掌握商务策划的思维规律，使策划知识可以传授且具有可复制性。

商务策划在企业战略策划、生态策划、融资策划、管理策划、营销策划中的作用表现为：

1) 提升竞争力。策划人以智谋及其策划方案协助策划主体赢得政治、军事、文化、经济、科技和社会形象等方面的优势地位。

2) 增加产品放大功能。通过策划帮助策划主体在资源不足的情况下，实现以无博有、以小博大的神奇效果。

3) 预测功能。通过策划帮助策划主体对长远问题或本质问题进行准确的判断，提高

第八章 汽车配件商务策划

策划主体对未来形式的把握和适应能力。

4）**决策功能**。通过策划帮助策划主体谋划、探索、设计多种备选方案。策划是决策的一种方式，通过这种方式进行决策，可以提高决策的质量。

5）**创新功能**。利用科学的策划程序，帮助策划主体探索解决问题的有效途径，寻求新的突破，实质上就是如何创新的问题。

随着汽车保有量及汽车售后市场需求的增加，汽车配件市场竞争也越来越激烈，在国内配件市场逐步规范的形势下，如何宣传产品，开拓市场，赢得客户青睐，取得良好的信誉已成为汽车配件商务策划的关键问题，而做好商务策划对经销商的生存和发展起着极其重要的作用。

第一节　营业场地布置

经营汽车配件的营业场地并不需要太大的空间，但需要合理的布置。牌匾要醒目大方，标新立异；橱窗要洁净明亮，装饰新颖；配件、道具陈列以及背景和色彩搭配都要协调统一，给人以整体感。同时，还应注意以下两点：

（1）**体现经营特色，突出专营配件**　结合本店的经营范围和特点灵活地运用一些方法，适当地做夸张处理，如在商店门口放置一个放大的配件模型来增强宣传效果等。

（2）**色彩、灯光和图案文字突出宣传效果**　以配件色彩为中心，注意冷暖色调的搭配，一定要衬出配件的主体地位，不要喧宾夺主。适当地运用灯光，例如小型霓虹灯等，使配件显得高档；而保修、保退等售后服务项目可用文字、图案等形式突出表现，以增强客户对本店的信任。

总之，配件经营场地的布置既要体现经销商专业、诚信和务实的特征，又要能为顾客营造一个轻松愉快、充满信任的购物环境。汽车配件超市如图8-2所示。

图8-2　××汽车配件超市

第二节 汽车配件陈列

一、商品陈列的原则

商品展示陈列是零售企业日常经营管理的重要环节之一。如今,大部分零售企业已由传统的柜台展示陈列转变为开放式自选为主的展示陈列,顾客在货架前直接选购商品成为当今的时尚。因此,商店或超市内多种形式的商品展示陈列就是与顾客的直接交流,发挥着营销沟通传播的功能。

恰当的商品展示陈列不仅有利于顾客进行商品搜索,而且可以使顾客产生愉悦的感觉,诱发顾客的购买欲望,进而提高零售企业的经营效益。可见,商品展示陈列能够传递商品信息,给予顾客在购买过程中美的享受,还可以提高顾客过渡价值,形成零售企业的竞争优势。然而,不同零售企业的商品组合有所不同,商品的特点更是千差万别。此外,不同的现场空间和不同的时节也对商品的展示陈列提出了不同的要求。商品展示陈列要做到因地制宜,审时度势,及时调整变换。商品展示陈列的具体方法多种多样,但都必须以一定的科学原则为指导。在进行具体的商品展示陈列操作时,必须依据 **5C 原则**,即 **Character、Convenience、Concentration、Culture、Change** 来操作,也就是 **做到显现商品特点,方便顾客购买,配合促销工作,营造文化主题,店面常变常新**,这样才能够取得良好的效果。

(1) 商品特点突出 直接明了显现商品的特点,让顾客清楚、方便地观察商品的外观,研究商品的使用方法和阅读商品的相关信息,这是商品展示陈列的首要原则。为更好地突出商品特点,应该采用恰当的背景颜色衬托商品。例如,珠宝首饰店多以大红和紫色的金丝绒为主色,金丝绒吸光而珠宝首饰放光,两者形成对比突出了珠宝的质地和光泽,而红色给人以华丽、喜庆、高贵之感,从而满足购买者的心理需求。

(2) 方便购买 选择合适的标准来进行商品的分类,如根据部门、大类、品种、单品展示陈列商品,可以方便顾客寻找购买,节省顾客购买过程中搜寻商品所花费的时间和精力。商品展示陈列可以按颜色布置,也可以按生活场景、顾客年龄、不同的商品、实际行动中的状态进行分类。无论采取何种商品展示陈列的形式,都要使顾客很方便地找到自己所需要的商品,而且要形成鲜明的商品布局设计,力求给顾客留下深刻难忘的印象,刺激其消费欲望。此外,商品布局还要结合商场具体的地理位置,避免在购物高峰时段出现顾客过分拥挤的情景,做到疏导客流,使顾客在商场购物过程中得到精神的放松,形成美好的体验经历。

商品展示陈列有五种主要形式,其中,**协调型**为按颜色布置多品种组合;**展示型**为按实际行动中的状态布置;**生活场景型**为按生活场景布置;**商品类别型**为按不同商品分类;**年龄型**为按年龄分类。

(3) 吸引购买者注意力 商品展示与陈列是一项创造性工作,其目的是为了吸引目标顾客的光顾,促进商品的销售,方便和愉悦顾客,进而刺激和满足顾客的需求。商品展示陈列的位置恰当与否对销售影响很大,商品展示陈列要与商店的促销活动密切配合,这样才能实现促进销售额增长的目的。根据顾客的购物心理,把商品陈列在容易引起注意的地方，并且通过艺术性的展示起到诱发购买的作用。商品展示陈列讲究新异感、情趣性及个性化，重视展示的艺术性与感染力。其目的是充分展示商品的使用价值，增进对商品的理解，以刺激消费者的购买欲望。

（4）彰显文化　随着零售业的迅速发展，专营某类商品或者专门服务于某类消费群体的专卖店蓬勃发展。相应地，营造经营主题、突出特色、彰显文化显得越来越重要。在满足消费者物质需求的同时，也满足其精神文化方面的需求，如历史的追溯、心理的愉悦、精神的慰藉、情感的寄托、艺术的欣赏、美的感受等。通过运用商品展示与陈列的技巧，可以淡化产品的物用效能，强化其精神文化效能；淡化厂家的商贾形象和货币色彩，强化其儒商形象和文化色彩。人们在接受商品信息的同时也得到了艺术享受。现代商品展示一改以往赤裸裸的劝服和拉客式的宣传，而注意情节性场面的营造，追求舞台化的艺术效果，从而给顾客留下美好的印象。

（5）丰富多彩　商品展示陈列应该随着季节的变化和中西方节日的不同而不断变换，充分利用固定不变的商场空间来展示变动的商品组合，既能使商店的面貌焕然一新，给予顾客新鲜感，又可以带动销售。商品间以及展示台的搭配可根据不同的销售季节和节假日灵活而定。此外，随着科学技术的进步，商品展示陈列也要利用一些高科技手段，向动态化、电子化方向发展，以达到提高宣传效果的目的。借助高科技手段进行商品的动态陈列展示已经成为塑造独特的产品形象和企业形象的重要手段。对于手机、笔记本电脑、数码电视、影音设备等高科技产品，更应用动态的展示技术，让顾客亲身感受到现代科技给人们的生活所带来的感观方面的享受和实际使用过程中的便利。例如，运用旋转式货架、大型电子屏幕、变换的音乐和灯光等展示工具，可以提高商品的魅力，使商品更加形象生动，从而有助于调动顾客的兴趣，吸引顾客购买。

二、陈列的种类

商品的陈列通常分为两大类：**静态陈列**与**动态陈列**。

（1）商品的静态陈列　商品陈列的区位有：

1）**地面陈列**。设置各种钢架橱柜，用各种模型、模型架、道具支架进行陈列。

2）**柱面陈列**。利用柱面壁贴陈列，柱体上镶有陈列柜。

3）**壁面陈列**。辅以照明，有较佳的视觉效果。

4）**架上陈列**。将展品陈列在展架上或货柜上。

5）**空间陈列**。指利用上部空间将商品、灯、标语、广告物、装饰品等自顶棚向下部垂挂的方式，有引导顾客、装饰空间、活跃空间的功能。用于购物大厅内，需要一定的楼层空间高度。陈列形态有吊挂形态，悬空吊挂能给人以动感和轻快感。

6）**置放陈列**。将展品摆放在地面、床面、桌面的陈列方式，充分展示其造型和质地，给人以安定感和量感。

7）**壁贴陈列**。将商品平展或折叠平贴壁面，可以充分展示商品的构成和花纹。印刷品、轻薄衣饰、桌布和一些体育用品，多用此种陈列方式。

（2）商品的动态陈列　随着现代科技的发展，许多展览馆出现了各种动态陈列形式。这种动态陈列形式不仅是点、线、面、色、光的结合，而且运用现代科技的手段使陈列更加生动。目前，动态陈列普遍用于大型固定展示空间，如展览馆、博物馆等。采用高新技术和现代化的展示手段使科技馆更符合时代的要求,主要形式是动与静的结合,巧妙运用摄影、激光、电影、多媒体等现代技术,虚拟现实技术,使静态陈列商品得到拓展,营造生动活泼的展示环境,具有身临其境的效果。动态陈列可使陈列空间具有一种活力,如视觉冲击力、听觉感染力、触觉激活力等。通过环境、气氛和商品陈列、促销活动吸引顾客注意力,可以提高顾客对陈列商品的记忆。现代陈列应该丢掉以前的单一的陈列产品的做法,而选择完整的人性化空间,它必须具备几个展示空间:第一是商品空间,如柜台、橱窗、货架、平台等;第二是服务空间;第三是顾客空间。在造型设计上尽量做到有特色;在色彩、照明、装饰手法上力求别出心裁;在布置方式上将展示陈列生活化和现场化。

三、汽车配件陈列基本要求

在配件销售中,经销商一般会将配件样品陈列出来,这样既能充分展示配件的特点,又能起到良好的宣传作用,从而达到促销的目的。汽车配件超市内产品陈列如图8-3所示。

图8-3 汽车配件超市内产品陈列

配件种类繁杂,其陈列应满足一定的要求。

(1) **醒目、美观、整齐** 所销售的配件品种应尽量摆全,摆放要整齐条理,多而不乱,杂而有序。

(2) **库有柜有、明码标价** 配件要随销随补,不断档、不空架,方便客户选购。

(3) **定位、定量陈列** 为了便于选购、取放和盘点,配件陈列的数量和位置不要随意改动,以免混乱。

(4) **分类、分等、顺序陈列** 按照配件的品种、系列、安装部位和质量等级等陈列,如油类、橡胶类和金属类分开摆放,方便客户选购。

(5) **相关配件连带陈列** 这样可以提醒客户,有利于配套销售。

第八章　汽车配件商务策划

配件陈列的主要道具有橱窗、柜台和货架等。橱窗多用于样品陈列，适用于规格不同、车型不同以及形状不同的某一类配件，如轮辋等，可突出专营配件的品种；柜台或货架适用于摆放小型配件，如火花塞、油封、传感器、修理包等；对于一些罐装的配件，如润滑油、清洗剂、制冷剂等也可放在货架上面排列起来，如图 8-4 所示，既省空间，又具有广告效应；质量较小的配件，如传动带、链条和软管等可挂在墙壁上陈列；一些大型笨重的配件，如气缸体、轮胎和蓄电池等可放在营业厅的空地上，如图 8-5 所示。

图 8-4　油品陈列图

图 8-5　轮胎陈列图

总之，配件陈列要层次鲜明，主次分明，既要突出特色，又要协调统一，布局合理。

第三节 广告与展示活动

一、汽车配件广告宣传

广告是通过一定媒体向用户推销产品或招徕、承揽服务，以达到增加了解和信任以至扩大销售目的的一种促销形式。当今世界，商业广告已十分发达，很多企业、公司、商业部门都乐于使用大量资金做广告。欧美与日本的广告费支出已占国民生产总值的2%~2.5%，有的大型企业的广告费已达销售额的5%~10%，如日本广告费用最多的七家公司，广告费支出占该公司销售总额的9.1%~29.4%。我国的广告费支出比例低得多，如2015年广告总额为323.47亿元，约占国内生产总值的0.05%。

人们把广告比作信息传播的使者、促销的催化剂、企业的"介绍信"、产品的"敲门砖"，甚至有人认为在今后的社会里，没有广告就没有产品，没有广告就没有效益，没有广告的企业将寸步难行。这就是说，广告是企业促销必不可少的手段，能否有效地使用广告将直接关系到企业的成败。广告在促销中有着特殊的功能和效用。

(1) **广告是信息传递媒介** 通过广告，企业或公司能把产品或劳务的特性、功能、用途及供应厂家等信息传递给消费者，沟通产需双方的联系，引起消费者的注意与兴趣，促进购买。为了沟通产需之间的联系，现在不仅生产单位和销售单位刊登广告，寻找顾客，而且一些急需某种设备或原材料的单位，也刊登广告，寻找货源。因此，广告的信息传递能迅速沟通供求关系，加速商品流通和销售。

(2) **广告能激发和诱导消费** 消费者对某一产品的需求，往往是一种潜在的需求，这种潜在的需要与现实的购买行动，有时是矛盾的。广告造成的视觉、感觉印象以及诱导往往会勾起消费者的现实购买欲望。另外，广告的反复渲染、反复刺激，也会扩大产品的知名度，甚至会引起一定的信任感，也会导致购买量的增加。

(3) **广告能较好地介绍产品知识、指导消费** 通过广告可以全面介绍产品的性能、质量、用途、维修安装等，并且消除消费者的疑虑，消除其由于维修、保养、安装等问题而产生的后顾之忧，从而产生购买欲望。

(4) **广告能促进新产品、新技术的发展** 新产品、新技术的出现，靠行政手段推广，通过广告，直接与广大的消费者见面，能使新产品、新技术迅速在市场上站稳脚跟，获得成功。

为了不断完善汽车性能，人们在汽车零部件上的改良工作从未间断过，有的采用新材料、新工艺，有的开发出全新的产品，这些都需要进行适当的广告宣传，使其尽快打入市场。生产配件的企业、销售配件的经销商也都需要用广告来促销产品，扩大影响，占领市场。

进行配件宣传广告策划时，一定要了解以下信息：配件产品资料、企业资料、销售渠道、地域特点、市场资料、客户资料以及竞争对手的资料，只有对上述资料进行全面客观的调研分析，才能保证广告的准确性和真实性。配件广告的主题一定要突出配件在使用和性能上的优势，突出其区别于同类产品的特别之处，同时还应突出诚信。另外，创意也是一个好广告不可或缺的因素，成功的广告创意可使广告作品在内容和形式上都焕然一新，具有强烈的感染力和感召力，不同创作理念下的轮胎广告，如图8-6所示。

图8-6　轮胎广告宣传

汽车配件宣传的另一个有效手段是展示活动，在现代配件销售中它已成为企业竞争的手段和较量的场所，也是企业招揽大批订单的机会。比如一年两届的全国汽配展览，北京、长春、天津等各地的汽车配件交易会等。通过这些展示活动，既树立了企业形象，彰显了企业实力，又促销了产品。

展示活动按规模分为大型和小型展览。无论展览规模如何，一定要精心策划和设计，以求得最佳效益。

第一要明确展览会的主题思想，围绕主题搜集参展实物、图案、照片以及相关资料等，并将其有机地组合与排列；第二依据主题构思整个展览结构，各部分之间要互相配合，分头准备；第三要做好活动期间的宣传工作，可运用多种传播方式，如文字、图片、实物、模型、幻灯片、录像讲解、音响、环境布置以及现场示范等，通过这些传播方式的综合运用，可以获得比较强烈的宣传效果，同时也有可能带来良好的经济效益；第四要认真周到地做好会务工作，使活动井然有序，效果显著。

如果汽车配件销售人员要参与企业或经销商的产品展览，一定要精心准备，挖掘潜在客户，广开销售渠道。同时，还可以通过参观其他展台，做一次行内的全面调研，增长见识，积累经验。

二、汽车配件展示活动

展示是公司对外宣传产品或服务的平台，同时，也是展示自身品牌形象的窗口。展示所包含的作用和价值，一方面是来自于公司内部的信息推介，另一方面则是来自于对外所针对的人群。而展示本身就是一个信息的载体，它承担着对内信息的发布和对外是否有效接收的要求。展示活动本身如同广告设计、包装设计一样，是有着具体的形式、明确的目标、针对的对象、表达的内容和实施的方式的。汽车配件作为商品的一种，在展示的过程中需注意以下环节：

（1）展示的媒介和平台　媒介是指展示这种"特殊"的信息传递方式，具体包括：大型展览会、新产品发布会、专业展览会、综合博览会等，展示的时间也会根据主题有所不同。此外，展示也包括了公司的专卖店设计、旗舰店设计、橱窗设计、展柜设计、市场上的宣传促销活动等。

（2）展示活动周期　一般展示活动期限是三天左右，在这样一个相对比较集中的时间段内，制定目标的主与次成了至关重要的问题，这决定了参与展会活动的价值和意义。如果汽车配件的展示活动主要是针对一些中间销售商或直接消费者来进行的推荐活动，则展示配件的产品性能、折扣返点等问题就是他们主要关心和需求的问题。这些问题比任何漂亮的展台设计和服务人员的礼仪服务都要务实和有效得多。如果参与的展会活动是针对政府或行业组织的主题活动，那么如何在行业内部的较量中展示自己公司的综合实力和品牌形象，以便给政府领导或是协会成员留下深刻印象，就成为展示设计所需要奋斗的方向了。因此，能够在展示期间达到预期的目标，就是参与这项展示活动最大的成果。

（3）展示的内容与形式　内容决定形式，形式影响内容的传递效果，是设计师需要认识到的。此外，从上述分析的情况来看，设计师在开展展示设计之前，应已对展示所要面对的内容、信息、功能、作用、对象、效果、方式、花费等有了一个明确的概念。设计师所需要做的工作就是如何更有效地把这些内容和信息反映在设计作品之中，通过理性的分析，根据分析结果实现展示设计的方案。

（4）展示后的影响与延伸　独立的展示活动永远只是段落的、区域的和有时效性的工作，但是公司的发展，品牌的建设，形象的推广则是长期行为。展示是一种媒介形式，它具体的表现方式有很多。展示活动是一个独立而完整的过程，是公司对外宣传中有力的补充，需要广告、包装、标识、形象、产品、服务、公关、营销等工作的协调配合；展示设计是形式表现的问题，形式会影响到信息传递的效果，所以它不是一个单纯的创意表现工作。好的展会活动需要从源头开始，先弄清它的媒介、方式、范围和受众，再结合主题，选择合适的内容与表现题材，进行有针对性的设计。在具体的展示设计过程中，还应该考虑到观众的心理，接收信息的方式，采用适合的设计实施，配合动态的解说与公关，促进整个展示活动的顺利进行。在展示活动结束后，还需对相关信息做完整的归类与总结，为下一阶段的工作做准备。

本章小结

　　本章主要介绍了商务策划的意义、定义和作用。商务策划的四大特性包括：①可以持续性吸收人类各种创新知识成果的开放性；②按企业发展全过程设置知识体系的全面性；③把策划的艺术性寓于科学技术性之中的科学性，使个性策划经验尽可能地纳入共性经验轨道；④掌握商务策划的思维规律，使策划知识可以传授且具有可复制性。另外，还阐述了商务策划中的营业场地布置、汽车配件陈列（陈列原则、种类、配件陈列基本要求等）；汽车配件的广告宣传，广告在促销中的特殊功能和效用，广告策划时要了解的信息，配件广告的主题和创意等；汽车配件的展示活动，展示活动的作用、规模、展示平台和媒介、展示活动周期、内容与形式、展示后的影响与延伸等内容。

第八章 汽车配件商务策划

复习题

1. 何谓商务策划？
2. 配件陈列有哪些基本要求？陈列方式主要有何种类？
3. 说明广告在促销中的功能和效用。
4. 商务策划在企业战略策划、生态策划、融资策划、管理策划和营销策划中的作用表现有什么？
5. 在进行具体的商品展示陈列操作时，必须依据哪些原则？
6. 商品静态陈列的区位有什么？
7. 汽车配件作为商品的一种，在展示的过程中需注意哪些环节？
8. 商务策划的四大特性是什么？
9. 商品展示的主要内容及形式有哪些？
10. 如何保证广告的准确性和真实性？

（扫一扫，查看参考答案）

思考题

1. 在选择汽车配件的营业场地时需考虑哪些因素？为什么？
2. 汽车配件的商务策划包括哪几部分？具体怎样做好商务策划？
3. 说明策划和设计展示活动的步骤及具体实施方式。

（扫一扫，查看参考答案）

第九章

汽车配件管理与电子商务

一位汽配商店的老板经营轻型客车配件的生意，由于配件种类繁多，适用车型复杂，许多复杂知识连厂家手册都没有记录，店里其他人也不知道，只有具有多年经验的老板才知道，所以他在公司时配件就卖得很好，一旦他外出，雇员就无法回答顾客的问题，生意惨淡，为了解决这种状况，他使用了计算机，将有关诀窍输入到计算机里以便雇员可以随时查看，这样，即使他本人不在店里也不会耽误店里的生意。由此可见，计算机的应用使得这位汽配老板的生意更加兴隆，那么汽车配件计算机管理是什么？汽车配件计算机管理是如何进行的？通过本章的学习，我们将得到答案。

 第一节 汽车配件的计算机管理

一、计算机数据库应用系统

计算机数据库应用系统主要包括数据库（DB）、数据库管理系统（DBMS）和应用程序三大部分，如图9-1所示。

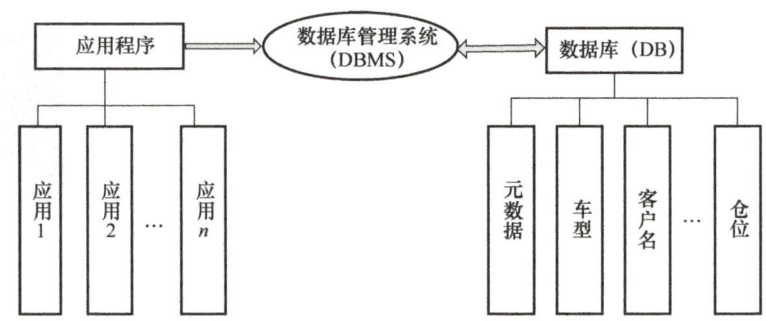

图9-1 数据库应用系统的组成

1. 数据库（DB）

数据库是长期存储在计算机内有组织的、可共享的数据集合。数据库中的数据按一定的数据模型组织、描述和存储，具有较小的冗余度、较高的数据独立性和易扩展性，并可为各种用户共享。其主要特点有：

1) **实现数据共享**。数据共享包括用户可同时存取数据库中的数据，也包括用户可以用各种方式通过接口使用数据库，并提供数据共享。

2)**减少数据的冗余度**。同文件系统相比,由于数据库实现了数据共享,从而避免了用户各自建立应用文件。减少了大量重复数据,从而减少了数据冗余,维护了数据的一致性。

3)**数据的独立性**。数据的独立性包括数据库中数据库的逻辑结构和应用程序相互独立,也包括数据物理结构的变化不影响数据的逻辑结构。

4)**数据集中控制**。文件管理方式中,数据处于一种分散的状态,不同的用户或同一用户在不同处理中其文件之间毫无关系。利用数据库可对数据进行集中控制和管理,并通过数据模型表示各种数据的组织以及数据间的联系。

5)**数据的一致性**、**可维护性**、**安全性和可靠性**。主要包括:防止数据丢失、错误更新和越权使用;保证数据的正确性、有效性和相容性;同一时间周期内,允许对数据实现多路存取,又能防止用户之间的不正常交互作用;数据库管理系统提供一套方法,可及时发现故障和修复故障,从而防止数据被破坏。

2. 数据库管理系统(DBMS)

数据库管理系统(Data Base Management System,DBMS)是一种操纵和管理数据库的大型软件,用于建立、使用和维护数据库。它对数据库进行统一的管理和控制,以保证数据库的安全性和完整性。用户通过 DBMS 访问数据库中的数据,数据库管理员也通过 DBMS 进行数据库的维护工作。它提供多种功能,可使多个应用程序和用户用不同的方法在相同或不同时刻去建立、修改和询问数据库。它使用户能方便地定义和操纵数据,维护数据的安全性和完整性,以及进行多用户下的并发控制和恢复数据库。**按功能划分,数据库管理系统大致可分为以下6个部分**:

1)**模式翻译**。提供数据定义语言(DDL),用它书写的数据库模式被翻译为内部表示。数据库的逻辑结构、完整性约束和物理储存结构保存在内部的数据字典中。数据库的各种数据操作(如查找、修改、插入和删除等)和数据库的维护管理都是以数据库模式为依据的。

2)**应用程序的编译**。把包含着访问数据库语句的应用程序编译成在 DBMS 支持下可运行的目标程序。

3)**交互式查询**。提供使用的交互式查询语言,如 SQL。DBMS 负责执行查询命令,并将查询结果显示在屏幕上。

4)**数据的组织与存取**。提供数据在外围储存设备上的物理组织与存取方法。

5)**事务运行管理**。提供事务运行管理及运行日志,事务运行的安全性监控和数据完整性检查,事务的并发控制及系统恢复等功能。

6)**数据库的维护**。为数据库管理员提供软件支持,包括数据安全控制、完整性保障、数据库备份、数据库重组以及性能监控等维护工具。

基于关系模型的数据库管理系统已日趋完善,并已作为商品化软件广泛应用于各行各业。它在各用户使用中采用的由服务器结构再分布多用户环境的模式,使数据库系统的应用进一步扩展。**数据库管理系统具有以下功能**:

1)**数据定义功能**。DBMS 提供相应数据语言(DDL)来定义数据库结构。它们是刻画数据库的框架,并被保存在数据字典中。

2)**数据存取功能**。DBMS 提供数据操纵语言(DML),实现对数据库数据的基本存取操作,如检索、插入、修改和删除。

3)**数据库运行管理功能**。DBMS 提供数据控制功能,即数据的安全性、完整性和并发控制等对数据库运行进行有效地控制和管理,以确保数据正确有效。

4)**数据库的建立和维护功能**。DBMS 提供包括数据库初始数据的装入,数据库的转储、恢复、重组织,系统性能监视、分析等功能。

5)**数据库的传输功能**。DBMS 提供处理数据的传输,实现用户程序与 DBMS 之间的通信,通常与操作系统协调完成。

3. 应用程序

应用程序(Application)是指为了完成某项或某几项特定任务而被开发的运行于操作系统之上的计算机程序。应用程序与应用软件的概念不同,但常因概念相似而被混淆。软件是程序与其相关文档或其他从属物的集合,一般把程序作为软件的一个组成部分。

应用程序运行的用户模式,可以和用户进行交互,具有可视的用户界面。应用程序通常分为两部分:图形用户接口(GUI)和引擎(Engine)。在 Windows 系统下其扩展名为 *.exe 或 *.com。

二、计算机管理系统

计算机管理系统可分为一体化的管理信息系统和单一的子系统模式两种。

1. 一体化的管理信息系统

一体化的管理信息系统如图 9-2 所示。目前,对于国内的绝大多数汽车维修企业来说,尚不能实现一体化的管理信息系统。

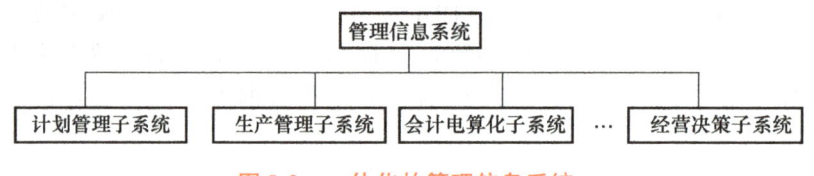

图 9-2　一体化的管理信息系统

2. 单一的子系统模式

单一的子系统模式是指单一的系统本身,而其他子系统尚未实施计算机管理,或者少数的子系统实施了计算机管理。现在的大多数企业实行的都是单一的子系统管理模式,如财务的电算化系统、汽车配件计算机管理系统等。

三、计算机技术在汽车配件管理中的应用

在汽车配件经销过程中,存在着大量的配件、商务、供应商及客户之间需要交换与共享的内容,这就是汽车配件管理和商务信息。这些信息包括配件的基本信息(配件名称、配件编号、适用车型等)、商务信息(库存、价格、市场需求等)以及客户信息(客户名称、经营范围、经营规模等)。因此,信息是汽车配件管理和商务活动的基础。现代汽车种类繁多,结构日趋复杂,汽车配件营销人员需掌握大量的与汽车配件相关的信息。例如,某客户需要定购某款车型的左前照灯,配件销售人员应迅速通过车辆识别信息(VIN、年款、生产厂家、品型、车型等)确定该配件的生产厂家、零件编号、进货价格、

销售价格、库存量以及更换配件所需的工时等信息。面对一宗配件订单，配件销售人员必须掌握更多的信息，如果只是利用原始的书面资料，其工作效率会非常低。为了提高配件销售管理人员的工作效率，保证订购配件信息的精确性，采用电子化或网络化的汽车配件管理系统可以说是最好的解决办法。另外，不同生产厂家、车型和年款的汽车零件的互换性非常复杂，只有通过计算机的数据库技术才能对零件的互换性匹配进行快速、准确地查找与对比。计算机技术除了应用在汽车配件销售外，还可以广泛应用于配件采购、配件库存管理、客户关系管理、配件营销等诸多环节。因此，通过计算机对汽车配件进行系统管理是汽车配件行业发展的趋势。

计算机技术在汽车配件管理中的应用发展迅速，从最初的配件信息查询、管理发展到现在的配件订购、库存管理、销售管理以及销售网络化，目前，已经可以通过计算机实现与汽车配件相关的许多事务的管理。**计算机在汽车配件营销管理中的应用主要体现在以下几方面：配件信息查询、配件订货与采购、配件库存管理、配件销售、客户关系与售后服务管理以及财务管理等。**

计算机信息管理技术进入当前汽配行业，可使企业提高工作效率，保证工作质量，挖掘产品供应市场，降低生产经营成本，这是成功应用计算机后所取得的成果。作为一个拥有数个门市、上百家供应商、上万个配件品种、上千万件的配件库存且每年几千万元人民币销售额的汽车配件企业的领导层和工作人员，为使企业在激烈的竞争中占有一定的市场份额，需要随时掌握各门市、各车型配件的销售、库存、进货情况，确定合理的库存结构，加速资金周转，避免断档和积压，确定质量最优、价格最低的进货厂家，使投入的资金发挥最大的效益。这些都是汽配企业最关心的数据信息，这是人工统计所难以提供的，唯有利用计算机技术，才能使汽配行业和汽配市场的管理更为规范化。

四、汽车配件管理软件的种类

1. 汽车配件管理系统

汽车配件管理系统主要承担配件的流通管理，根据企业的性质不同，功能也有所区别。**配件经销商所用的管理系统主要有5大模块：销售管理、采购管理、库存管理、财务管理和工具管理。**

（1）销售管理模块 销售管理模块负责对顾客的订货进行处理并回答顾客的问题，包括订货处理、缺货通知、通知财务、制作销售报表等功能。销售管理模块侧重对客户的服务，以客户为中心开展，是整个系统数据的入口处。

（2）采购管理模块 采购管理模块负责向供应商采购汽车配件并通知财务部门，包括采购配件、通知财务等功能。采购管理模块侧重与供应商的联系，以采购配件为中心开展。

（3）库存管理模块 汽车配件库存管理模块分为入库管理、库存管理、期初库存和出库管理等，下面分别进行介绍：

1）**入库管理**。入库包括销售退货入库、领料退料、采购入库、调拨入库、盘盈入库、随进随出入库，入库时需录入的信息有汽车配件的供应商、配件、价格、数量和存储的仓位。

2）**库存管理**。库存管理包括配件库存盘点、报损、查询、辅料耗用登记、配件价格维护、库存警戒线设置、库存统计、库存报警等功能。库存管理员可及时通过系统掌握库存资料、制订相应的进货计划。

3) <u>期初库存</u>。在系统使用前，需要先对配件库存进行盘点，为每一件库存产品建档，以实现对真实配件进、销、存的管理。期初盘库建档操作简单，但工作量较大，需录入配件名称、数量、价格、供应商、产地和生产商等信息。

4) <u>出库管理</u>。出库包括采购退货出库、调拨出库、销售出库、领料出库、盘亏出库、随进随出出库等，出库需录入汽车配件名称、价格、数量、仓库位置等相关信息，复核处理后，财务管理模块中会生成相应的汽车配件收付款记录。

(4) **财务管理模块** 财务管理模块主要负责向顾客收款与向供应商付款，包括付款给供应商、向顾客收款结算、制作报表和相关查询等功能，管理公司资金。

(5) **工具管理模块** 工具管理模块包括工具入库、工具借出、工具归还、工具报废、工具台账。

2. 基础数据管理系统

基础数据管理系统包括仓库信息维护、供应商信息维护、汽车配件品种分类信息、汽车配件基本目录管理等。4S店的基础数据管理系统还包括车型信息维护、车辆档案信息、故障信息维护和维修项目维护。

3. 汽车配件订购系统

汽车配件订购系统是与互联网技术相结合的，供应商在网上建立一个订购系统，实行实时订货。实时配件订购系统除了可以直接向供应商订购零件外，还可以实时查询供应商的库存数量，并准确预测零件的到货日期，同时还可以查询零件替代状况、零件的价格以及订单的处理情况等。

目前，国外已开发并使用的汽车配件管理系统中，配件的检索与显示已实现了三维立体视图，用户可以观察零件的各个细节，配件的目录管理与流通管理、订购管理相结合，功能十分强大。

第二节 汽车配件计算机管理系统的应用

一、汽车配件计算机管理系统典型案例

汽车配件管理系统包括汽车配件采购、销售、库存、出库的计算机管理的具体功能及操作方法。汽车配件管理系统界面如图9-3所示。

1. 采购管理

采购管理是汽车配件管理系统中管理配件采购、入库的一个重要模块，<u>其主要功能包括：采购查询、订单到货入库、配件入库查询汇总与退库等相关功能</u>。

(1) **采购订单** 采购订单功能是系统编制采购询价单和采购订单的功能模块。编辑采购订单的主要操作步骤如下：

1) 在主菜单窗口选择"配件管理"→"进货管理"→"采购订单"命令，弹出采购订货编辑窗口，如图9-4所示。

2) 在窗口上方查询条件各栏目中给出查询条件，单击窗口右侧"查询"按钮，选出

第九章　汽车配件管理与电子商务

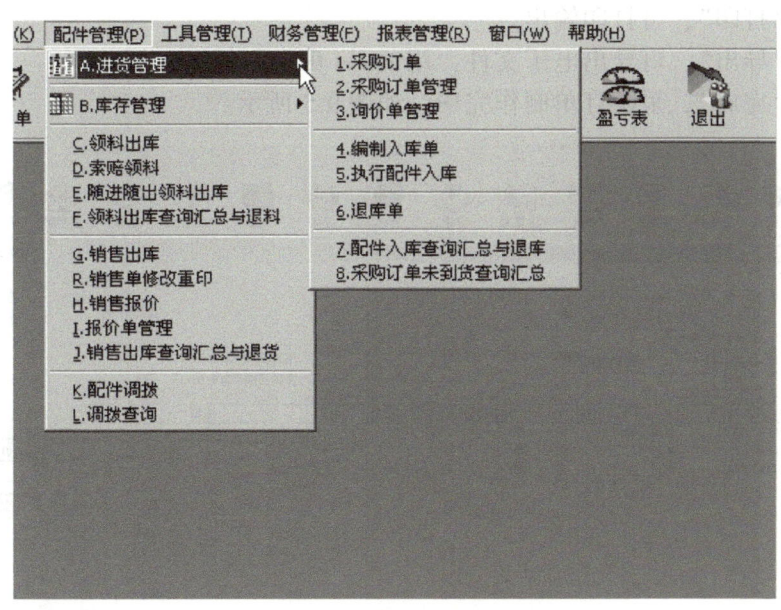

图 9-3　汽车配件管理系统

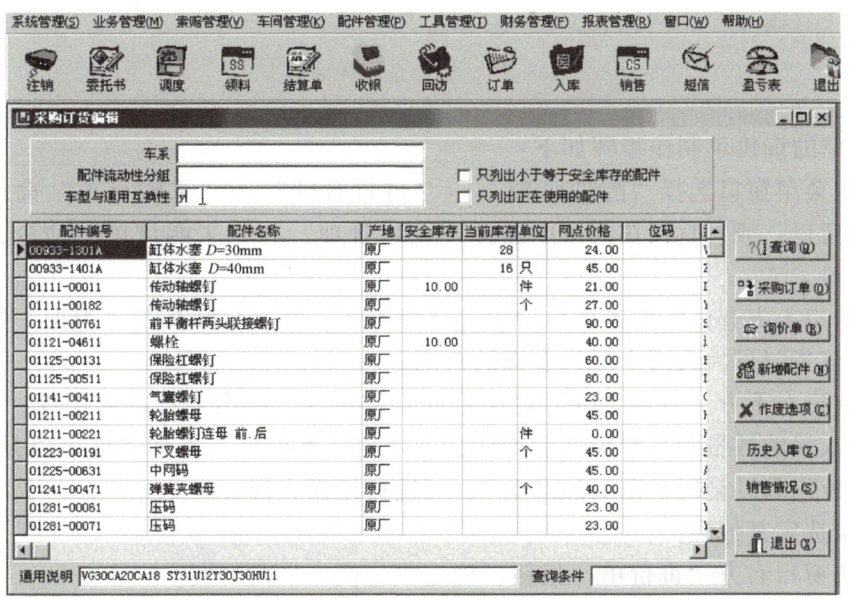

图 9-4　采购订货编辑

配件类型，可直接查询。

也可以在窗口右下方"查询条件"栏中输入查询条件，找出要订货的配件。若配件资料库中没有要找的配件，单击"新增配件"，则可在资料库中增加所需配件，按〈Enter〉键确认即可。输入采购数量和价格后确认，即选定了一个配件；如果需要多个配件，重复进行本步骤。查询条件可以是配件编号、配件名称、位码和助记码。

3）单击窗口右侧"采购订单"按钮，确定供应商和采购日期。

205

4) 单击"打印",可打印输出。

5) 单击"导出",可导出电子文件,用 Excel 可重新编辑、打印。

6) 单击"完成",采购订单制作完毕,如图 9-5 所示。

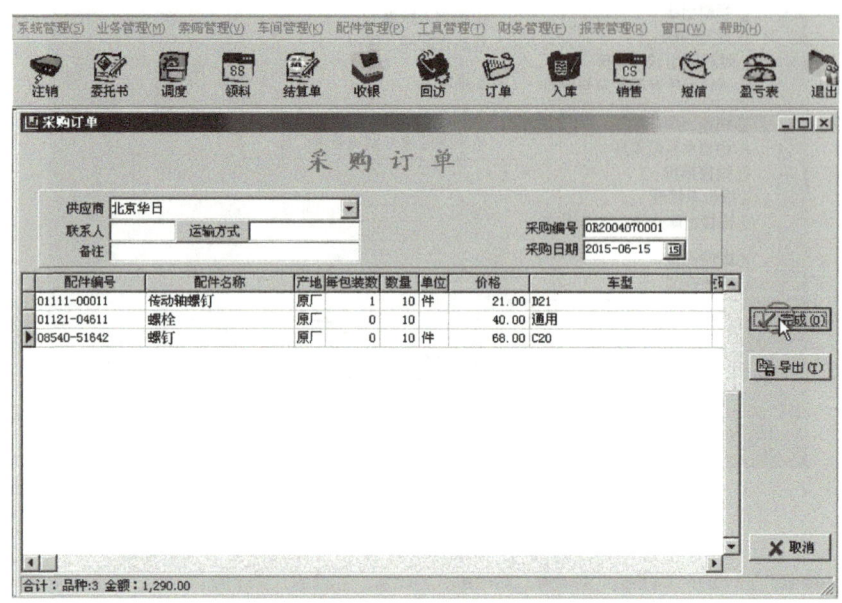

图 9-5　采购订单制作完毕

采购订单的询价单制作步骤如下:

1) 在主菜单窗口选择"配件管理"→"进货管理"→"采购订单"命令,弹出采购订货编辑窗口;或者直接在菜单中选择"进货管理"→"采购订单"命令,弹出采购订货编辑窗口。

2) 在窗口上方查询条件各栏目中给定过滤条件,单击窗口右方"查询"按钮,选中配件类型,订货时可大大减少配件查询的范围。

3) 在窗口右下方"查询条件"栏中输入查询条件,找出要订货的配件,按〈Enter〉键确认。输入采购数量和采购价格后确认,即选定一种配件。查询条件可以是配件编号、配件名称、位码和助记码。前面加"%",可进行模糊查询。

4) 依次选定其他配件。

5) 单击窗口右方"询价单"按钮,确定供应商、采购日期。

6) 单击"打印",可打印输出。

7) 单击"导出",可导出电子文件,用 Excel 可重新编辑、打印。

8) 单击"完成",询价单制作完毕。

在"查询条件"栏中输入的查询检索允许条件是:配件编号、配件名称、位码和助记码。系统的查询检索采用双焦点方式,即输入查询条件与上下移动光标可以同时进行。当光标停留在配件列表窗口时,输入配件编号、配件名称、位码和助记码,系统会自动输入到"查询条件"输入栏中,随着查询条件不断输入,配件列表查询结果显示窗口中的查询结果随即显示;当查询结果多于一条记录时,不用鼠标单击配件列表窗口,直接按键盘的上下方向键，移动光标条选中配件。

在编制采购订单或制作询价单时，如遇到新的配件类型则单击窗口右方"新增配件"按钮，弹出"配件属性编辑"窗口，录入配件信息。该"配件属性编辑"窗口的样式和操作要求与管理系统下配件属性资料管理一致。

在编制采购订单或制作询价单的过程中，如果要删除某一种配件的订货，应先把该配件数量改为"0"。如果要删除所有选定的配件，单击窗口右方"作废选项"按钮。

（2）**采购订单管理** 采购订单管理功能是对"采购订单"功能模块编辑生成的采购订单，进行查询、修改、删除、重印及完成到货转入库的操作，采购订单管理窗口如图9-6所示。

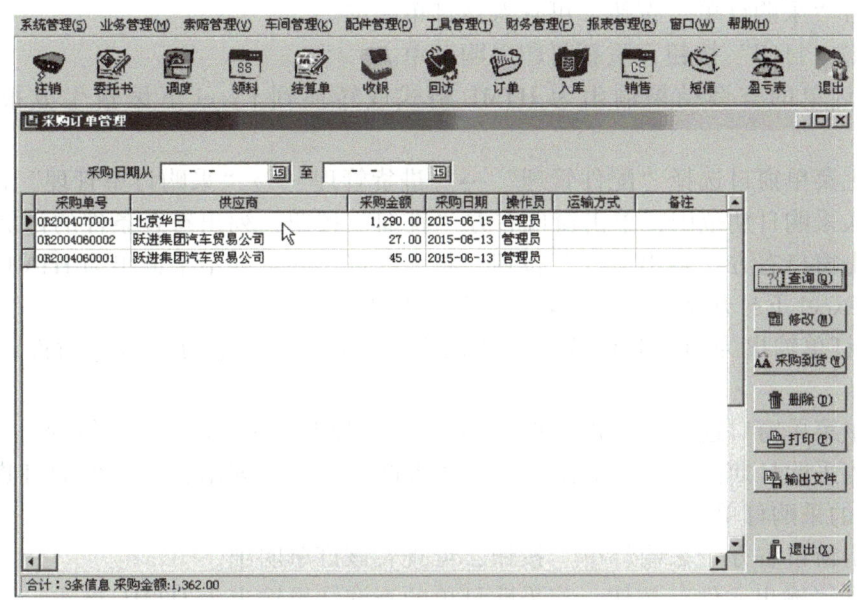

图9-6 采购订单管理窗口

查询采购订单的操作过程如下：

在主菜单窗口选择"配件管理"→"进货管理"→"采购订单管理"命令；或在菜单中选择"进货管理"→"采购订单管理"命令，输入采购日期范围，单击窗口右方"查询"按钮，列出符合条件的订货单。

修改采购订单的操作过程如下：

1）在主菜单窗口选择"配件管理"→"进货管理"→"采购订单管理"命令；或在菜单中选择"进货管理"→"采购订单管理"命令。

2）输入采购日期范围，单击窗口右方"查询"按钮，列出符合条件的订货单。

3）鼠标单击选中要修改的采购订单。

4）单击窗口右方"修改"按钮，弹出"采购订货编辑"窗口。

5）单击窗口右方"采购订单"按钮，可查看该订单明细。

6）修改方法与采购订单编辑相同。

删除错误的采购订单的主要步骤如下：

1）在主菜单窗口选择"配件管理"→"进货管理"→"采购订单管理"命令。

2）输入采购日期范围,单击窗口右方"查询"按钮,列出符合条件的订货单。

3）选中要删除的采购订单。

4）单击窗口右方"删除"按钮,删除错误的采购订单。

重新打印采购订单的步骤如下:

1）在主菜单窗口选择"配件管理"→"进货管理"→"采购订单管理"命令。

2）输入采购日期范围,单击窗口右方"查询"按钮,列出符合条件的订货单。

3）单击选中要打印的采购订单。（如不需要修改和查看,可直接进入步骤6。）

4）单击"修改"按钮,弹出"采购订货编辑"窗口。

5）单击"采购订单"按钮,可查看该订单明细。

6）单击"打印"按钮,重新打印采购订单。

将采购订单的查询结果输出为 HTML 格式或转换到 Excel 下编辑生成报表的步骤如下:

1）在主菜单窗口选择"配件管理"→"进货管理"→"采购订单管理"命令。

2）输入采购日期范围,单击窗口右方"查询"按钮,列出符合条件的订货单。

3）单击窗口右方"输出文件"按钮,将采购订单的查询结果输出为 HTML 格式。

4）在 Excel 下打开文件编辑报表,选择"所有文件"。

将采购订单输出为 HTML 格式,并转换为 Excel 格式或作为 E-mail 附件形式的步骤如下:

1）在主菜单窗口选择"配件管理"→"进货管理"→"采购订单管理"命令。

2）输入采购日期范围,单击窗口右方"查询"按钮,列出符合条件的订货单,单击选中要输出的采购订单。

3）单击窗口右方"采购订单"按钮,可查看该订单明细。

4）单击"输出文件"按钮,将采购订单的查询结果输出为 HTML 格式。

5）用 Excel 打开文件并编辑报表,选择"所有文件"。

6）直接作为 E-mail 附件形式发送。

将采购到货转入库单的步骤如下:

1）在主菜单窗口选择"配件管理"→"进货管理"→"采购订单管理"命令。

2）输入采购日期范围,单击窗口右方"查询"按钮,列出符合条件的订货单。

3）单击选中到货,将其转入库生成采购订单。

4）单击窗口右方"采购到货"按钮,弹出"入库单"窗口。输入仓库名、发票类型和入库日期。

5）核对进货数量、进价。未到货配件数量为"0",单击"完成"按钮,订货单转入库单。生成入库单,待财务审核入库。

操作时应注意,进价是不含税价,即成本价。如果进货价格含税,在入库时单击窗口右方"价格处理"按钮,执行"进价 = 含税进价/1.17"的进价去税功能。

（3）询价单管理 询价单管理功能是对"采购订单"功能模块编辑生成的询价单进行查询、修改、删除、重印及完成询价单转采购订单的操作。

查询询价单的步骤如下:

1）在主菜单窗口选择"配件管理"→"进货管理"→"询价单管理"命令。

2）输入采购日期范围，单击窗口右方"查询"按钮，列出符合条件的询价单。

3）单击窗口右方"修改"按钮，可查看询价单明细。

修改询价单内容的步骤如下：

1）在主菜单窗口选择"配件管理"→"进货管理"→"询价单管理"命令。

2）输入采购日期范围，单击窗口右方"查询"按钮，列出符合条件的询价单。

3）单击选中要修改的询价单。

4）单击窗口右方"修改"按钮，弹出"采购订货编辑"窗口。

5）单击窗口右方"询价单"按钮，可查看该询价单明细。修改方法与"询价单制作"相同。

删除询价单的步骤如下：

1）在主菜单窗口选择"配件管理"→"进货管理"→"询价单管理"命令。

2）输入采购日期范围，单击窗口右方"查询"按钮，列出符合条件的询价单。

3）选中要删除的询价单。

4）单击窗口右方"删除"按钮，删除询价单。

重新打印询价单的步骤如下：

1）在主菜单窗口选择"配件管理"→"进货管理"→"询价单管理"命令。

2）输入采购日期范围，单击窗口右方"查询"按钮，列出符合条件的询价单。

3）单击选中要打印的询价单。

4）单击窗口右方"修改"按钮，弹出"采购订货编辑"窗口。

5）单击窗口右方"询价单"按钮，可查看该询价单明细。

6）单击窗口右方"打印"按钮，可打印该询价单。

将询价单的查询结果输出为 HTML 格式或转换为 Excel 编辑生成报表的步骤如下：

1）在主菜单窗口选择"配件管理"→"进货管理"→"询价单管理"命令。

2）输入采购日期范围，单击窗口右方"查询"按钮，列出符合条件的询价单。

3）单击窗口右方"输出文件"按钮，将询价单的查询结果输出为 HTML 格式。

4）用 Excel 打开文件编辑报表，注意选择"所有文件"。

将询价单输出为 HTML 格式，并转换到 Excel 下处理或生成 E-mail 附件形式的步骤如下：

1）在主菜单窗口选择"配件管理"→"进货管理"→"询价单管理"命令。

2）输入采购日期范围，单击窗口右方"查询"按钮，列出符合条件的询价单。

3）单击选中要输出的询价单。

4）单击窗口右方"询价单"按钮，可查看该询价单明细。

5）单击"输出文件"按钮，将采购订单的查询结果输出为 HTML 格式。

6）在 Excel 下打开该文件编辑报表，注意选择"所有文件"。

7）直接作为 E-mail 附件发送。

将询价单转为采购订单的步骤如下：

1）在主菜单窗口选择"配件管理"→"进货管理"→"询价单管理"命令。

2）输入采购日期范围，单击窗口右方"查询"按钮，列出符合条件的询价单。

3）选中要转为采购订单的询价单。

4）单击窗口右方"转采购单"按钮，该询价单转为采购订单。

（4）编制入库单　通过入库单功能将需要入库的配件品种编辑生成入库单，再在"配件入库"模块中打开入库单，审核无误后执行入库功能，将配件入到库存中，如图9-7所示。

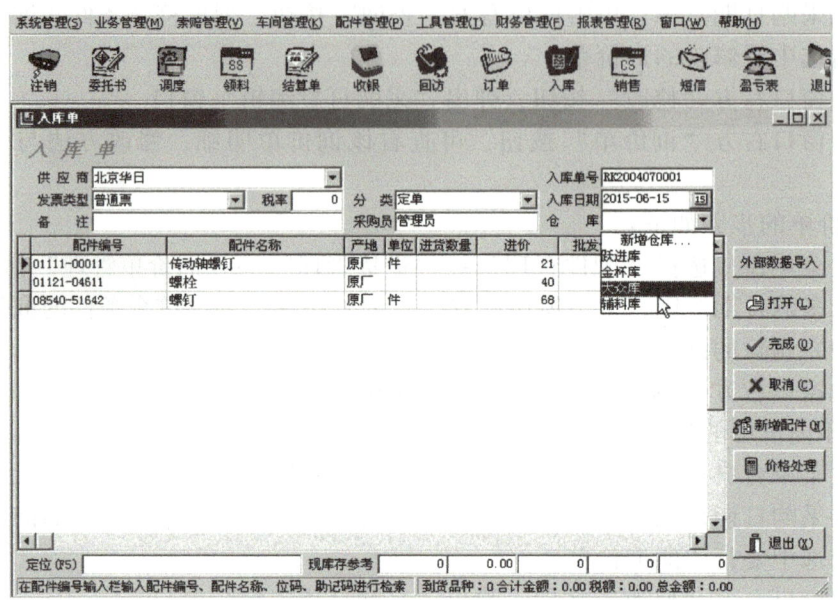

图9-7　入库单编制

入库单编辑的操作步骤如下：

1）在主菜单窗口选择"配件管理"→"进货管理"→"编制入库单"命令，弹出入库单窗口，确定供应商、发票类型、税率、采购员、存放的仓库等信息。

2）单击配件编号栏，输入配件编号后按〈Enter〉键，调出配件信息。输入进货数量、进价后按〈Enter〉键确认。依次录入其他配件。

3）单击窗口右方"完成"按钮，入库单编辑完成。操作时应注意：进价是不含税价，即成本价。如果进价含税，单击窗口右方"价格处理"，将显示"进价＝含税进价/1.17"。另外，进价也可由网点价（或外币价）乘以系数批量生成；出库价可由进价乘以系数得到，也可由网点价乘以系数得到。

入库单编辑过程中涉及的主要环节有：供应商的确定、进货发票类型的确定、进货配件的类型和税率、入库仓库、采购员信息和入库配件的品种等14个环节。

确定供应商的步骤如下：

1）在供应商栏中输入供应商代码，按〈Enter〉键确定。

2）单击下拉菜单，直接查找。

3）单击"查找供应商"，弹出供应商信息窗口，在查询条件栏中用代码、助记码或名称查询，确定所找的供应商。

4）如果是新供应商，在菜单中选择"新供应商"，弹出"增加供应商"窗口，登记

第九章 汽车配件管理与电子商务

基本信息，单击"其他信息"，登记账号、税号等内容后，单击"确定"。

确定进货发票类型的步骤如下：

进货发票有增值税发票、普通发票和其他发票等。单击下拉菜单，确定发票类型后，自动显示相应的税率。

设置进货配件的发票类型和税率的步骤如下：

发票类型设置见"系统管理/基本代码表维护/发票类型定义"。

确定入库仓库的步骤如下：

在入库单窗口上方，单击下拉菜单并且确定。软件可多库管理，主要用于区分各大类配件，如富康、大众品牌的汽车配件，或辅料、油漆、轮胎等。

录入采购员信息的步骤如下：

在入库单窗口上方"采购员"栏中输入采购员代码后按〈Enter〉键，系统调出采购员姓名。

录入入库配件品种的步骤如下：

1）直接录入。在"入库单"窗口，直接输入配件编号，按〈Enter〉键确认录入。

2）查询录入。在"入库单"窗口配件编号栏中输入配件编号、名称、助记码等前几位后按〈Enter〉键，弹出配件资料查询窗口，移动光标选中配件，按〈Enter〉键或双击鼠标选择。查询条件前加"%"，可进行模糊查询。

录入入库配件品种时的技巧有：

1）在入库单窗口录入入库配件时，首先选择确定供应商、发票类型、入库仓库、采购员信息，接着输入进货配件品种。

2）系统允许在配件编号输入栏中输入配件编号、配件名称、助记码、位码，系统均可进行配件资料的查询检索。

录入入库配件进价的步骤如下：

1）进价是不含税价，即成本价。如果进价含税，单击窗口右方"价格处理"，将显示"进价＝含税进价/1.17"，价税分离。

2）进价也可单击窗口右方"价格处理"，由网点价（或外币价）乘以系数批量生成。有些要求不太严格的用户，可不单独考虑税的因素。

在价格处理中处理配件出库价格的步骤如下：

在价格处理窗口中首先选择"处理出库价格"，再选择以哪个价格为基数做调整，可由进价乘以系数得到，也可由网点价乘以系数得到配件的出库价格。

增加新配件属性资料入库的步骤如下：

在"入库单"窗口，单击"新增配件"按钮，系统将弹出新增配件属性的窗口，根据系统要求录入配件属性资料后单击"确定"按钮即可。

入库配件的进货价格生成方式的步骤如下：

1）入库配件的进货价格可以通过直接输入进货价格的方式生成。单击"价格处理"按钮，执行入库价格批处理功能，根据系统配件属性资料中的网点价计算入库价格。

2）如果进货配件的价格是含税单价，操作人员可以执行"价格处理"功能，换算出各配件品种的去税单价，方便入库。

入库配件出库价格确定的步骤如下：

入库配件的出库价格系统采用两级定价的方法，即在输入入库价后，软件会先根据系统仓库设置的加价率，自动算出批发价、零售价和领料价格。入库人员可以根据实际经营需要，对每个配件品种的价格进行二次修订。

修改入库单的步骤如下：

1）系统修改入库单是有条件的，只能对还没有执行配件入库的入库单进行修改，一旦入库单执行了配件入库操作，该入库单将不允许再有变更。

2）修改的方法是在"入库单"窗口，单击"打开"，选择还未执行配件入库的入库单；与编辑入库单的操作方法一样修改入库单；修改完成后，单击"完成"按钮即可。

完成入库单编辑工作并打印入库单的步骤如下：

入库单编辑完成，单击"完成"按钮，系统会提示"是否打印？"如果操作人员确认，系统将在保存入库单的同时打印输出入库单。

（5）执行配件入库　新到货的配件入库分为两个步骤：①编辑生成入库单，财务审核后执行配件入库；②完成配件入库后，库存数量增加。执行配件入库的步骤如下：

1）在主菜单窗口选择"配件管理"→"进货管理"→"执行配件入库"命令。窗口显示待入库的入库单列表，如图9-8所示。

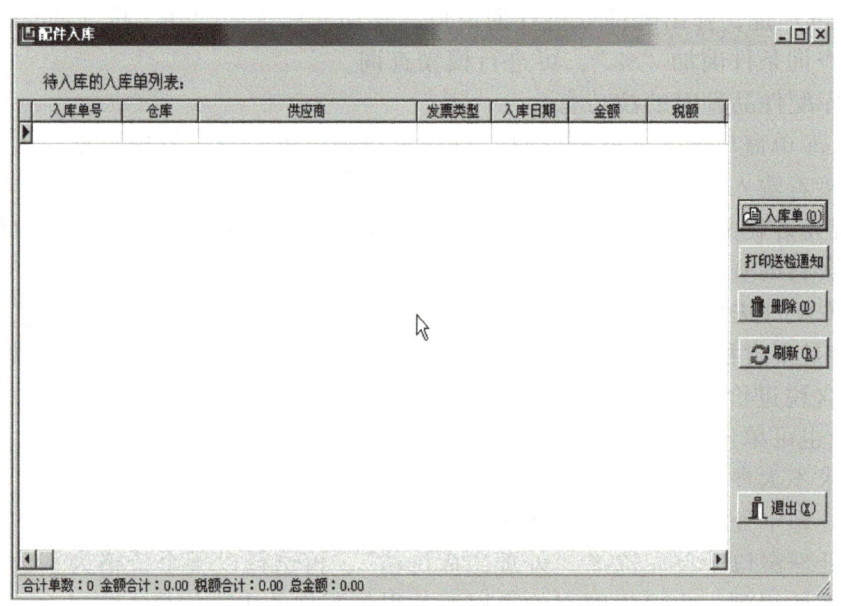

图9-8　待入库的入库单列表

2）单击选中要修改的入库单。

3）单击窗口右方"打印送检通知"按钮，打印送检通知单，配件质量检验合格后，才可入库。

4）单击窗口右方"入库单"按钮，弹出该入库单明细，如图9-9所示。

5）单击窗口右方"打印"按钮，可打印入库单。

6）经财务审核无误后，单击窗口右方"执行入库"按钮，配件入库，库存增加。

执行配件入库时的主要环节包括入库单审核注意事项、错误的入库单作废、错误的

第九章　汽车配件管理与电子商务

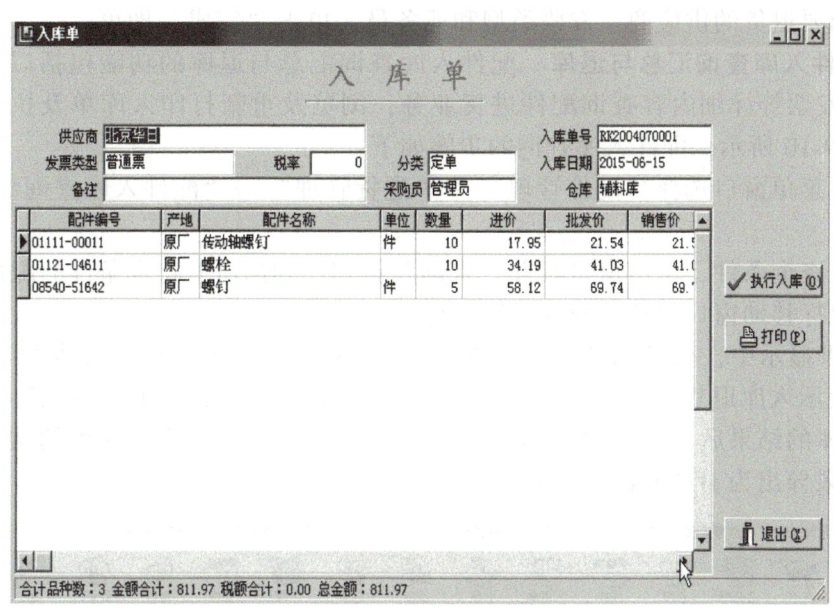

图 9-9　入库单明细

入库单执行配件入库后的调整三部分。

入库单审核注意事项有：

1）入库仓库的正确性。

2）供应商的正确性。

3）发票类型和税率的正确性。

4）合计金额、税额、总金额与进货凭单的一致性。

5）配件明细、数量、入库价格、零售价格、批发价格和领料价格的正确性。

6）采购员信息输入的正确性。

错误的入库单作废步骤如下：

1）在主菜单窗口选择"配件管理"→"进货管理"→"执行配件入库"命令，窗口显示待入库的入库单列表。

2）单击选中要删除的入库单。

3）单击窗口右方"删除"按钮即可。

错误的入库单执行配件入库后的调整步骤如下：

执行配件入库后的入库单发现有错误，需在"配件管理/进货管理/配件入库查询汇总与退库"功能下处理。将错误的配件品种通过入库退货单进行调整，在执行入库退库后再将正确的配件品种重新进行入库操作。

（6）退库单操作

1）选择待退配件所在仓库。

2）输入查询条件，单击窗口右方"查询"按钮，找出要退货的配件后按〈Enter〉键，输入退货数量。

3）单击窗口右方"退库单"按钮，弹出入库退货单窗口。

213

4）选择要退货的供应商、发票类型和业务员，单击"完成"即可。

（7）配件入库查询汇总与退库 配件入库查询汇总与退库的功能包括以供应商、配件、仓库、发票等详细内容查询配件进货业务，浏览及重新打印入库单及执行入库退库功能，如图 9-10 所示。配件入库查询的步骤如下：

1）在主菜单窗口选择"配件管理"→"进货管理"→"配件入库查询汇总与退库"命令。

2）输入查询条件，单击窗口右方"查询"按钮，列出所有符合条件的配件。

3）用鼠标移动窗口滚动条查看详细信息。

查询结果显示中，黑色为正常入库的配件，绿色表示随进随出（参见随进随出领料），红色表示入库退货。在配件入库查询窗口给定查询条件，单击"查询"按钮查询出配件进货入库的结果后，单击"输出文件"按钮，在操作人员给定输出的文件名后，系统将查询结果导出为 HTML 格式的电子文档。

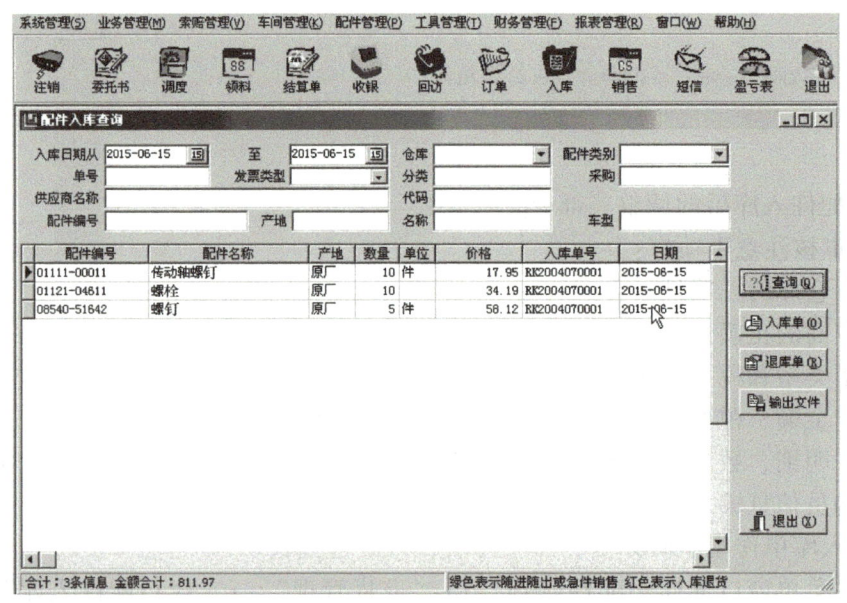

图 9-10 配件入库查询

执行入库退库的操作步骤如下：

1）在主菜单窗口选择"配件管理"→"进货管理"→"配件入库查询汇总与退库"命令。

2）输入查询条件，单击窗口右方"查询"按钮，找出要退货的配件或入库单。

3）单击窗口右方"退库单"按钮，弹出入库退货单窗口进行编辑。

4）输入退货数量，单击"完成"即可。

2. 库存管理

库存管理的功能是维护库存配件的价格、货位等管理属性，分析库存状态，盘点调整库存差异，以及打印输出库存报表。

（1）配件库存维护 配件库存维护的功能是：查询指定仓库或全部仓库的配件品种

和库存金额，输出、打印库存清单；单件或批量修改库存配件的价格，包括对长库龄的库存积压配件进行降价处理。

查询各仓库的库存品种与金额的步骤如下：

1）在主菜单窗口选择"配件管理"→"库存管理"→"配件库存维护"命令，打开库存维护窗口，如图9-11所示。

2）选择仓库名，单击窗口右方"查询"按钮，弹出查询条件窗口，输入具体条件，确定后，就能显示所有符合要求的库存配件详细信息。

3）窗口下方，显示库存品种与合计金额。

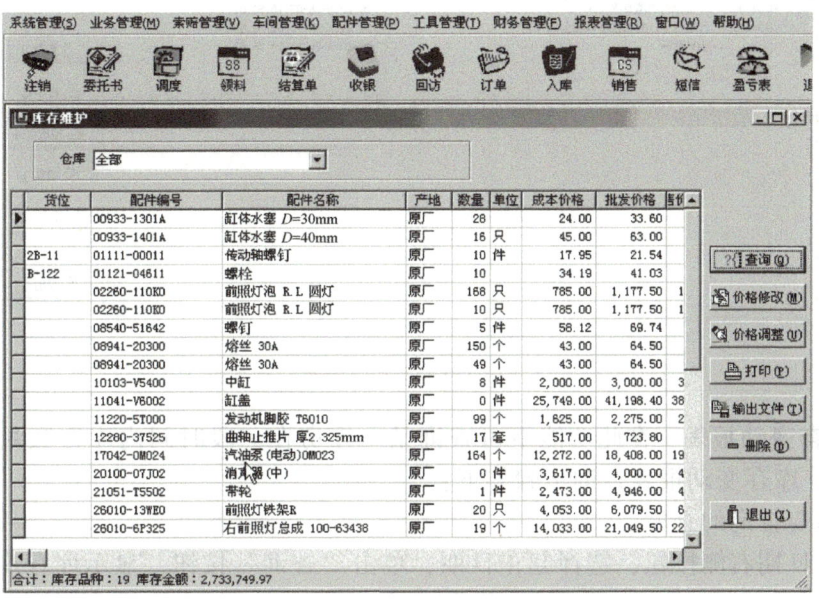

图9-11 库存维护窗口

（2）价格数据外部更新 导入厂家提供的最新配件资料来更新软件资料库中的配件资料。

（3）配件进销存管理 配件进销存管理相当于传统手工记账管理中的三级账，反映单品种配件进销存的详细档案，如图9-12所示。

配件进销存查询的步骤如下：

1）进入进销存查询窗口。

2）选择仓库名，直接输入或单击起始时间后端的按钮选择输入起始时间；输入配件编号条件。如果输入的配件编号条件确切，系统自动调出该配件的产地和名称；如果输入的配件编号不确切，系统将弹出窗口，列出满足查询条件的配件供操作人员选择。

3）单击"查询"按钮，系统将查询出该配件自起始时间起之后的进销存档案。

4）单击"打印"按钮，可以打印输出该配件的账页。

配件进销存查询中调整的功能可调整库存中单个配件的入库价格和库存数量。随着经营时期的增长，单配件品种的账页会变得很长，而在查询某配件品种的三级账时，往往没有必要查询过于久远的经营数据，希望从某日期开始进行查询。起始时间就是为了满足该需求而设定的一个查询起始日期条件。如果给定起始时间条件，系统只查询该日期之后的进销存记录；如果起始时间条件为空，系统将查询该配件自从系统应用以来所有的进销存记录。

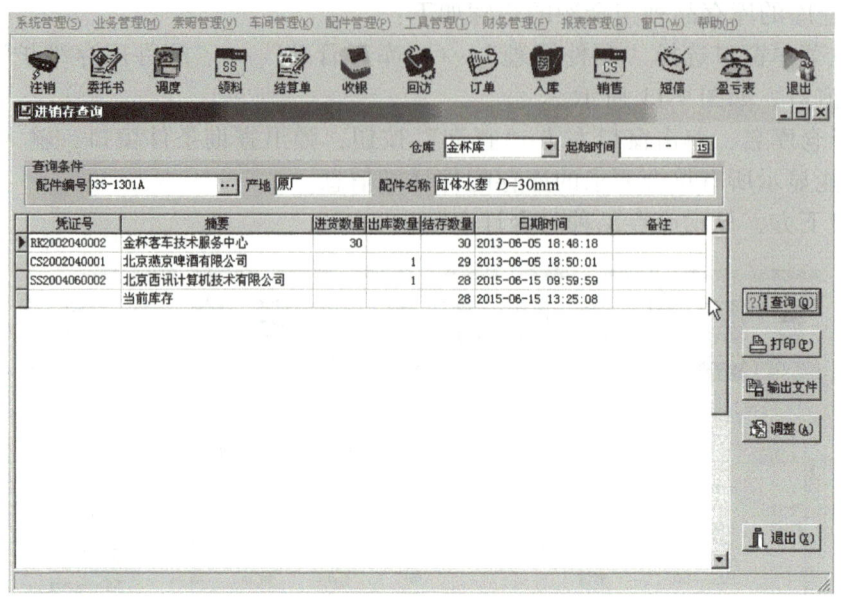

图9-12　进销存查询

（4）**库存变动报表**　在此功能下可查询某个库房在一段时间内库存数量有变动的所有配件记录。库存变动报表查询步骤如下：

1）选择要查询的仓库。

2）单击日期右侧按钮，选择起止日期，单击"查询"按钮，显示库存变动报表，如图9-13所示。

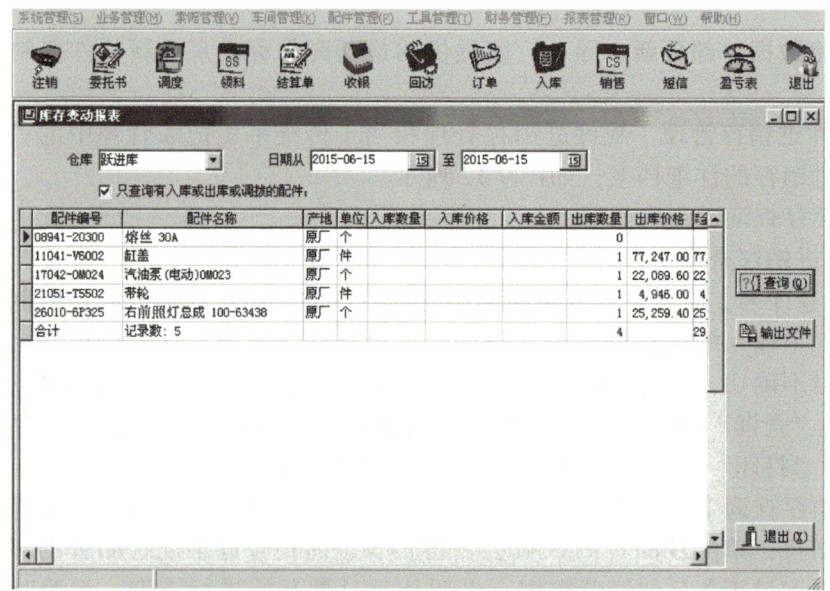

图9-13　库存变动报表

（5）库存滞销品种汇总分析 库存滞销品种是指已经入库一个时期，一直未能销售的库存积压配件的品种。库存滞销品种汇总分析只适用于系统设置中成本结转采用批次管理的管理模式。查询分析库存滞销品种的步骤如下：

1）在主菜单窗口选择"配件管理"→"库存管理"→"库存滞销品种汇总分析"命令，打开窗口，如图 9-14 所示。

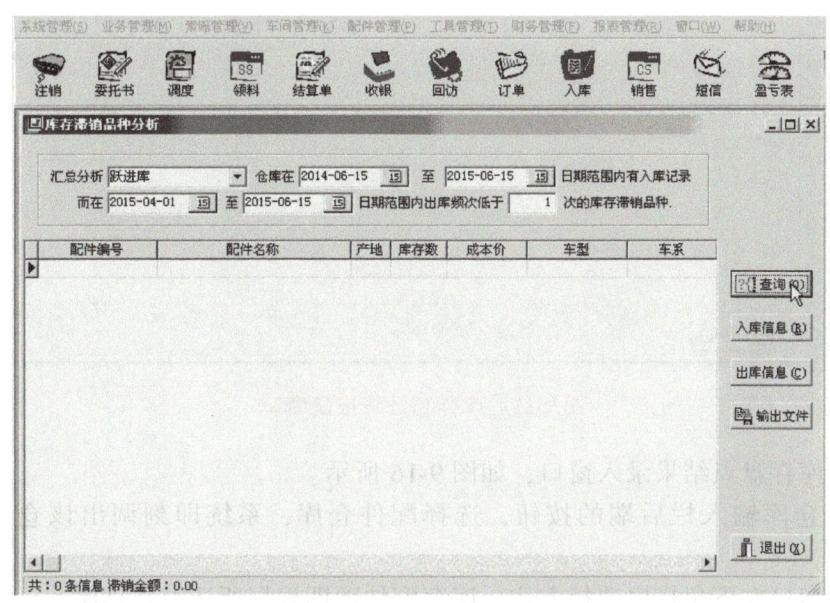

图 9-14 库存滞销品种汇总分析窗口

2）选择要查询的仓库名称、入库日期范围以及出库的频次等条件，单击窗口右方"查询"按钮，显示该日期范围内入库，而在指定时间内出库频次少于指定次数的库存配件。

将库存滞销品种汇总分析的查询结果输出为存档文件，并打印输出的步骤如下：

1）依照查询分析库存滞销品种的步骤，调出库存滞销品种汇总清单。

2）单击窗口右方"输出文件"按钮，弹出窗口，确定保存文件的路径，输入文件名，单击"保存"，得到库存配件电子文件格式。

3）用 Excel 打开刚才保存的文件，注意文件类型选"所有文件"。在 Excel 里进行打印和数据加工。

（6）安全库存报警 列出库存中低于安全库存的配件明细。如果库存中有低于安全库存的配件，每次软件启动时都会自动弹出库存超低限报警窗口，如图 9-15 所示。

在设定配件安全库存的步骤时，先选择"系统管理/基础代码表维护/供应商与配件资料管理/配件属性资料维护"命令，在所要设定的配件上单击鼠标右键，选择"修改"，在"安全库存"处设定安全。

（7）盘点结果录入 库存盘点结果录入功能包括打印盘点准备表和录入实际盘点结果。盘点准备表是指库房管理人员盘点库存的明细清单，盘点准备表是可以按照货位、配件编号、配件名称来进行排序的。盘点准备表用计算机打印出来，具体操作步骤如下：

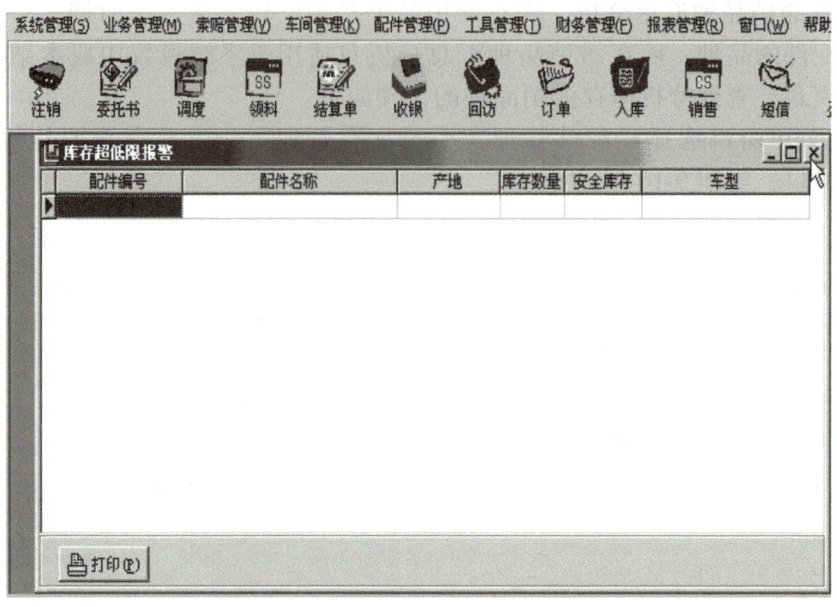

图9-15 库存超低限报警窗口

1）进入库存盘点结果录入窗口，如图9-16所示。

2）单击仓库输入栏后端的按钮，选择配件仓库，系统即刻调出该仓库所有库存配件。

3）单击窗口左下角排序选择方式，库存配件随即根据所选方式排序。

4）单击"盘点准备表"按钮，打印输出盘点准备表。

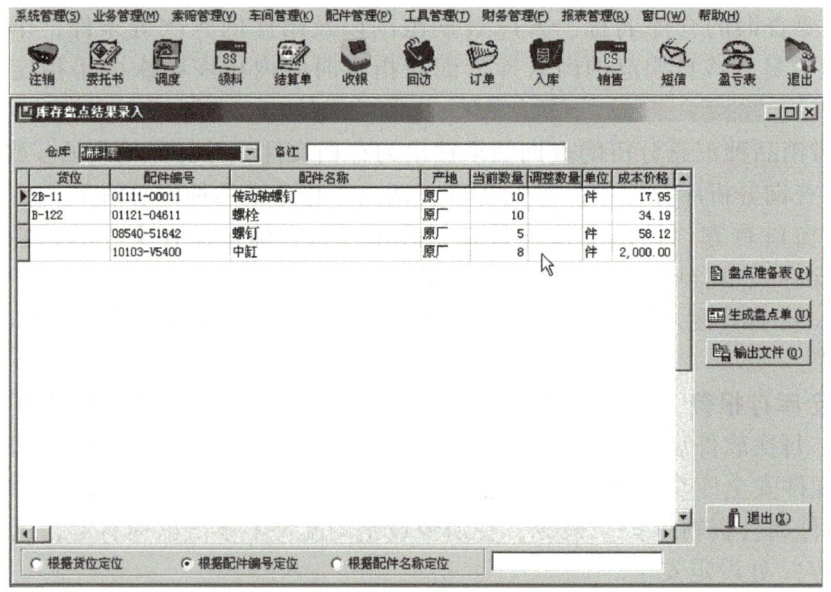

图9-16 库存盘点结果录入窗口

仓库实盘数量输入的步骤如下：

第九章　汽车配件管理与电子商务

1）进入盘点结果录入窗口。

2）单击仓库输入栏后端的按钮，选择配件仓库，系统即刻调出该仓库所有库存配件。

3）单击窗口左下角排序选择方式，库存配件随即根据所选方式排序。此时窗口中配件的排序方式与用于仓库盘点的准备表的排序方式完全相同。

4）光标定位在"调整数量"输入栏，依据盘点准备表上表明的实际盘点数量逐条录入调整数量，盘盈输入正值，盘亏输入负值。

5）全部品种的调整数量录入完毕后，单击"生成盘点单"按钮，系统将生成一张用于调整库存的盘点单。

经过财务审核，认为盘点单无误后，在"库存调整"功能下执行库存调整功能，依据盘点单改变计算机中的账面库存数量。

（8）库存调整　库存调整功能是审核库存盘点结果录入窗口生成的盘点单，在确认盘点盈亏无误后，通过执行"库存调整"功能，调整系统中的库存账本数量，使库存实盘数量与系统账本数量一致。

查询选择盘点单的步骤如下：

进入"配件管理/库存管理/库存调整"窗口，如图9-17所示，系统自动列出"盘点结果录入与盘点准备表打印"模块编辑生成的还未执行库存调整的盘点单，上下移动光标可以直接选择盘点单。

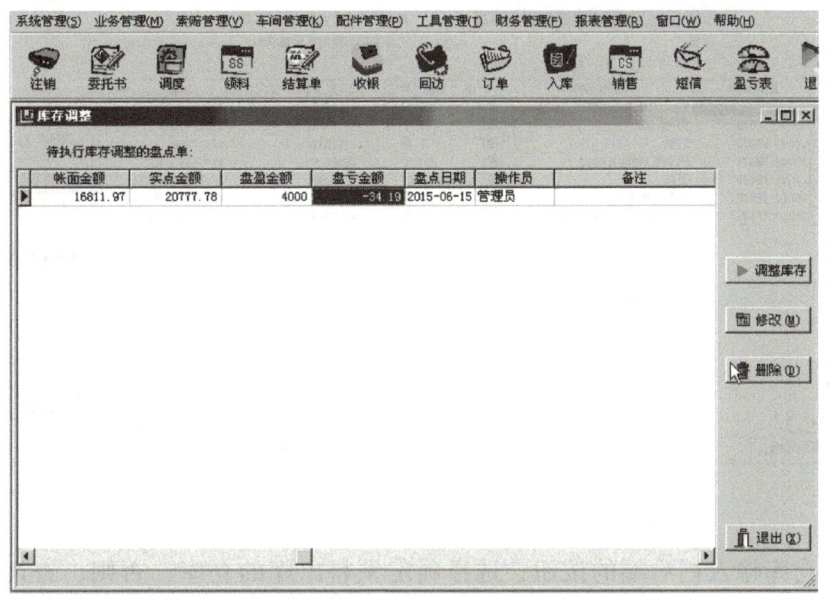

图9-17　库存调整窗口

审核、修改盘点单的步骤如下：

1）浏览分析各仓库的账面金额、实点金额、盘盈金额和盘亏金额并进行审核；若需要查看配件各品种详细盈亏情况，可以单击"修改"按钮，列出光标指定盘点单的盘点明细。

2）如果对盘点单需要进行修改，则单击"修改"按钮，在系统弹出的修改窗口进行修改。修改窗口的操作与"盘点结果录入与盘点准备表打印"窗口一致。

删除错误的盘点单的步骤如下：

对于在"盘点结果录入与盘点准备表打印"窗口编辑生成的，还未执行库存盘点的盘点单，需要删除时可单击"删除"按钮，在得到操作人员确认后即可删除。

执行库存调整，改变系统库存数量的步骤如下：

盘点单经审核无误后，单击"调整库存"按钮，系统将依照盘点单的盈亏记录，调整计算机中的账面库存数量。已经执行了库存调整操作的盘点单，系统不允许再删除。

3. 出库管理

（1）领料出库 领料是指配件仓库向正在维修中的客户车辆供应配件，是维修服务过程中的一个重要环节。设定出库的方式：打开"系统管理/其他参数设置"，在其中选择"发料模式"，参数值"1"是正常领料出库，参数值"2"则是发料模式。"领料出库"功能是将库存现有的配件，以领料单的方式向业务接待员和正在维修中的客户车辆供应配件。领料出库操作步骤如下：

1）进入"领料/领料出库"窗口。领料窗口如图 9-18 所示。

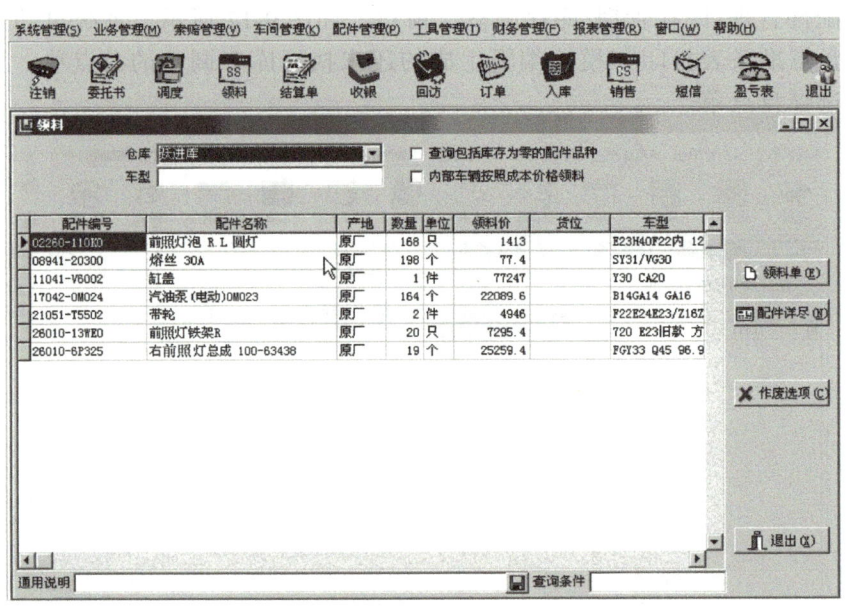

图 9-18 领料窗口

2）单击仓库输入栏后端的按钮，选择确定领料出库的仓库，否则，查询和出库操作不允许执行。选择确定领料出库的仓库后，系统首先调出该仓库库存配件的列表。

3）输入查询条件查找需要领料的配件，查询条件包括：配件编号、配件名称、助记码（配件名称的拼音字头编码，由系统自动生成）、位置码（用户单位的自定义代码）。

4）用键盘上的上下方向键移动光标找到领料配件。

5）按〈Enter〉键或用鼠标双击领料配件，系统弹出领料数量和领料价格的确定窗口。在输入领料数量并确定领料价格后，单击"确定"按钮，一种领料配件选择完毕；

如果还有领料配件，重复上述方法进行操作。

6）在所有领料配件选择完成后，单击"领料单"按钮（或用快捷键＜Alt＋E＞），系统弹出领料单窗口，如图9-19所示。

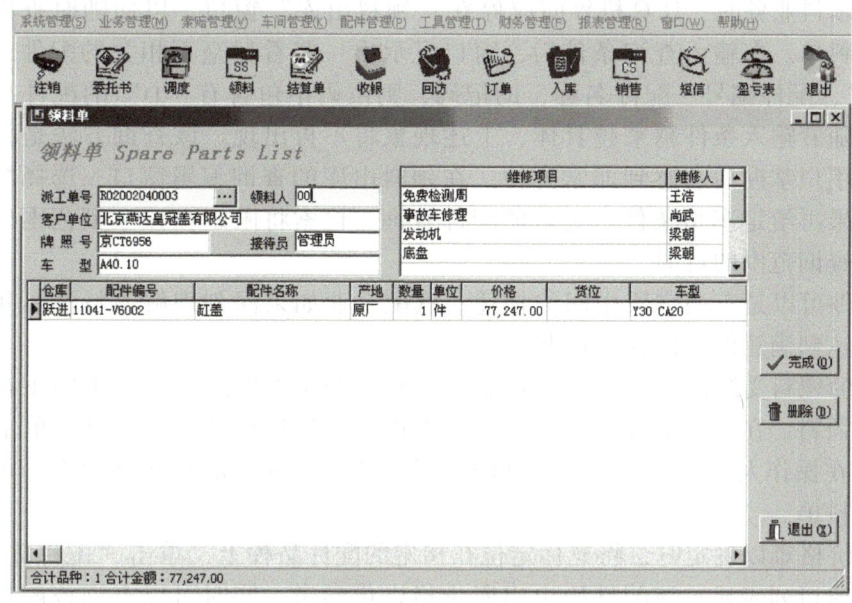

图9-19 领料单窗口

（2）发料出库 "发料出库"功能是将在委托书上录入的材料，以发料的方式向正在维修中的客户车辆供应配件。发料出库操作步骤如下：

1）进入"领料/领料出库"窗口。

2）单击领料窗口右方的"打开"按钮，选择需要发料的委托书号，单击"确定"后出现领料窗口。

3）在仓库代码栏中输入配件所在仓库的代码后按〈Enter〉键，如果本仓库中没有相应的配件，软件会弹出提示对话框，显示没有这个配件的仓库的记录。

4）在所有领料配件选择完成后，单击"领料单"按钮（或用快捷键＜Alt＋E＞），系统弹出领料单窗口。

领料委托书的确定是在派工单号输入栏中直接输入派工单号。单击派工单号输入栏后端的按钮，系统将弹出正在维修中车辆的所有派工单，供操作人员查询选择。

在"领料人"栏中输入领料人代码后，系统自动调出领料人信息。核实领料配件的品种及价格，如需增加领料的配件品种。单击"退出"按钮，返回前级窗口继续选择；如需删除已经选择的配件品种，单击"删除"按钮或在需要删除的配件记录上单击鼠标右键，在得到操作人员确认后，将删除光标指定的配件品种。单击"完成"按钮，打印输出领料单，在领料人签字后完成一笔领料操作。

查询条件的输入规律是在查询条件输入栏中输入查询检索允许条件，包括配件编号、配件名称、位码、助记码。系统的查询检索是双焦点方式，即输入查询条件与上下移动光标可以同时进行。当光标停留在配件列表窗口时，输入配件编号、配件名称、位码、助记码等信息，系统会自动输入到"查询条件"栏中，随着查询条件不断输入，配件列表查询结果显示窗口中的查询结果随即显示。当查询结果多于一条记录时，不用鼠标单击配件列表窗口，直接按键盘的上下方向键移动光标便可选中配件。

在没有领料业务时，计算机界面应停在"领料出库"窗口，以便随时查询、报价和编辑生成领料单。在输入查询条件后，窗口显示出一些看似毫不相关的配件，如输入查询条件"D"、配件编号、配件名称、助记码，则位码中包含有"D"的配件品种都会列出。但是，随着输入条件越来越具体，上述现象将不再出现。该查询方法是新版特有的查询模式，用户掌握后会感到非常方便。在领料出库的查询编辑窗口，选择配件出库的仓库后，如果再给定车型条件，之后的配件查询、检索将限定在该车型范围内，从而达到缩小配件查询范围的目的。

车型条件可以是车型字段中间的描述。汽配企业如果深刻理解该特性，并给车型合理编码，会达到满意的配件管理效果。

派工单的领料受维修业务管理的控制，只有已经派工但还没有竣工的正在维修中的派工单才能领料。在领料单编辑过程中，如需作废已经选择的配件品种，单击"作废选项"按钮，在操作人员确认后，当前已经选择好的领料配件品种将被放弃，可以开始编辑下一张领料单。

当领料价格难以确定时，将光标定位在指定的配件品种上，单击"配件详尽"按钮，系统将弹出窗口列表显示该配件历史出库价格以供参考，同时可以查询该配件的网点价格和配件的其他详细属性。

（3）**领料出库查询汇总与退料** 领料出库查询汇总与退料功能是对已经发生的维修领料业务的再处理，包括查询核对、重印领料单、退料处理、领料出库配件索赔状态变更等功能。领料单查询汇总窗口如图 9-20 所示。

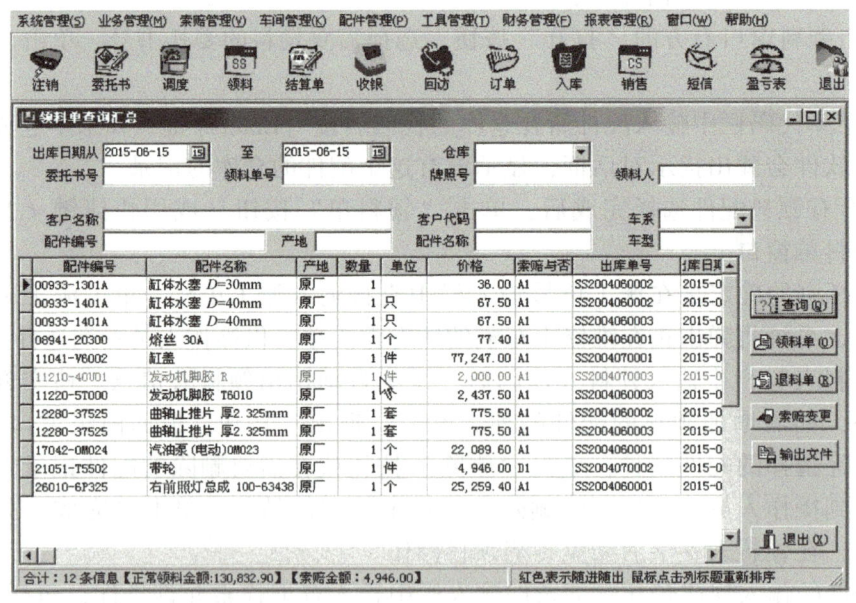

图 9-20　领料单查询总汇窗口

1）灵活运用查询条件，具体内容如下：

① 输入完整的委托书号，可以查询一份委托书领料的详细明细，如果输入委托书号的前几位，则可以查询出某年或某年某月所有的委托书领料情况。

② 输入完整的领料单号，可以查询一份领料单的详细领料情况；如果输入领料单号的前几位，则可以查询出某年或某年某月所有的领料单汇总的领料情况。

③ 输入牌照号码和出库日期范围，可以查询某车辆在指定日期的配件领料情况。

④ 输入仓库条件和日期条件，可以查询指定仓库在指定日期范围内的领料出库详细情况；供应商和供应商代码条件查询领料出库情况只适用于批次管理配件的应用方式，给出供应商条件查询指定供应商进货的配件领料出库情况。

⑤ 输入客户名称和客户代码条件及日期条件，可以查询指定客户在确定的时间范围内配件的领料情况。

⑥ 输入配件编号、配件名称、产地条件，可以查询指定配件的领料出库情况。

⑦ 输入领料人代码和日期条件，可以查询指定维修工领料详细情况。查询结果为黑色表示正常领料出库的配件记录；查询结果为红色表示随进随出领料出库的配件记录。

⑧ 单击列标题，查询结果将根据指定列重新排序。例如，单击出库价格列标题，查询结果将按照出库价格从小到大排序。

2）重印领料单。将光标定位在需要重印的领料单配件记录上，单击"领料单"按钮，系统将弹出光标指向配件所在的领料单，单击"打印"按钮，系统将重新打印输出领料单。

3）执行领料退料操作。将光标定位在需要退料的配件记录上，单击"退料单"按钮，系统将弹出退料单窗口，如图9-21所示。

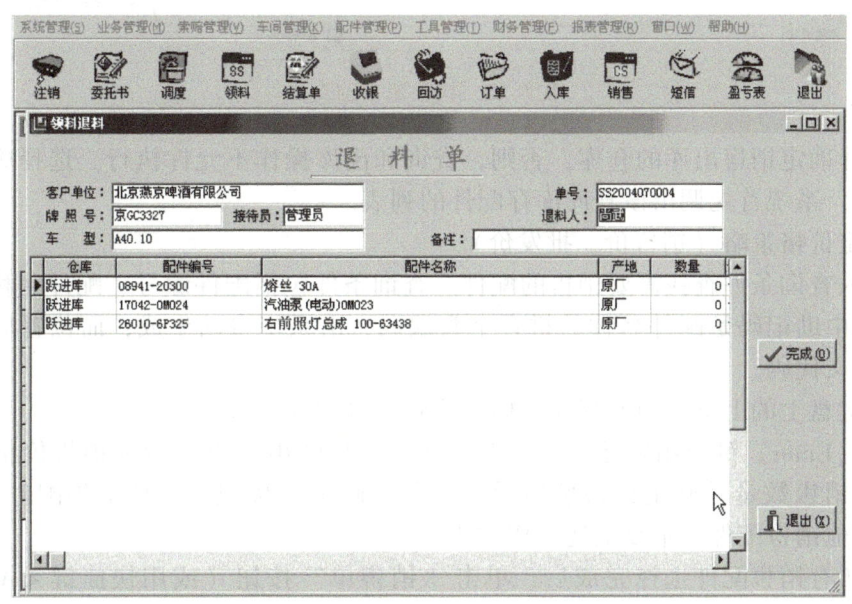

图9-21　退料单窗口

在"数量"栏中输入退料数量，单击"完成"按钮，即可完成退料操作并打印输出领料退料单。

4. 销售管理

销售配件仓库向客户或配件经营单位直接销售配件的业务，尤其适用于维修企业的配件经营部。

（1）销售出库 销售出库功能是将库存现有的配件，以销售单的方式向客户或配件经营单位直接销售配件的业务处理。配件销售包括开销售单和结算收银两部分功能，配件销售的结算收银与维修结算单的结算收银以及三包索赔单的结算收银合并为一个功能，在财务管理模块下完成。销售出库窗口如图9-22所示。销售出库操作步骤如下：

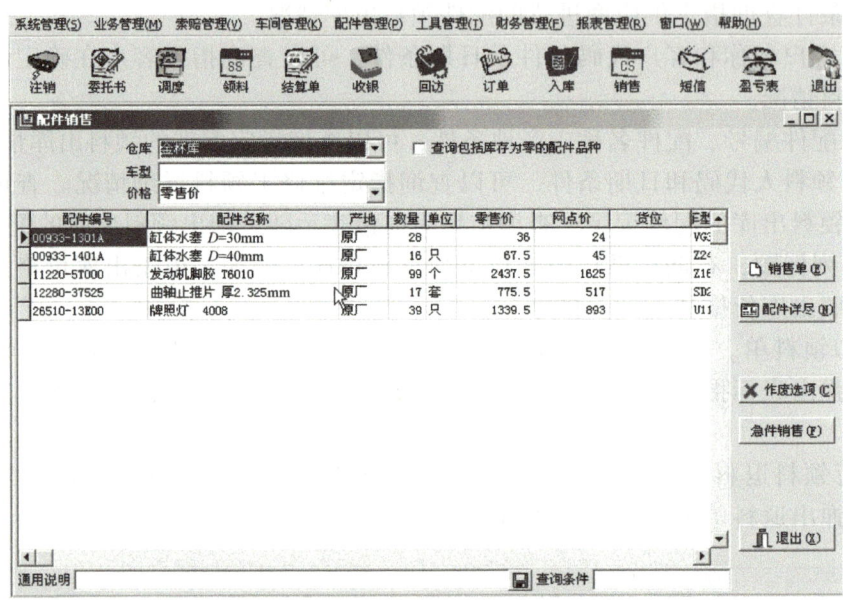

图 9-22 销售出库窗口

1）选择确定销售出库的仓库，否则，查询和出库操作不允许执行。选择确定销售出库的仓库后，系统首先调出该仓库库存配件的列表。

2）确定价格策略（销售价、批发价）。

3）输入查询条件查找需要销售的配件。查询条件包括配件编号、配件名称、助记码和位码。其中助记码是配件名称的拼音字头编码，由系统自动生成；而位置码则是用户单位的自定义代码。

4）用键盘上的上下方向键移动光标，找到销售配件。

5）按〈Enter〉键或用鼠标双击销售配件，系统弹出销售数量和销售价格的确定窗口。在输入销售数量并确定销售价格后，单击"确定"按钮，一种销售配件选择完毕；如果还有其他销售配件，重复上述操作方法。

6）在所有销售配件选择完成后，单击"销售单"按钮（或用快捷键＜Alt＋E＞），系统弹出销售单窗口如图9-23所示。

7）单击客户名称输入栏，选择确定客户信息。

（2）报价单 编辑生成报价单和编辑生成销售单的操作基本一致，只是在所有销售

第九章 汽车配件管理与电子商务

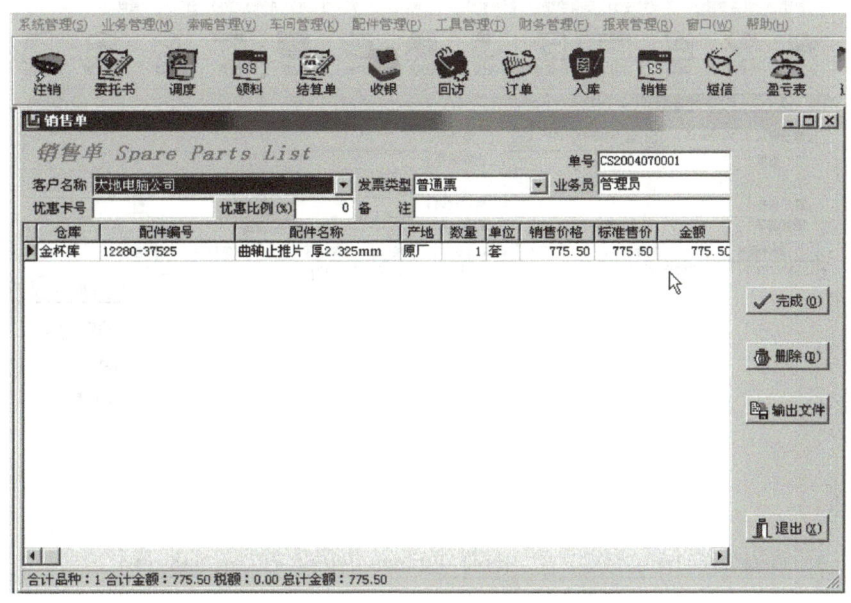

图 9-23 销售单窗口

配件选择完成后单击"报价单"按钮（或用快捷键＜Alt＋E＞），系统弹出报价单窗口。

（3）**报价单管理** 报价单是配件销售之前为了与客户核准配件的品种和价格而设计的一种业务处理功能。报价单的编辑与销售出库的编辑操作方法类似，合并在销售出库功能中。报价单管理功能是对配件出库模块生成的报价单做进一步管理，包括查询、修改和重印报价单，以及将报价单直接转为销售单或将无效或错误的报价单删除等。报价单的操作方法如下：

1）浏览、重印报价单。

2）将报价单转为销售单。

① 将光标定位到需要转为销售单的报价单记录上。

② 单击"销售单"按钮，系统弹出销售单窗口。在确定转为销售单之前，可以修改各配件品种的数量，修改配件的销售价格，删除客户确定不要的品种。修改数量时系统要求不能大于目前库存的数量；修改价格时系统要求不能小于操作员确定的最低售价；删除配件品种时在要删除的配件品种上单击鼠标右键，执行弹出菜单上的"删除光标行指定的记录"功能。确认销售单的品种、数量、价格后单击"完成"按钮，系统完成报价单向销售单的转换，并打印输出销售单。

3）删除错误的报价单。

① 将光标定位到需要删除的报价单记录上。

② 单击"删除"按钮，在操作员确认后删除该报价单。

（4）**销售出库查询汇总与退货** 销售出库查询汇总与退货功能是对已经发生的销售业务的再处理，包括查询核对、重印销售单、退货处理等。销售单查询汇总窗口如图 9-24 所示，退货单窗口如图 9-25 所示。

5. 配件调拨

配件调拨是指配件在不同的仓库之间的调拨，如图 9-26 所示。

225

图 9-24 销售单查询汇总窗口

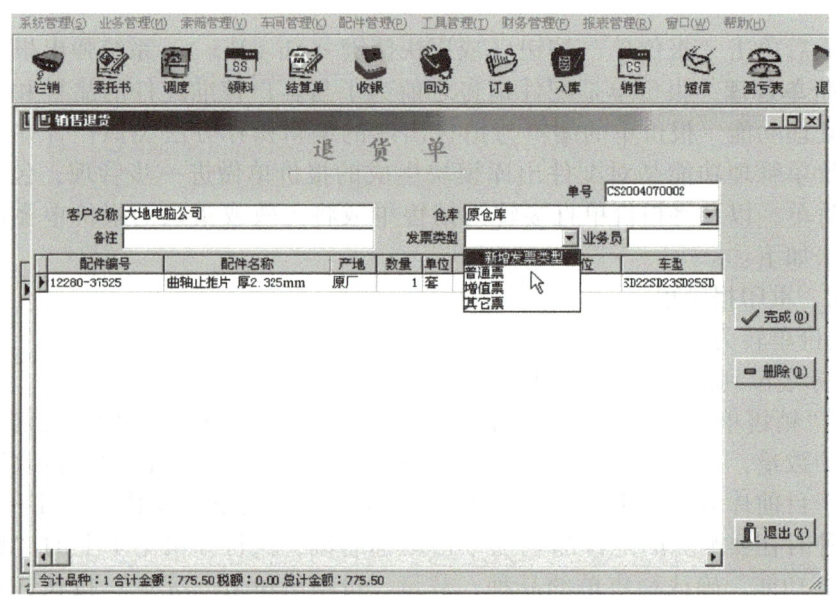

图 9-25 退货单窗口

（1）配件调拨步骤　配件调拨的主要步骤如下：

1）选择要调拨的源仓库，也就是要出配件的仓库，如图 9-27 所示。此时显示此仓库中所有的配件，输入查询条件，查找需要调拨的配件，查询条件包括配件编号、配件名称、助记码和位码。

2）用键盘上的上下方向键移动光标，找到要调拨的配件。

3）按〈Enter〉键或用鼠标双击销售配件，系统弹出调拨数量的确定窗口；在输入调拨数量并确定后，则一个调拨配件选择完毕；如果还有其他配件，重复上述操作方法。

第九章 汽车配件管理与电子商务

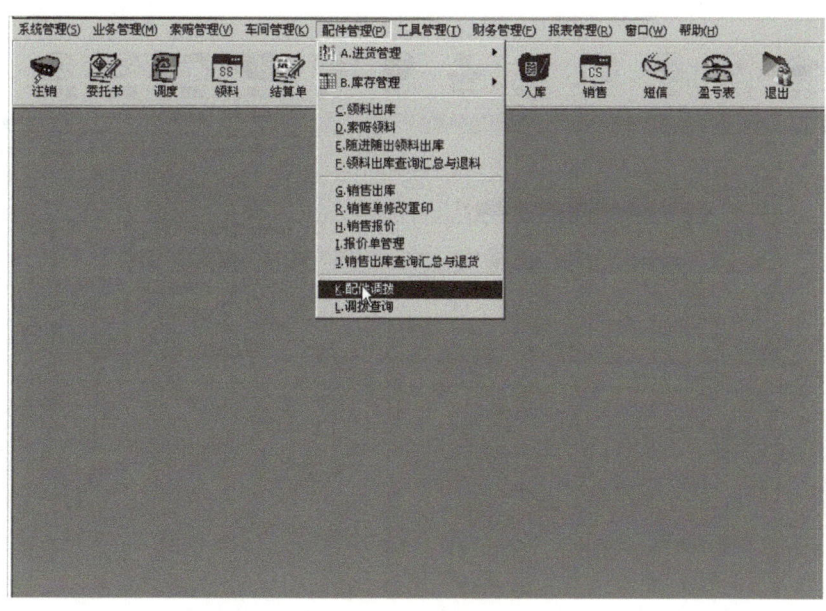

图 9-26 配件调拨

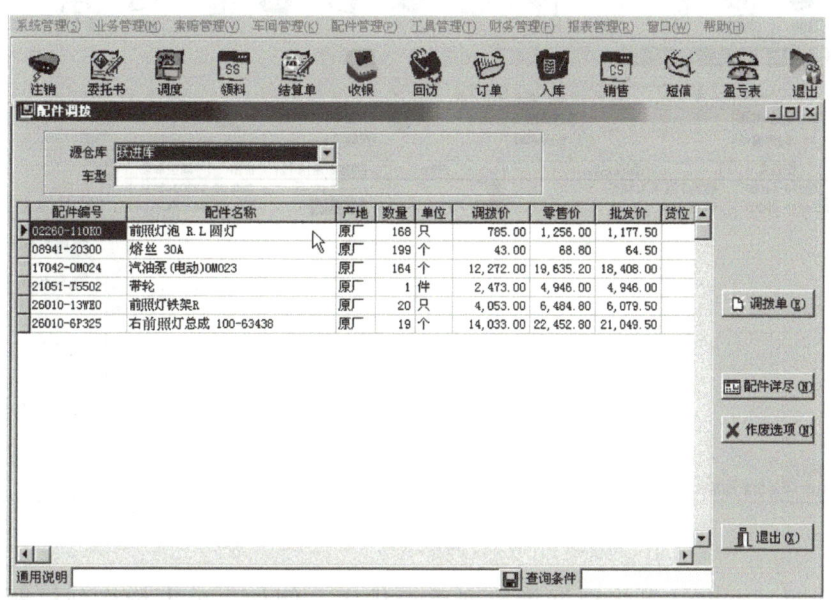

图 9-27 配调拨源仓库

4）在所有调拨配件选择完成后，单击"调拨单"按钮（或用快捷键 < Alt + E > ），系统弹出调拨单窗口，如图 9-28 所示。

5）选择需要调入的仓库（即目标仓库），单击"完成"按钮即可；如需删除某个配件，用上下方向键或鼠标单击选择该配件，单击"删除"按钮即可。

（2）调拨单查询汇总 调拨单查询汇总的功能是对已经发生的调拨业务的再处理，包括查询核对、重印调拨单等功能。调拨单查询汇总窗口如图 9-29 所示。

227

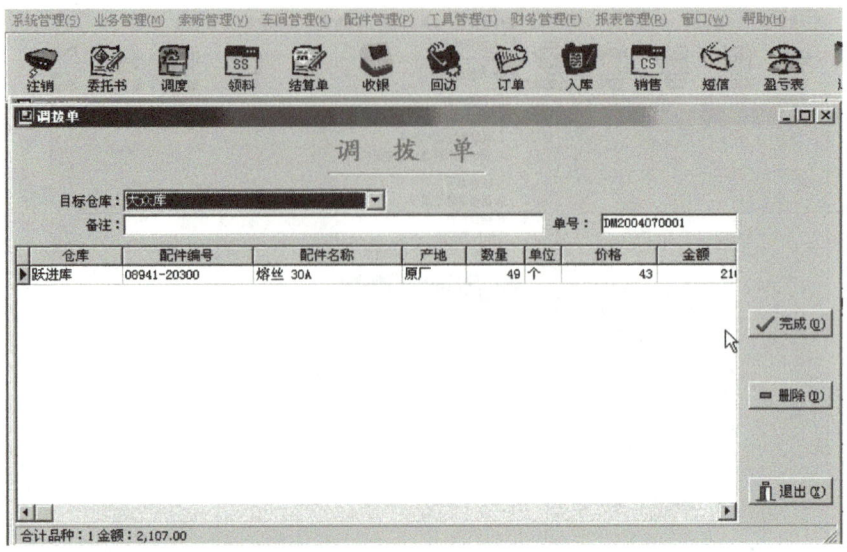

图9-28 调拨单窗口

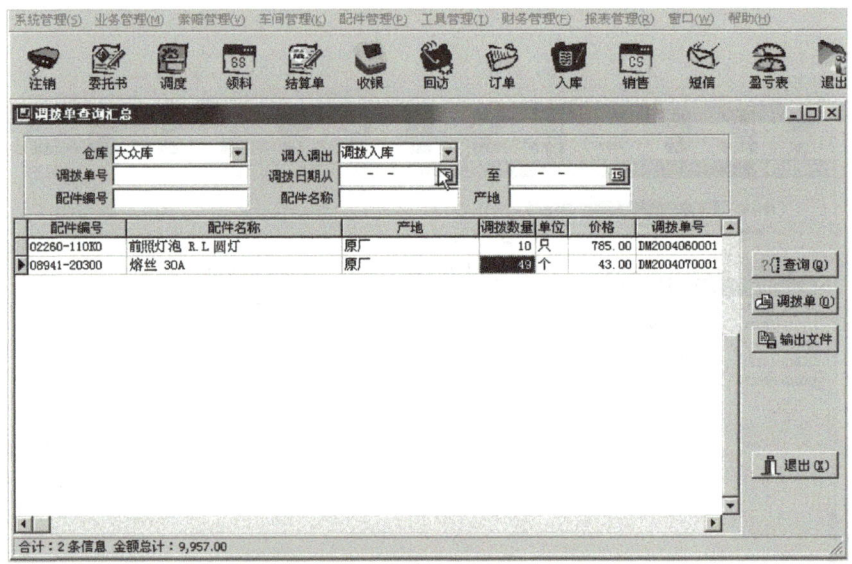

图9-29 调拨单查询总汇窗口

单击列标题,查询结果将根据指定列重新排序。例如,单击价格列标题,查询结果将按照价格从小到大排序。将光标定位到需要重印的调拨单配件记录上,单击"调拨单"按钮,系统将弹出光标指向配件所在的调拨单,单击"打印"按钮,系统将重新打印输出调拨单。

二、汽车配件管理系统应用注意事项

1. 配件数据影响因素

影响配件数据正确性的因素是多方面的,应着重注意以下几方面:

1）配件库本身的基础数据，在进行配件基础数据登记时应准确无误。
2）配件发料。在每次配件发料时都应保证不丢失数据，并由保管员在第二天将发料单与每日消耗清单核对。
3）内部领用。对于内部领用的材料应及时削减库存。
4）销售。对于销售的配件，除按规范操作外，还应及时打印销售结算单。
5）结算。财务人员每天核实收款数目与实际收款金额是否相符，并定期与配件库核实配件库存。
6）到货处理。每次进货时，在入库工作结束后，要与实物相对照。

2. 实际应用问题

1）系统在运行一个阶段后，系统管理员应会同各有关人员对系统中出现的问题进行讨论，针对存在的问题提出解决办法。
2）硬件设施的保证。系统的电源稳定，是保证系统不丢失数据的重要因素，因此在企业内应配备良好的电源以保证系统运行稳定。
3）搞好企业内各项工作的衔接。系统在运行开始阶段必然会带来一些问题，因此系统运行开始阶段应搞好各个方面的衔接工作。
4）做好系统的备份。为避免系统的损坏给企业带来的影响，各工作站应轮流做好系统的备份，备份资料应至少保存三天。备份可采用径向备份的方法，把每天系统的备份做在各个工作站上。

第三节　汽车配件电子商务

一、电子商务

电子商务（Electronic Commerce）是以开放自由的因特网（Internet）为背景条件，应用 B/S 的架构体系，具有用户网上交易，不同的企业之间的商务往来以及电子付款的全新商务形式。就其包含的内容而言，电子商务一般提供信息交流，网上交易以及在线支付等方面的支持。

二、电子商务的组成

电子商务是在蓬勃发展的互联网的条件下，使用浏览器/服务器（Browser/Server）架构体系，将计算的负担给予服务器。用户进行访问，所得到的就是从数据库返回的实时性网页，用于用户进行网络交易，企业业务往来和网上付款或支付。

电子商务的组成主要包括三个方面，即信息平台（用户查询信息）、网络交易（用户完成网上预订、购买等）和在线支付（绑定银行卡等），如图 9-30 所示。

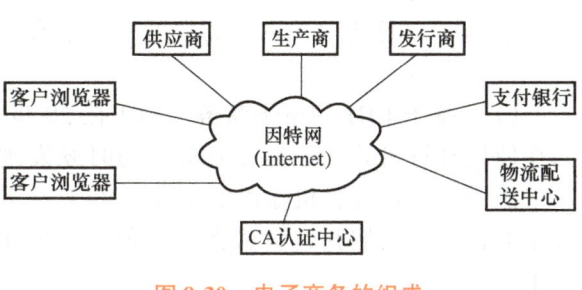

图 9-30　电子商务的组成

三、电子商务应用的类型

（1）**企业内部电子商务** 在公司内部，使用公司内部局域网（网络）的方式处理的商务信息交流。企业内部网（网络）在电子商务中发挥的作用十分显著，通常使用网络防火墙实现和外界的 Internet 之间的逻辑分离，一方面能够自发地实现业务活动，访问系统中的数据信息，实现意愿共享，及时地服务于用户，并且服务于整个公司的管理。不断提升商务行为的工作效率，迅速应对瞬息万变的市场信息，更好地服务客户。

（2）**企业间的电子商务** 商业与商业之间的商务往来，一般经由 Internet 或专门的网络系统来实现。企业之间的电子商务作为整个系统中的关键部分。

（3）**企业与消费者之间的电子商务** 这样的模式就是常见的购物网站系统，基于互联网的背景，用户能够在网站上订购所需的商品，而且支持在线付款。由于这种运行形式，一方面缩短了用户和企业的时间，降低了成本，极大地增加了公司的商务效率，减少了许多浪费性的支出。因此，很受青睐。

四、电子商务的发展

1. 电子商务的产生

电子商务最早产生于 20 世纪 60 年代，发展于 20 世纪 90 年代，其产生和发展的重要条件主要是：

（1）**计算机的广泛应用** 近 30 年来，计算机的处理速度越来越快，处理能力越来越强，价格越来越低，应用越来越广泛，这为电子商务的应用提供了基础。

（2）**网络的普及和成熟** 由于 Internet 逐渐成为全球通信与交易的媒体，全球上网用户呈级数增长趋势，快捷、安全、低成本的特点为电子商务的发展提供了应用条件。

（3）**信用卡的普及应用** 信用卡以其方便、快捷、安全等优点而成为人们消费支付的重要手段，并由此形成了完善的全球性信用卡计算机网络支付与结算系统，使"一卡在手、走遍全球"成为可能，同时也为电子商务中的网上支付提供了重要手段。

（4）**安全电子交易协议的制定** 1997 年 5 月 31 日，由美国 VISA 和 Mastercard 国际组织等联合指定的 SET（Secure Electronic Transaction），即安全电子交易协议出台，该协议得到大多数厂商的认可和支持，为在开发网络上的电子商务提供了一个关键的安全环境。

（5）**政府的支持与推动** 自 1997 年欧盟发布欧洲电子商务协议，美国随后发布"全球电子商务纲要"以来，电子商务受到世界各国政府的重视，许多国家的政府开始尝试"网上采购"，这为电子商务的发展提供了有利支持。

2. 电子商务发展的两个阶段

（1）**基于 EDI 的电子商务** EDI 在 20 世纪 60 年代末期产生于美国，当时的贸易商们在使用计算机处理各类商务文件的时候发现，由人工输入到一台计算机中的数据 70% 是来源于另一台计算机输出的文件，由于过多的人为因素，影响了数据的准确性和工作效率的提高，人们开始尝试在贸易伙伴之间的计算机上实现数据的自动交换，EDI 应运而生。

EDI（Electronic Data Interchange）是将业务文件按一个公认的标准从一台计算机传

输到另一台计算机上的电子传输方法。由于 EDI 大大减少了纸张票据，因此，人们也形象地称之为"无纸贸易"或"无纸交易"。

从技术上讲，EDI 包括硬件与软件两大部分。硬件主要是计算机网络，软件包括计算机软件和 EDI 标准。

美国国家标准局曾制订了一个称为 X12 的标准，用于美国国内。1987 年联合国主持制订了一个有关行政、商业及交通运输的电子数据交换标准，即国际标准——UN/EDIFACT（UN/EDI For Administration、Commerce and Transportation）。1997 年，X12 被吸收到 EDIFACT，使国际间使用统一标准进行电子数据交换成为了现实。

（2）**基于国际互联网的电子商务** 20 世纪 90 年代中期后，国际互联网（Internet）迅速走向普及化，逐步地从大学、科研机构走向企业和百姓家庭，其功能也已从信息共享演变为一种大众化的信息传播工具。基于互联网的电子商务具有更大的优势，其原因如下：

1）**费用低廉**。由于互联网是国际的开放性网络，使用费用很便宜，一般来说，其费用不到 VAN⊖ 的四分之一，这一优势使得许多企业尤其是中小企业对其非常感兴趣。

2）**覆盖面广**。互联网几乎遍及全球的各个角落，用户通过普通电话线就可以方便地与贸易伙伴传递商业信息和文件。

3）**功能更全面**。互联网可以全面支持不同类型的用户实现不同层次的商务目标，如发布电子商情，在线洽谈，建立虚拟商场或网上银行等。

4）**使用更灵活**。基于互联网的电子商务可以不受特殊数据交换协议的限制，任何商业文件或单证可以直接通过填写与现行纸面单证格式一致的屏幕单证来完成，不需要再进行翻译，任何人都能看懂或直接使用。

五、汽车配件电子商务及其系统功能

1. 汽车配件电子商务的发展

汽车产业的快速发展和相关配件商家数量的增多，使汽车后市场产业竞争日趋激烈。互联网的迅猛发展为汽车配件电子商务平台的发展打下了坚实的基础，为汽车配件电子商务平台的迅速崛起开辟了新的渠道。我国的汽车配件厂商顺应时代的潮流，纷纷加入到汽车配件的电子商务平台中，将我国汽车配件行业推向了电子商务发展的新道路，大力促进我国汽车配件行业的发展。

汽车配件电子商务平台可以快速便捷地收集消费者在订购汽车配件商品时所提出的各种问题及要求，这些宝贵的反馈信息也为汽车配件电子商务平台提供了改进的措施和方案，汽车配件电子商务平台可以分析消费者的需求，提供满足消费者和顺应市场需求的汽车配件商品。通过这样的信息反馈做出的调整和改变，可以使汽车配件企业迅速抢得市场先机。因此，汽车配件企业选择电子商务模式将成为发展的主流趋势。

2. 汽车配件电子商务的类型

汽车配件电子商务通常采用 B2B、B2C 或 B2B2C 等类型。

B2B（Business To Business）是企业与企业之间通过互联网进行产品、服务及信息的

⊖ 增值网络是将制造业、批发业、物流业和零售业等之间的信息，通过计算机服务网络来相互交换的信息系统。

交换。它将企业内部网络，通过 B2B 网站与客户紧密联系起来，通过网络的快速反应，为客户提供更好的服务，从而促进企业的业务发展。

B2C（Business To Customer）是电子商务按交易对象分类中的一种，即表示商业机构对消费者的电子商务。这种形式的电子商务一般以网络零售业为主，主要借助于 Internet 开展在线销售活动。例如经营各种书籍、鲜花、计算机、通信用品等商品。在网上将信息流、资金流、商流和部分物流完整地实现连接。在今天，B2C 电子商务以完备的双向信息沟通、灵活的交易手段、快捷的物流配送、低成本高效益的运作方式等在各行各业展现了其极大的活力。

由于我国的汽车消费者无论是商用车车主还是乘用车车主，都不具备自己进行配件更换的能力，一般是到维修厂进行安装、更换。而车主自己购买配件，前往维修厂进行安装的情况，也非常罕见。因为汽车配件是一种技术含量较高的产品，我国车型众多，汽车配件和整车的匹配关系需要大量数据进行支持，需要很强的专业性，车主不具备分辨能力，所以基本不具备购买能力。但是，对于如刮水器、空调滤清器、玻璃水、汽车装饰产品等，可以 B2C 形式完成交易。

B2B2C 作为一种电子商务类型的网络购物商业模式，将供应商、生产商、经销商和消费者各个产业链紧密连接在一起，在创造增值到价值实现的过程中，把生产、分销到终端零售的资源进行全面整合，在增大网商服务能力的同时为客户获得增加价值的机会。除此之外，还可将商家与消费者推到同一层面上，将两者不同的需求完全整合在一个平台上。例如酷配网 B2B2C + O2O 的模式，集汽车配件、汽车用品、汽车服务于一体的电子商务平台酷配网同时依靠线下华南国际汽配城和线上酷配网两个专业平台，线上对接厂商与维修厂，线下对接服务商与车主，实现了"实体 + 网络、线上 + 线下"相结合。

3. 汽车配件电子商务系统的功能

（1）**商品浏览** 为用户提供了商品浏览、信息检索的功能，为用户方便快速地选购商品提供了好的途径。

（2）**商品选购** 用户在挑选商品之后，如有满意的汽车配件，即可进行购买，买卖双方可以通过系统平台进行交流，就配件交易的一些细节进行交流，实现商谈，买卖双方完成交流之后，购买者就可以将它放入所设计的购物车中。

（3）**商品发布** 由于商家需要将汽车配件进行出售，就需要将所出售的商品的具体信息如外形、价格、新旧等做出详细的说明，将这些具体信息和出售信息一同发布，以供买方参考。

（4）**订单生成** 当买方挑选好所需要购买的汽车配件之后，就可以完成订单的处理，用户需要确定商品的名称、数量以及价格，并且确定商品配送机制，最终将订单提交给卖方用户，卖方用户接受到订单后，可根据情况进行处理。

（5）**货物配送** 当购买用户下单之后，卖方就需要进行订单处理，完成物品的配送，这样的配送一般都是异地交易，它需要考虑以下几方面：①能够快速及时地将汽车配件送到购买者手中；②控制配送成本，有助于网站的经营和提升商品的性价比；③要保证配送的安全性，使汽车配件能够完好的被送到购买者手中；④商品的核实，购买者对商品如有不满，需要建立有效的退货机制。

（6）**个人用户管理** "个人用户"主要是针对系统的普通用户，由于每一个普通用

第九章　汽车配件管理与电子商务

户都是卖家与买家，除了能够在系统平台上进行配件的购买，也能够在平台上实现出售，所以个人用户管理，主要是对自己账号信息的管理，完善用户的基本信息，使网上汽车配件交易的可靠性得到保障。

六、汽车配件电子商务管理系统

汽车配件电子商务管理系统主要由基础信息、进货管理、销售管理、查询统计、往来管理和用户信息组成。其系统首页如图 9-31 所示。

图 9-31　汽车配件电子商务管理系统

（1）基础信息　包括添加公司信息（图 9-32），添加产品信息，公司信息管理和产品信息管理（图 9-33）。

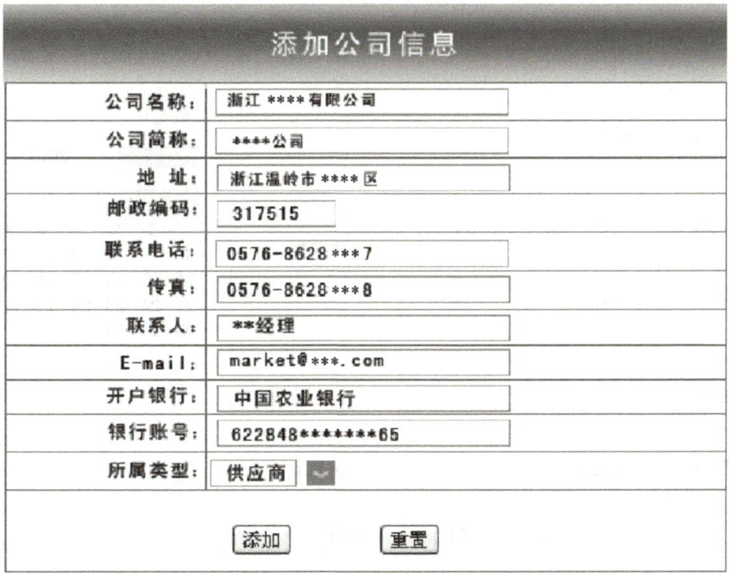

图 9-32　添加公司信息

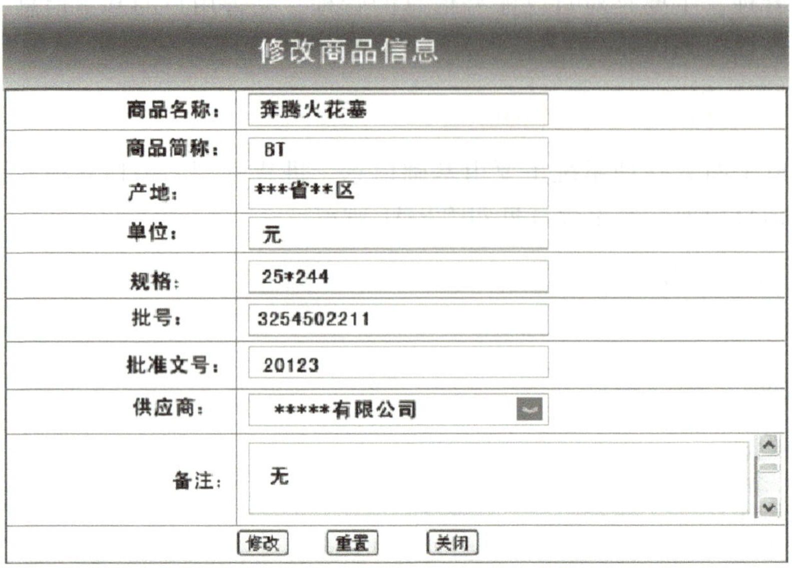

图 9-33　修改商品信息

（2）进货管理　包括添加进货信息，添加供货信息，添加进货退货信息，如图 9-34 ~ 图 9-36所示。

图 9-34　添加进货信息

第九章 汽车配件管理与电子商务

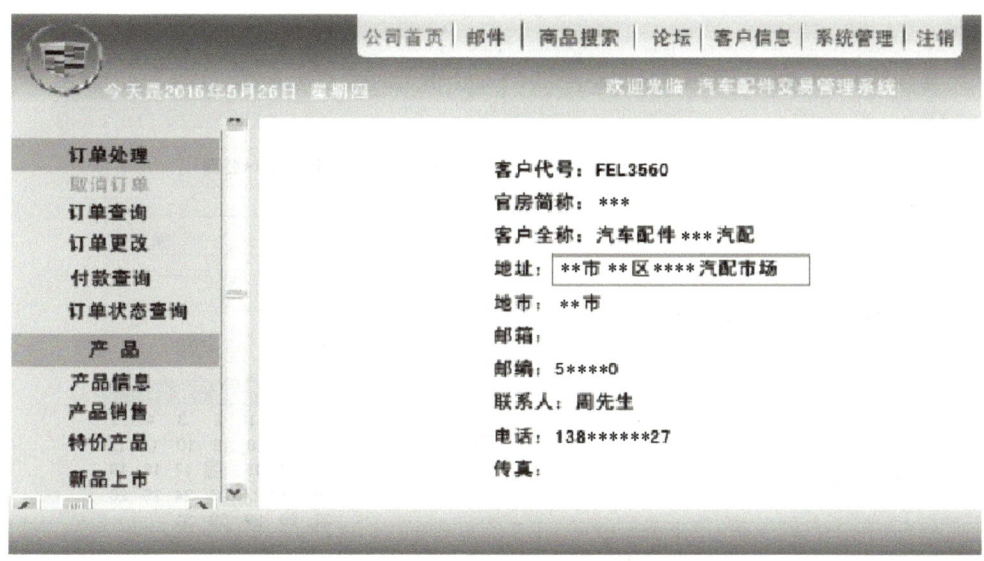

图 9-35　添加供货信息

图 9-36　添加进货退货信息

（3）**销售管理**　包括添加销售信息，添加销售退货信息，如图 9-37～图 9-41 所示。

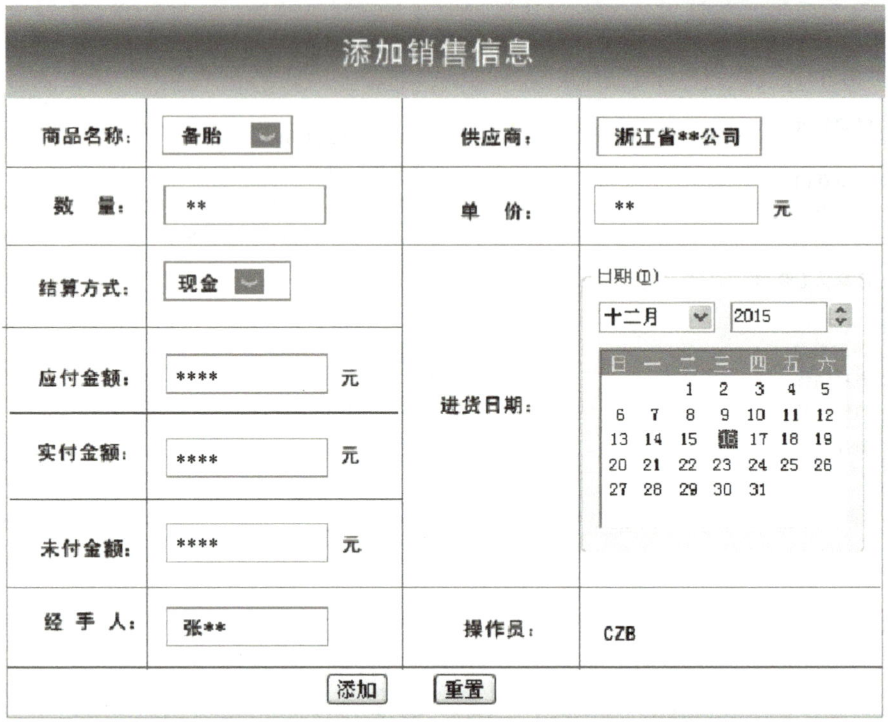

图9-37　添加销售信息

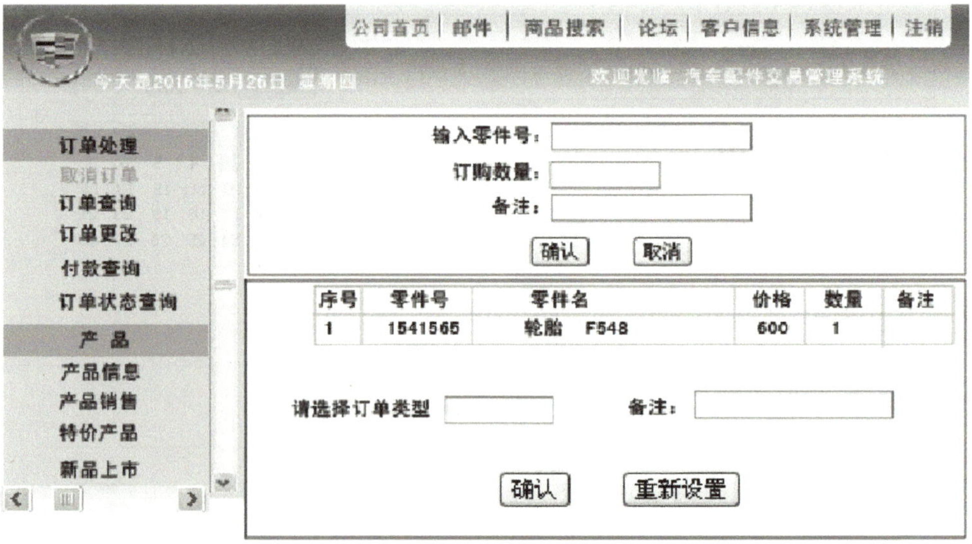

图9-38　创建订单

第九章　汽车配件管理与电子商务

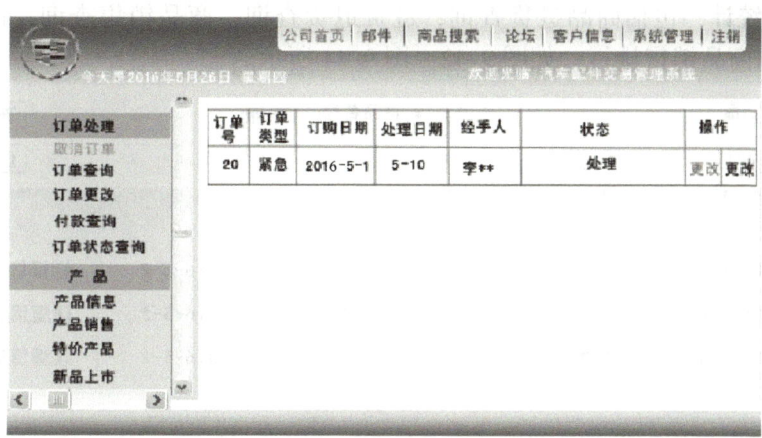

图 9-39　订单查询

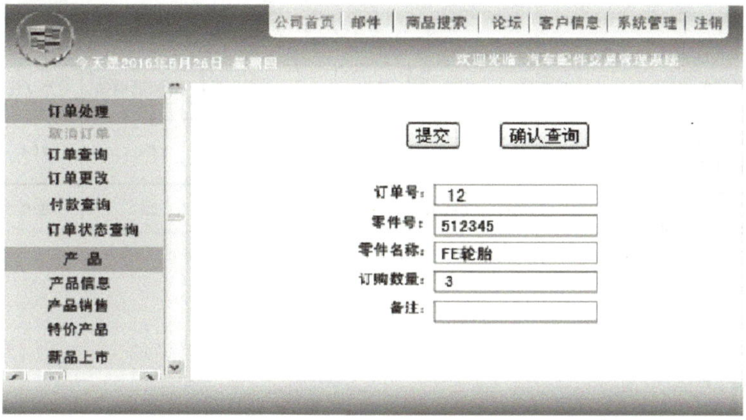

图 9-40　订单修改

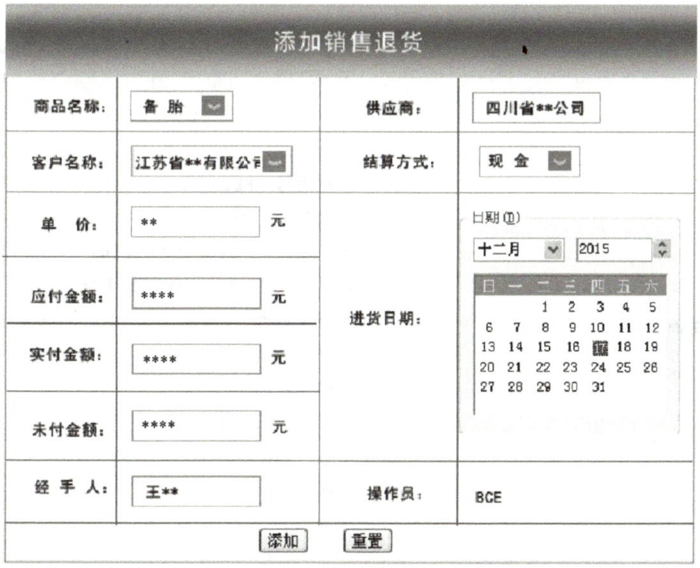

图 9-41　添加销售退货信息

237

(4) 查询统计　包括商品进货查询，进货退货查询，商品销售查询，销售退货查询，商品库存查询和商品销售排行，如图9-42～图9-44所示。

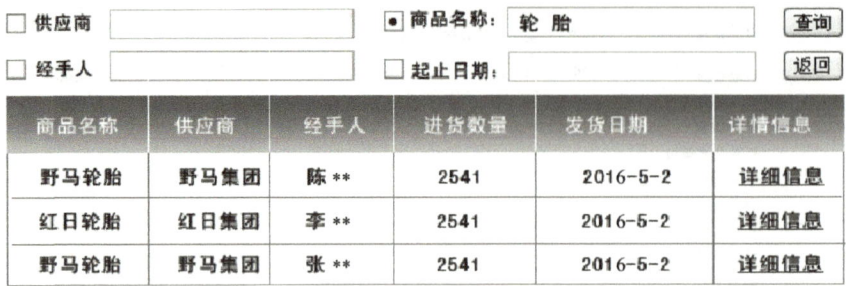

图9-42　配件信息

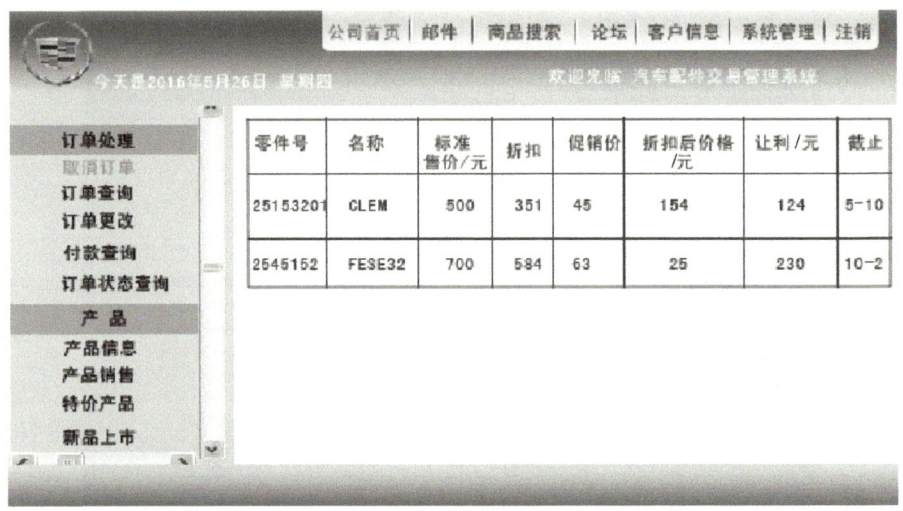

图9-43　配件信息查询

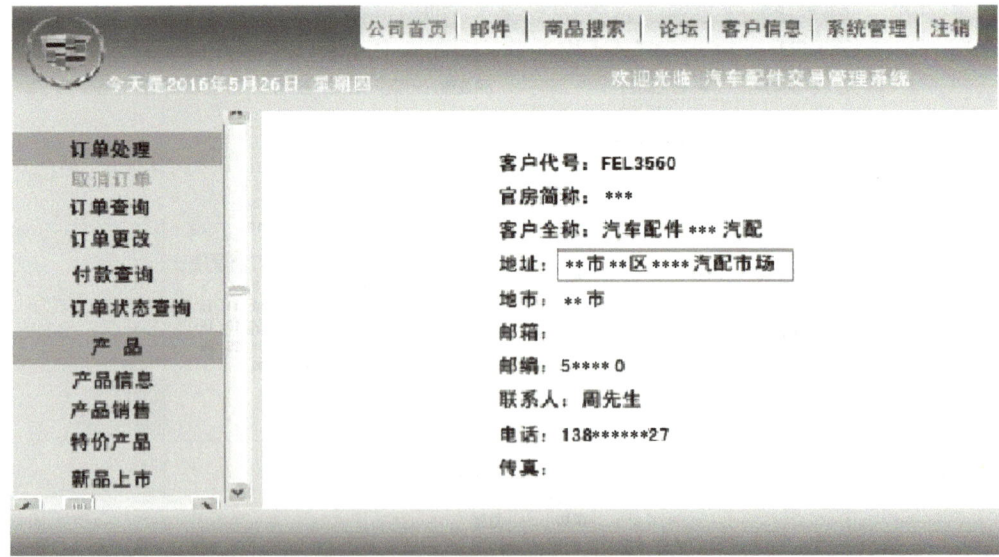

图9-44　供货信息查询

（5）**往来管理** 包括商品进货结账，进货退货结账，商品销售结账和销售退货结账。
（6）**用户信息** 包括添加用户，修改用户，用户管理和退出登录。
此外，汽车配件电子商务管理系统还设有论坛等其他模块，如图9-45～图9-49所示。

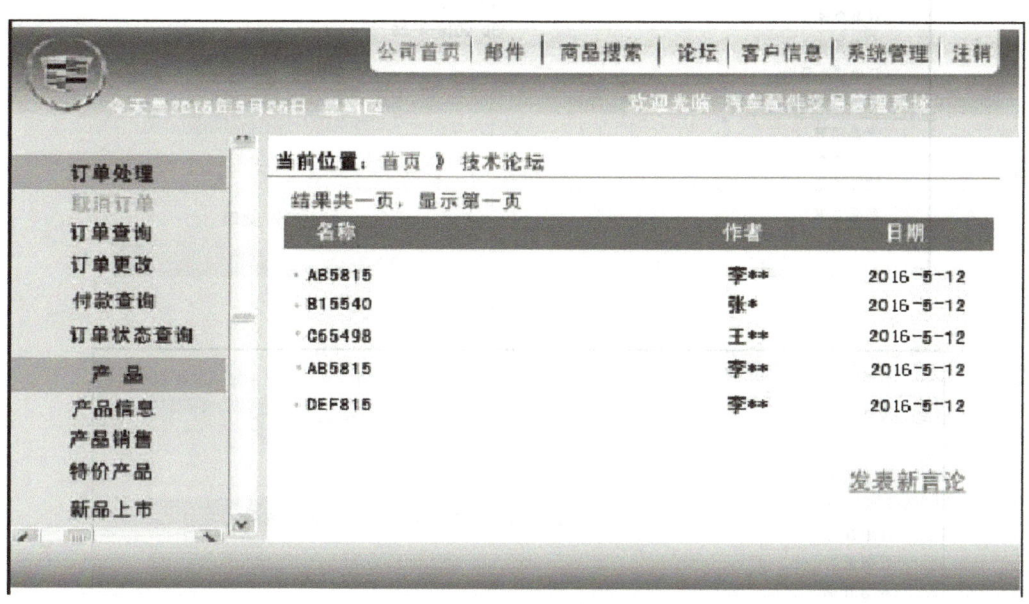

图 9-45　论坛主页

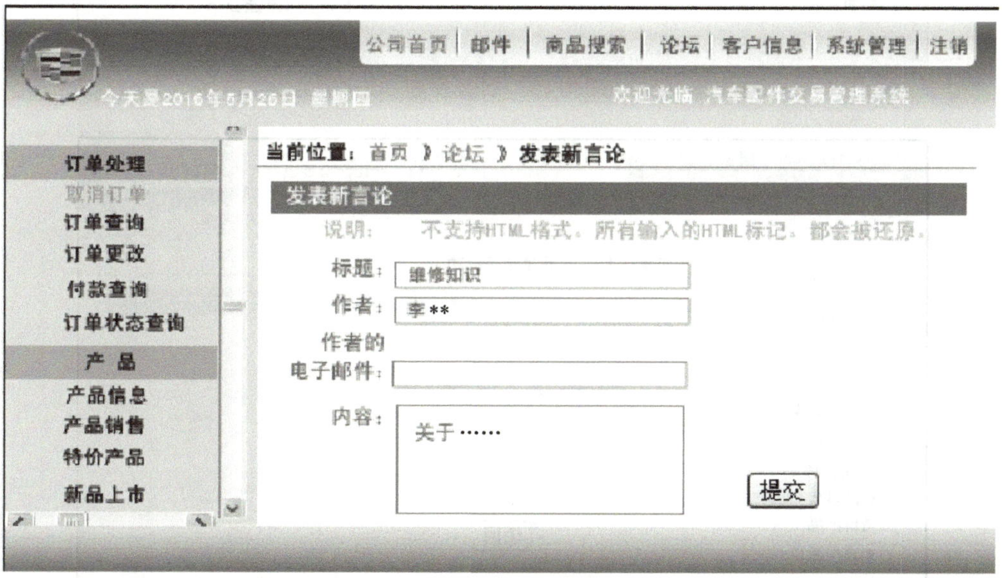

图 9-46　发布新主题

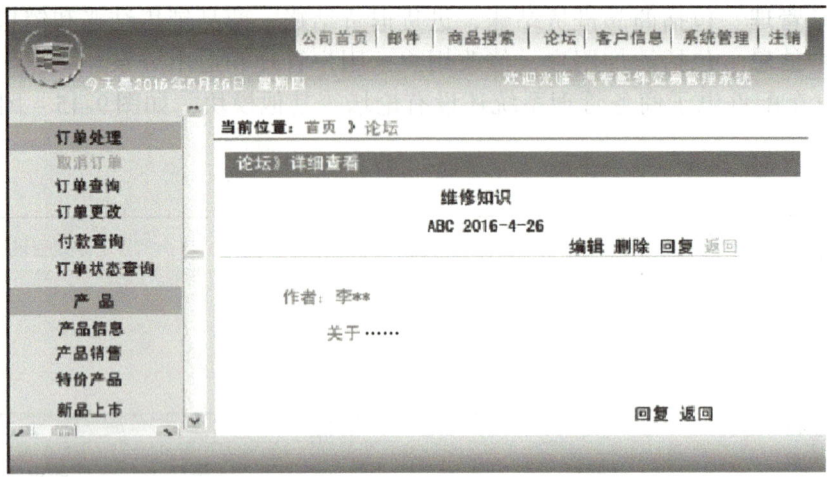

图 9-47 浏览主题

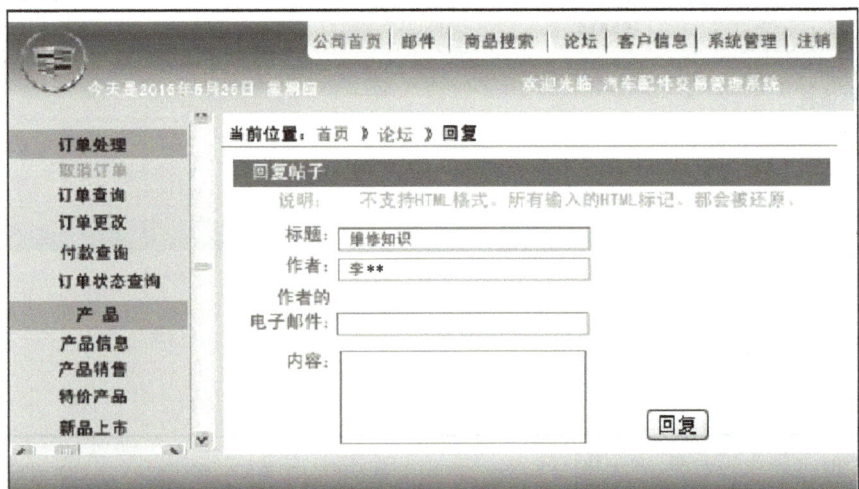

图 9-48 回复主题

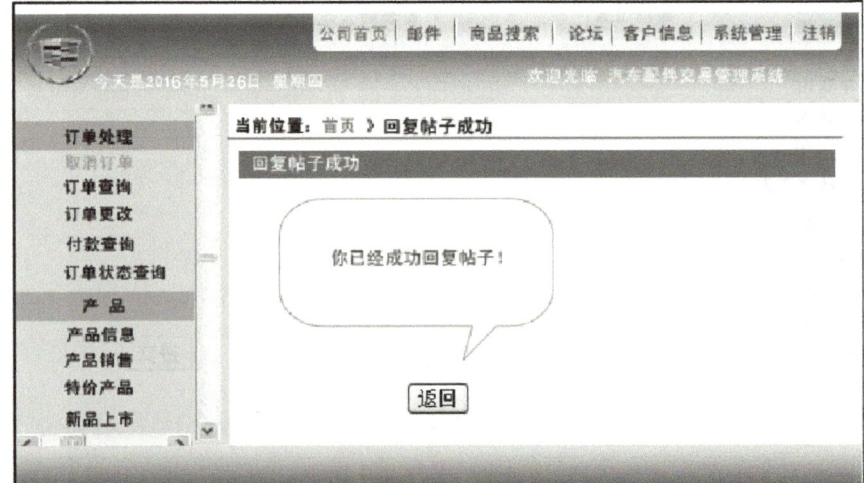

图 9-49 回复状态

第九章　汽车配件管理与电子商务

本章小结

本章主要介绍了汽车配件的计算机管理，包括数据库、数据库管理系统和应用程序三大部分；计算机技术在汽车配件管理中的应用，包括配件信息查询、配件订货与采购、配件库存管理、配件销售、客户关系与售后服务管理、财务管理以及汽车配件管理系统应用注意事项。阐述了电子商务的概念、组成和类型；电子商务的产生与发展；汽车配件电子商务及其系统功能。

复习题

1. 计算机数据库应用系统由哪几部分组成？
2. 数据库的主要特点有哪些？
3. 数据库管理系统有何功能？
4. 什么是电子商务？电子商务的组成包括哪些方面？
5. 电子商务应用的类型有哪些？
6. 汽车配件电子商务系统有何功能？
7. 电子商务的发展分为几个阶段？
8. 汽车配件电子商务通常有哪些类型？何谓 B2B、B2C 和 B2B2C？

（扫一扫，查看参考答案）

思考题

1. 计算机技术在汽车配件营销管理中的应用体现在哪些方面？对当前汽配行业有什么益处？
2. 电子商务交易得以完成的关键取决于哪些因素？如何做才能顺利完成电子商务交易过程？
3. 目前我国汽车配件电子商务通常采用哪种模式？为什么？

（扫一扫，查看参考答案）

参 考 文 献

[1] 何国松. 销售心理学全集 [M]. 长春：吉林大学出版社，2010.
[2] 刘国防，等. 营销心理学 [M]. 2版. 北京：首都经济贸易大学出版社，2011.
[3] 简彩云，李贞. 推销与谈判 [M]. 上海：上海财经大学出版社，2013.
[4] 赵树村，何志昂，廖晓中. 推销与谈判实务 [M]. 2版. 广州：暨南大学出版社，2014.
[5] 加里·阿姆斯特朗，菲利普·科特勒. 市场营销学 [M]. 赵占波，译. 北京：机械工业出版社，2013.
[6] 菲利普·科特勒，凯文·莱恩·凯勒. 营销管理 [M]. 王永贵，等译. 上海：格致出版社，上海人民出版社，2012.
[7] 史文库，姚为民. 汽车构造 [M]. 北京：人民交通出版社，2013.
[8] 关文达. 汽车构造 [M]. 北京：机械工业出版社，2011.
[9] 孙凤英，智景安，马振江. 汽车文化 [M]. 北京：人民交通出版社，2014.
[10] 夏志华，等. 汽车配件市场营销 [M]. 北京：北京理工大学出版社，2010.
[11] 谭克诚，杨琳. 汽车与配件营销教程 [M]. 北京：机械工业出版社，2011.
[12] 劳动和社会保障部教材办公室. 汽车配件销售员 [M]. 北京：中国劳动社会保障出版社，2007.
[13] 宓亚光. 汽车配件经营与管理 [M]. 4版. 北京：机械工业出版社，2014.
[14] 孙凤英，朱世杰，袁开愚. 汽车零部件经营与销售 [M]. 北京：人民交通出版社，2009.
[15] 姚丽萍，田文遥，肖迢. 汽车零部件营销 [M]. 北京：机械工业出版社，2014.